TRIBUNOS, PROFETAS E SACERDOTES

A marca FSC® é a garantia de que a madeira utilizada na fabricação do papel deste livro provém de florestas que foram gerenciadas de maneira ambientalmente correta, socialmente justa e economicamente viável, além de outras fontes de origem controlada.

BOLÍVAR LAMOUNIER

Tribunos, profetas e sacerdotes

Intelectuais e ideologias no século XX

COMPANHIA DAS LETRAS

Copyright © 2014 by Bolívar Lamounier

Grafia atualizada segundo o Acordo Ortográfico da Língua Portuguesa de 1990, que entrou em vigor no Brasil em 2009.

Capa
Gustavo Soares

Preparação
Lígia Azevedo

Índice remissivo
Luciano Marchiori

Revisão
Angela das Neves
Valquíria Della Pozza

Dados Internacionais de Catalogação na Publicação (CIP)
(Câmara Brasileira do Livro, SP, Brasil)

Lamounier, Bolívar
 Tribunos, profetas e sacerdotes : Intelectuais e ideologias no século XX / Bolívar Lamounier — 1ª ed. — São Paulo : Companhia das Letras, 2014.

 Bibliografia
 ISBN 978-85-359-2488-6

 1. Brasil — Política e governo — História 2. Ideologia — História 3. Intelectuais e política I. Título.

14-08057   CDD-320.98106

Índice para catálogo sistemático:
1. Brasil : Política e governo   320.98106

[2014]
Todos os direitos desta edição reservados à
EDITORA SCHWARCZ S.A.
Rua Bandeira Paulista, 702, cj. 32
04532-002 — São Paulo — SP
Telefone: (11) 3707-3500
Fax: (11) 3707-3501
www.companhiadasletras.com.br
www.blogdacompanhia.com.br

Aos meus queridos amigos
Amaury de Souza
(1942-2012)
e Peter Bell
(1940-2014),
in memoriam

Sumário

Agradecimentos 9
Prólogo 11

1. Conceito de intelectual 21
2. As três mortes do intelectual 27
3. Teoria e história das comunidades intelectuais ... 51
4. Rússia-URSS-Rússia: Metamorfoses do autoritarismo . 60
5. Alemanha: Do idealismo ao desatino 79
6. Estados Unidos: Uma "revolução cultural"
   dentro do liberalismo 105
7. Brasil: Momentos do liberalismo e do autoritarismo ... 133
8. Oliveira Vianna e a crítica 178
9. Sérgio Buarque de Holanda e os grilhões do passado ... 206

Referências bibliográficas 227
Índice remissivo 245

Agradecimentos

Quero aqui consignar meu agradecimento a alguns dos amigos e amigas que me incentivaram a escrever este livro: Alkimar Moura, Antonio Octávio Cintra, Edmar Bacha, Joaquim Falcão, Leôncio Martins Rodrigues, Maria Teresa Sadek, Mário Brockman Machado, Mario Miranda Filho, Marly Peres, Moacir Japiassu, Mônica Rocha de Carvalho, Pedro Malan, Simon Schwartzman e Yvonne Maggie. Agradeço também ao Instituto de Estudos de Política Econômica/ Casa das Garças, ao Instituto Fernando Henrique Cardoso e ao Programa de Mestrado em Direito e Desenvolvimento da FGV-RJ pela oportunidade que me proporcionaram de discutir preliminarmente as ideias do livro, não lhes cabendo, naturalmente, nenhuma responsabilidade pelo conteúdo ou por equívocos que nele hajam porventura permanecido. Não poderia deixar de registrar o atencioso e competente trabalho do meu editor, Otávio Costa, e de Alceu Chiesorin Nunes, Elisa Braga e Lucila Lombardi. A Alessandra de Angelis agradeço o apoio secretarial que me prestou, com a costumeira eficiência. A minha esposa,

Maria Eugênia Roxo Nobre, a constante e inestimável ajuda, sem a qual eu não poderia ter mantido o nível de concentração necessário num trabalho desta natureza.

Prólogo

Com este livro eu retomo um antigo interesse no liberalismo e no papel político dos intelectuais. Uso o termo liberalismo em sua acepção predominantemente política, abrangendo os fundamentos teóricos e os modelos organizacionais da democracia representativa. Existe, naturalmente, uma ampla margem de superposição entre os liberalismos político e econômico, mas na realidade histórica a relação entre ambos é complexa. Tanto há exemplos de governos politicamente liberais que implementaram programas econômicos intervencionistas como de governos autoritários que ocasionalmente implementaram políticas econômicas pró-mercado. Tal relação pode também se mostrar conflituosa, uma vez que, desde a primeira metade do século XX, o liberalismo democrático tornou-se um fator decisivo no equacionamento dos embates inerentes ao capitalismo.

Por que retornar ao liberalismo e à democracia? E por que estudá-los pela ótica dos intelectuais? Claro, quem diz liberalismo diz *anti*liberalismo; quem diz democracia diz ditadura, autoritarismo e totalitarismo. Justificar uma inquirição sobre o século XX à luz de tal dicotomia não é uma tarefa difícil; afinal não faz tanto tempo que Hitler tomou o poder na Alemanha e Stálin encenou os famigerados Julgamentos de Moscou. E não se requer uma pesquisa alentada para constatar que o século XXI também choca ovos de serpente. Entre os países submetidos a regimes de partido único até o fim do século XX, poucos conseguiram transitar para um padrão democrático aceitável. A Rússia de Putin com certeza não é um deles. A China ascendeu ao status de potência econômica sem desmontar suas engrenagens de controle totalitário sobre a sociedade. A América Latina vê-se a braços com uma recidiva populista — virulenta no caso do chavismo venezuelano, mas preocupante em vários outros. De preocupações autoritárias nem os Estados Unidos estão livres, como evidenciam certos efeitos colaterais potencialmente sérios do aumento da vigilância interna desde o Onze de Setembro no que toca às liberdades civis e à privacidade dos cidadãos. Por último, mas não menos importante, em muitos países o mau funcionamento das instituições democráticas tende a solapar a legitimidade dos governos, dando margem a discussões tão antigas quanto fantasiosas acerca do suposto "esgotamento" do regime representativo. Pelo lado positivo, é preciso reconhecer que avanços democráticos substanciais se registraram desde os anos 1980: o já mencionado colapso do sistema soviético, o fim dos regimes militares na América do Sul e, de certa forma, a própria Primavera Árabe — com a condição de não subestimarmos os fatores que se antepõem à democracia na maior parte do mundo árabe e muçulmano.

No sentido atribuído a esses termos, liberalismo e antiliberalismo são universos separados e contrastantes. Diferem no nível mais abstrato de suas premissas a respeito do conhecimento e da natureza humana, no nível das estipulações intermediárias acerca da estrutura social, do Estado e do Direito, e no mais concreto, em tudo o que concerne às formas de organização de seus respectivos regimes.

Nessa perspectiva, o termo liberalismo é consubstancial à democracia; podemos mesmo dizer, com alguma redundância, que é a teoria política da democracia liberal, ou representativa. Por implicação, o termo antiliberalismo designará as doutrinas filosóficas, ideologias e formas de organização e ação política que a ela se opõem nos diferentes níveis já apontados. No horizonte histórico que nos interessa — o século XX — ele se refere em particular ao fascismo, ao marxismo e a suas respectivas ramificações e derivações.[1]

Exceção feita a algumas vertentes do anarquismo, todas as ideologias antiliberais são epistemológica e moralmente holistas (o todo é mais real e legítimo que as partes — indivíduos e grupos — que o compõem); politicamente autoritárias (divinizam o Estado, o líder e o partido); historicistas (julgam-se detentoras de um conhecimento válido do futuro); anti-institucionalistas (as instituições e normas políticas da democracia liberal têm uma relevância apenas tática); e radicalmente anti-individualistas (novamente o holismo: o indivíduo carece de realidade e de valor moral). No que chamei de nível "intermediário" (estrutura social, Estado e Direito), reconhecer ou não instâncias autônomas entre o Estado e o indivíduo é uma diferença crucial entre o liberalismo e o antiliberalismo. O liberalismo caracteriza-se pelo reconhecimento do público e do privado como esferas distintas e igualmente legítimas — incluídos nesse postulado o setor econômico privado e toda a variedade de associações subsumida na noção de pluralismo.[2] Finalmente, o nível mais concreto. Aqui a democracia

1. Não considero que o marxismo e o fascismo sejam iguais em toda a linha — o marxismo se pretende universalista —, mas com certeza o são na medida em que se contrapõem no mesmo grau à democracia e à concepção liberal de liberdade.
2. A tradição democrática francesa, dado seu caráter centralizador e plebiscitário, é ambígua, para dizer o mínimo, em relação aos chamados "corpos intermediários"; o oposto, justamente, da tradição inglesa, que lhes reconhece uma ampla margem de legitimidade.

liberal ou representativa contrapõe-se a numerosos tipos de não democracia: ditaduras e teocracias entre os conhecidos desde sempre e recentes, como os regimes autoritários e totalitários que aparecem entre as duas guerras mundiais.

Por que pensar o liberalismo pelo prisma dos intelectuais? Em abstrato, a resposta é óbvia. O intelectual é uma importante correia de transmissão entre as ideias políticas do passado e as do futuro; é, pois, uma influência potencial relevante na evolução do sistema político no sentido liberal ou antiliberal. A questão é como estudá-lo, ou seja, como tornar operacional esse enunciado genérico.

Simplificando bastante, creio poder afirmar que o estudo dos intelectuais tem se valido de dois métodos opostos. O primeiro, clássico, é o perfil individual: o estudo intensivo de um escritor ou pensador (ou de um pequeno grupo, uma "família") objetivando apreender com a maior densidade possível sua formação, a perspectiva em que se situa e o significado de sua obra dentro de um marco histórico determinado. O resultado é com frequência magnífico em termos estéticos ou crítico-filosóficos,[3] mas limitado, como é acaciano, para fins histórico-comparativos. No polo contrário, temos abordagens propriamente sociológicas, como a chamada "sociologia dos intelectuais" — uma típica arte francesa, cujo cultor mais conhecido parece ter sido Pierre Bourdieu. Caricaturando um pouco, essa perspectiva tende a conceber a vida intelectual como um microssistema autossuficiente, com instâncias internas de poder, uma ordem normativa própria etc. Imerso nesse microcosmo, o pesquisador desavisado às vezes se preocupa demais com a saga subsistêmica de seus personagens — com as

---

3. Eis alguns dos que considero "magníficos": David Wilkinson, "Malraux, Revolutionist and Minister"; Stephen Holmes, *The Anatomy of Antiliberalism*; Mark Lilla, *The Reckless Mind*.

estratégias de que eles se valem para galgar os degraus que a vaidade ou a ambição lhes dita —, perdendo de vista conexões possivelmente relevantes com a realidade político-histórica.[4]

OS TRÊS TIPOS E A MORTE DO INTELECTUAL

O desafio, como se vê, é estreitar analiticamente as relações entre a vida intelectual (nos dois níveis indicados) e o marco político real. De fato, as identidades do escritor, do cientista social ou do artista constituem na interação com coletividades cultas: no convívio com mestres, colegas e discípulos; quando publicam seus trabalhos e se veem entre editores e leitores; quando se expõem a diferentes audiências em congressos ou discutindo a atitude a tomar frente a dada questão de interesse geral. Para bem apreender essa complementaridade entre os níveis individual e coletivo, precisamos entender como o simples "letrado" ingressa na vida propriamente intelectual: o papel que assume e a coletividade em que se insere (ou toma como grupo de referência). Minha sugestão compõe-se de uma tipologia individual e outra coletiva (retomada adiante). A individual compreende alguns dos papéis ou identidades características com que os intelectuais soem se apresentar na esfera pública: o tribuno, o profeta e o sacerdote.

Semelhante a um advogado, o tribuno engaja-se na defesa de pessoas, grupos sociais ou valores institucionais de uma forma incidental, ou seja, em situações dadas. O profeta é o portador da

---

4. Isso, em tese; tais dificuldades parecem ter sido superadas nos ótimos trabalhos surgidos no início do século XXI. Exemplos: Pascal Ory e Jean-François Sirinelli, *Les Intellectuels en France*; Michel Leymarie e Jean-François Sirinelli, *L'Histoire des intellectuels aujourd'hui*; Cécile Vaissié, "Entre 'ingénieurs des âmes', intelligent et 'dissidents': Y-a-til des intellectuels en Russie Soviétique?".

boa-nova: a chegada de um novo mundo, ao qual ele promete conduzir aqueles que compartilharem sua receita de salvação. O sacerdote é o intérprete autorizado dos livros; é aquele que invoca os cânones sagrados a fim de separar os campos do bem e do mal, do permissível e do não permissível. Ele zela pela observação da fé e dos ritos, e cuida do bem-estar espiritual do rebanho.

Numerosos autores têm especulado de uma maneira genérica sobre a "morte" do intelectual. A abordagem tipológica ajuda a esclarecer tal questão (ver capítulo 2). Durante o século XX, enquanto incensavam suas respectivas profecias ideológicas, certas correntes de pensamento atestaram a morte do tribuno, ou o condenaram ao esquecimento, o que dá no mesmo. Para os marxistas, sobretudo, ele seria um fruto temporão da doutrina dos direitos (humanos) naturais, uma das ficções metafísicas da ideologia burguesa, incompatível com a predição "científica" do próximo advento da sociedade sem classes. Com o benefício do retrospecto, parece fora de dúvida que essa avaliação marxista estava na contramão. A ideia de um feixe de direitos inerente a todo ser humano não desapareceu; independente da formulação técnico-filosófica que se lhe queira dar, a comunidade internacional a conservou como uma parte fundamental de sua *evolving moral consciousness*, ou seja, de sua consciência moral em evolução; e foi mais longe, ao tipificá-la juridicamente nos acordos de Helsinki de 1973. Esses acordos não foram um epitáfio, e sim uma evidência a mais de que o tribuno se mostra imorredouro. O mesmo não se pode dizer do profeta e do sacerdote, quiçá vitimados pela pretensa cientificidade de suas projeções históricas.

Pela ótica individual, já discutida, o caso clássico do intelectual (e do tribuno) é sem dúvida o caso Dreyfus. Com o tempo, no entanto — a partir do intervalo entre as duas grandes guerras —, o intelectual perceptivelmente se "ideologiza"; o próprio conceito de intelectual adquire certa conotação de antiliberalismo. Filho do

Estado constitucional e da democracia, do surgimento da imprensa e do pluralismo cultural, o intelectual é crescentemente atraído — como profeta ou como sacerdote — para os extremos ideológicos de direita ou de esquerda. Passa a cortejar regimes autoritários ou totalitários e a se representar como um adversário do capitalismo e da democracia. Em vez de se atenuar, essa tendência se acentua e se difunde por todo o mundo depois de 1945, em função da Guerra Fria. Por si só, esse pano de fundo indica que a figura do intelectual não se dá a conhecer plenamente na esfera individual; é mister conceituá-lo também no nível coletivo e analisar seu desenvolvimento em termos histórico-comparativos — ou seja, entre países. Para este fim, proponho uma sequência aproximada de três tipos de comunidade intelectual: pensadores isolados, intelligentsias e comunidades academicamente centradas. Como um apoio adicional para a análise histórica, sugiro uma periodização qualitativa baseada em três conjunturas críticas — focos sucessivos de atenção intelectual —, sendo elas: a construção do Estado, a industrialização e a tematização da democracia. Foram esses os instrumentos em que me baseei para explorar comparativamente a história das comunidades intelectuais em quatro países: Rússia, Alemanha, Estados Unidos e Brasil (ver capítulos 4-7). Sublinho que essa parte do estudo é de fato uma "exploração" — um exercício exploratório, com amplo recurso a fontes secundárias. Ainda assim, creio poder afirmar que a distância entre os países antiliberais (Rússia e Alemanha) e o caso nitidamente liberal dos Estados Unidos é muito maior do que em geral se supõe. Maior em dois sentidos: quanto ao compacto antiliberalismo dos dois primeiros e quanto às consequências histórico-políticas de tal padrão.

O capítulo 7 e os perfis individuais apresentados nos capítulos 8-9 (Oliveira Vianna, Sérgio Buarque de Holanda) referem-se à experiência brasileira. Não descabe perguntar se tal esforço faz sentido, afinal muitos estudiosos se fizeram a mesma questão e optaram pela resposta negativa. Já se disse, com efeito, que "tudo é colonial na colônia" e que o que nossos pensadores liberais de fato pensaram foram "ideias fora do lugar". No passado recente, depois da redemocratização, proclamou-se no melhor estilo holístico que o Brasil é e sempre foi um país autoritário, em todos os níveis — não apenas no que toca às ideias e instituições políticas, mas em toda a trama da vida social e cultural. Se assim é, de que vale pesquisar dicotomias, diferenças e contraposições? No que me concerne, a resposta à referida pergunta deve ser positiva; mais que isso, penso que o convívio entre as correntes liberais e antiliberais é a questão de maior interesse no estudo do caso brasileiro.

O ANTILIBERALISMO NO BRASIL

Diversos historiadores evidenciaram sem margem para dúvida que o antiliberalismo brasileiro é tributário do catolicismo e do absolutismo ibéricos, e que tais influências foram reforçadas na prática social pela modalidade de exploração da terra e pelas estruturas do patrimonialismo trazidas pelo colonizador português. Mas não me parece que o antiliberalismo que permeia a vida intelectual brasileira seja homogêneo e proveniente de uma mesma fonte. Penso que a historiografia, ao concentrar a inquirição naqueles fatores temporalmente distantes, pode ter superestimado a herança ibérica relativamente a outras fontes também plausíveis, eminentemente modernas e quiçá até mais importantes. Numa ordem cronológica aproximada, creio ser possível distinguir pelo menos cinco camadas: a mais antiga, que é obviamente a colonial ibérica; o positivismo de Augusto Comte, que teve uma presença expressiva nas escolas militares e no movimento republicano; um conjunto superposto ao positivismo, porém muito mais amplo que ele, que designarei como protofascismo;[5] o fascismo propriamente dito e o marxismo, ambos a partir dos anos 1920.

Dentro dessa ordem de ideias, parece-me de toda evidência que a cultura político-intelectual das elites brasileiras caracteriza-se durante todo o século XX pela coexistência de dois veios, um liberal e outro autoritário, em graus variáveis de importância conforme o período histórico. O veio liberal pode ser reconhecido desde o início do século XIX, na Constituição de 1824 e na quase imediata instalação do Parlamento e do Judiciário nacionais. Aqui vemos, portanto, uma cultura liberal não apenas razoavelmente elaborada pelos padrões da época, mas em vias de se tornar operativa no processo de construção institucional.[6]

Um pensamento antiliberal articulado aparece nas últimas décadas do século XIX, com o positivismo, e se diversifica após a Primeira Guerra, quando se esboça a grande bifurcação entre direita (várias tendências) e esquerda (o marxismo e o anarquismo).[7]

---

5. Conquanto tenha um pé no racionalismo, o próprio positivismo em última análise se origina desse movimento de ideias antiliberal mais amplo que se constitui a partir da reação à Revolução Francesa na Europa continental. Dividido em várias correntes, articuladas em menor ou maior grau ao romantismo e ao idealismo filosófico, esse movimento convergirá ao longo do século XIX no sentido do que denominei protofascismo.

6 . Roberto Schwarcz entende que tudo isso não passava de uma "comédia ideológica"; diferentemente do que ocorrera na Europa nos albores do capitalismo, o liberalismo brasileiro do século XIX não era uma descrição verossímil do "cotidiano" ou do "curso real das coisas — e [era] nesse sentido uma ideia fora do lugar". O fraseado por si só evidencia que, para ele, o "curso real das coisas" tem pouco ou nada a ver com a esfera das instituições políticas, que dirá com um processo de construção institucional projetado num tempo distante. Por mais que ele queira se desvencilhar do reducionismo, é óbvio que "real", para Schwarcz, é a infraestrutura; as demais esferas da sociedade são de alguma forma menos reais. Este é o pomo da nossa discórdia.

7. Claro, a Igreja tem uma presença importante; é herdeira do corporativismo católico medieval e do obscurantismo da contrarreforma, se bem que o catoli-

Não só no Brasil, mas em toda a América Latina, o antiliberalismo parece ter se robustecido primeiro à direita, com os aportes intelectuais do protofascismo, e depois à esquerda, com o aumento do prestígio do marxismo e a fundação de partidos comunistas após a Revolução Russa de 1917. Ou seja, um veio autoritário tão perceptível como o preexistente liberalismo só virá a se constituir nas primeiras décadas do século xx, e justamente através da contestação aos princípios liberais e federativos tomados como base pelos constituintes de 1890-1.

Por si só, a sequência esboçada indica a crescente importância de influências antiliberais *modernas*, de forma alguma compreensíveis a partir das influências antiliberais da era colonial; nem se veria, se assim não fosse, como as correntes mais próximas do fascismo poderiam ter ganhado o espaço que ocuparam durante uma grande parte do século xx. A derrota militar do fascismo na Segunda Guerra e seu virtual desaparecimento como força organizada facilitou a expansão mundial do marxismo e sua enorme penetração nas ciências sociais e na cultura de um modo geral no pós-1945. Tal expansão se deu evidentemente às expensas do pensamento liberal-democrático. A situação daí resultante somente começou a se alterar no passado recente, devido, por um lado, ao formidável avanço das ciências sociais e da pesquisa histórica nas grandes universidades ocidentais e, por outro, à debacle do sistema soviético.

---

cismo ultramontano de dom Vital e Jackson de Figueiredo só vá se organizar e ganhar consistência após a Primeira Grande Guerra. Nos anos 1930, o laicato católico conservador apoiará o extremismo de direita personificado por Plínio Salgado e sua Ação Integralista Brasileira (aib). A influência de ideias católicas mais arejadas acerca da questão social — expressas nas encíclicas Rerum Novarum e Quadragésimo Ano — começa a se fazer sentir na primeira metade do século, mas com intensidade só a partir dos anos 1950.

1. Conceito de intelectual

Que é um intelectual? Que condições ou requisitos o definem? Que papel desempenha ou deveria desempenhar na vida política?

O substantivo "intelectual" data do final do século XIX, mas o tipo social que designa surge pelo menos um século antes: na virada do século XVIII para o XIX. Seu aparecimento deve-se a um conjunto de circunstâncias de grande importância histórica: o fim do Antigo Regime, a passagem do absolutismo ao Estado constitucional e os primórdios da democracia representativa; o advento do capitalismo, a massificação da escolaridade e a consequente ampliação do público leitor e do número de publicações; o desenvolvimento da imprensa e o surgimento da opinião pública.

Como substantivo, o termo intelectual aparece com um claro objetivo de rotular e desqualificar adversários numa contenda pública. Recapitulemos brevemente os fatos. Na última década do século XIX, a França vive um momento de acirramento político devido ao processo judicial-militar que valeu ao capitão Dreyfus a pena de degredo perpétuo na Ilha das Cobras; um processo contaminado pelo antissemitismo e por exacerbados sentimentos nacionalistas e militaristas. Em 1898, o jornal *L'Aurore* publica uma carta aberta de Émile Zola exigindo a revisão da sentença. O documento recebe a adesão de Anatole France, Henri Bergson e muitos outros nomes de peso na vida cultural francesa. A reação da direita militarista é imediata: os signatários "sont des intellectuels" — são intelectuais, ou seja, nefelibatas, meros sábios de gabinete, sonhadores sem noção das realidades práticas do governo.

Essa conotação pejorativa não desapareceu por completo, mas atualmente o termo é mais positivo que negativo. Três traços são geralmente considerados essenciais ao conceito: um nível educacional elevado, identificação com valores públicos e disposição a se engajar na atividade política para defender tais valores.

EDUCAÇÃO SUPERIOR, VALORES PÚBLICOS E PARTICIPAÇÃO POLÍTICA

O requisito educacional é autoexplicativo: o intelectual normalmente possui um nível de escolaridade muito superior ao da média da sociedade. Mas obviamente não se trata de alguém que apenas "gerencia" dado estoque de conhecimentos. Do verdadeiro intelectual espera-se reflexão, elaboração, desenvolvimento. Um enriquecimento contínuo, a ser feito em colaboração e muitas vezes em competição com seus pares. O conceito, portanto, exclui a maioria dos que se contentam com o status de "diplomados" (doutos, letrados, *savants*, ou como se lhes queira chamar).[1]

---

1. É exata quanto a este aspecto a conceituação sugerida por Merton (1968, p. 263): "Intelectuais participam de um fundo de conhecimentos que não deriva somente de sua experiência pessoal direta".

VALORES PÚBLICOS: *PUBLIC REGARDINGNESS* E IDEOLOGIAS

O segundo requisito é um compromisso genuíno com valores públicos, ou seja, abrangentes, transcendentes, potencialmente universalizáveis. Certas expressões inglesas transmitem essa noção de uma forma talvez mais clara: valores *public regarding*, ou *collectivity oriented*.

A questão, seja como for, é que o intelectual não se deixa limitar por concepções ou interesses estreitos e particularistas; ao longo da vida e de sua experiência educacional, ele abraça uma causa que o transcende e a ela passa a dedicar uma parte substancial de seu tempo e de suas energias.

Nessa altura surge uma dificuldade: como distinguir o verdadeiro intelectual do simples ideólogo? O conteúdo das ideias muitas vezes se assemelha ou coincide; a diferença, em princípio, deve ser buscada na atitude em relação ao conhecimento e no compromisso *public regarding* do intelectual. Em tese, é possível dizer que o ideólogo vivencia suas crenças como um sistema fechado e inalterável. O intelectual, por mais profundas que sejam suas convicções, mantém uma posição aberta e flexível. É de sua natureza engajar-se, expor seu pensamento e prontificar-se a debatê-lo; manter-se, portanto, permanentemente disposto a examinar argumentos mesmo dissonantes que lhe sejam apresentados. Mas é preciso reconhecer que esta resposta é insatisfatória; não cabe nesta obra o desejável aprofundamento lógico e filosófico.

PARTICIPAÇÃO E ENVOLVIMENTO: O RUBICÃO DO INTELECTUAL

Os "intelectuais" são um subconjunto de um conjunto muito maior, integrado por todas as pessoas de alta escolaridade. De fato, entre a posse de uma escolaridade elevada e a efetiva assunção do papel de intelectual, há uma distância que poucos letrados, doutos, *savants* se dispõem a percorrer. A exigência de uma dedicação genuína a valores *public regarding* é um primeiro fator de redução do conjunto inicial; o seguinte é o engajamento público na defesa de tais valores. A plena configuração do papel intelectual acontece à medida que o letrado se desloca em direção a uma fronteira imaginária que separa a vida cultural ou científica da vida pública. Essa proposição mereceria ser descartada como simplória e redundante se todos os "letrados" tivessem a mesma probabilidade de efetuar tal movimento e o fizessem com a mesma chance de êxito — o que decididamente não é o caso. O que para alguns constitui uma experiência natural, instigante e até prazerosa, para outros é uma opção cheia de riscos e sentimentos contraditórios. Nem todos os indivíduos se sentem confortáveis ao personificar um papel público; muitos não conseguem converter seus conhecimentos (e a reputação que deles advém) em recursos políticos. Quanto a esse aspecto, as pesquisas disponíveis sugerem que a carreira pública eletiva é mais atraente para os bacharéis em direito. Os *hard scientists* e também, ao que parece, os economistas são menos adaptáveis às incertezas, asperezas e, por que não dizê-lo, ao *teatro* da vida pública.[2]

Às margens do Rubicão, nosso aspirante a intelectual encontra um leque de papéis, cabendo-lhe optar por um ou mais de um: professor, candidato ao Parlamento, editorialista de um jornal. Esses exemplos são descritivos: dizem respeito a funções rotineiramente exercidas na política e na administração pública. Para os fins deste livro, é preferível conceber os tipos "disponíveis" num

---

2. Um ótimo exemplo da combinação de meus três requisitos é Andrei Sakharov, o cientista soviético que se transformou em dissidente e veio a ser um dos artífices do fim da URSS; ver mais sobre ele na parte final do cap. 4.

plano mais abstrato, como tipos ideais.³ Nessa ordem de ideias, proponho a seguir três papéis que me parecem heuristicamente fecundos: o tribuno, o profeta e o sacerdote.

O *tribuno* é motivado por um desejo de realizar a justiça de forma incidental, ou seja, em casos concretos. Ele se vale de seus recursos intelectuais e de seu prestígio para defender uma pessoa, um grupo social ou uma instituição — no limite, a estrutura constitucional de seu país — de riscos que considera imediatos. O caso Dreyfus é um clássico, mas os exemplos podem ser multiplicados ao infinito. No mundo inteiro, escritores, poetas, cientistas, cineastas, artistas de cinema, teatro e TV, compositores, cantores e instrumentistas clássicos e populares participam de protestos e campanhas em defesa de indivíduos ou grupos sociais privados de seus direitos. Não é raro tais categorias mobilizarem-se em função das instituições ou da própria nação: do regime democrático, da soberania nacional, e assim por diante.

O *profeta* é um iluminado, um visionário. Apresenta-se como portador de uma mensagem de salvação. No plano secular, ele anuncia um mundo novo e convoca as massas a realizá-lo através de reformas ou de uma revolução social.

Por último, o *sacerdote*. Na comunidade religiosa ele é o intérprete autorizado dos livros sagrados. É quem exorta os fiéis a conhecer e observar os ensinamentos sagrados e zela pelo recato e pela oração. Graças a seu saber e autoridade, cabe-lhe prescrever a aplicação correta da doutrina em cada caso particular. No partido político, cabe-lhe enunciar a "linha justa", demarcar os limites

---

3. Emprego a expressão no sentido de Max Weber, que equivale mais ou menos a "arquétipo". Os três tipos que proponho não pretendem ser exaustivos, uma vez que não foram derivados de uma teoria ou classificação subjacente. Devem, portanto, ser avaliados tão somente em função de sua utilidade heurística.

aceitáveis do debate interno, coibir desvios doutrinários e recomendar punições e exclusões.

Uma importante distinção deve ser feita entre os contextos acadêmico e político. A figura do sacerdote existe em ambos, mas pode assumir significados diferentes e até opostos. No contexto acadêmico, o papel é fundamentalmente legítimo; as atividades intelectuais e científicas em geral requerem diretores e orientadores capazes de ver o conjunto de suas áreas e exigentes quanto a padrões de qualidade. Isso reduz ao mínimo a possibilidade de atritos na escolha do indivíduo que encarnará o papel e em sua integração ao grupo. E ele geralmente se vê e é visto como sacerdote por seus colegas, assistentes e estudantes.

Na atividade partidária e na esfera governamental, o que acontece é praticamente o oposto. Conhecimento, experiência e competência técnica são recursos importantes, mas no geral insuficientes para garantir a ascensão de um indivíduo à dignidade sacerdotal, com o que o apoio dos "poderosos" permanece quase sempre necessário.

2. As três mortes do intelectual

Os meios cultos do Primeiro Mundo andam preocupados com a saúde do intelectual. Temem que ele morra novamente, o que o tornaria o primeiro personagem histórico a morrer três vezes. Jacoby, autor de *The Last Intellectuals*, não esconde seu pessimismo. Na coletânea *Intellectuals in Politics: From the Dreyfus Affair to Salman Rushdie*, editada por Jennings e Kemp-Welch, vários autores, temendo o pior, anteciparam-lhe suas homenagens. Em seu livro *The Decline of the Public Intellectual*, Polsner deu-o por morto e foi além: disse que o intelectual não fez por merecer uma melhor sorte.

O resumo da ópera é que nem os melhores amigos do intelectual põem muita fé em sua recuperação. Pensam que a crescente especialização do conhecimento ser-lhe-á letal. A civilização do audiovisual fará minguar seu antigo glamour e desmistificará no nascedouro os paraísos mirabolantes que ele de tempos em tempos inventa. Assim, chance de sobrevivência, se ele tiver alguma, será nos ambientes politizados e academicamente frouxos do Terceiro Mundo.

A primeira morte do intelectual surpreendeu-o, como se recorda, na condição de tribuno. Decorreu de acusações que lhe fez Julien Benda no livro *La Trahison des Clercs*, de 1927. Benda acusou-o de trair os valores eternos de verdade e justiça que inspiraram o manifesto pró-Dreyfus de 1898. Levado a julgamento, foi condenado. Sua morte como profeta foi tratada com discrição, mas afinal transpirou que o problema havia sido uma overdose. Ingestão excessiva de ideologia, conforme a documentação apresentada por Raymond Aron na obra *O ópio dos intelectuais*, de 1955. Da terceira morte, ainda não consumada, o que sabemos é pouco, naturalmente. Os que com ele convivem de perto divergem sobre as possíveis causas, mas tudo leva a crer que o intelectual sucumbirá a um quadro de anemia aguda seguida de falência múltipla de órgãos.

A ESTRANHA MORTE DO TRIBUNO

Meio século atrás, toda reflexão sobre a ideia de uma humanidade comum esbarrava num interdito ideológico de esquerda. O marxismo, em particular, sustentava que tal questão só faria sentido na futura sociedade sem classes. No capitalismo, falar em direitos inerentes a todo indivíduo equivalia a confessar uma recaída na "metafísica" burguesa dos direitos naturais.

Por uma ironia da história, o abandono de tais reticências e a consequente reencarnação da metafísica dos direitos naturais na (também burguesa?) doutrina dos direitos humanos como figura jurídica internacional foram em grande parte uma decorrência da repressão aos intelectuais na URSS e no Leste Europeu. A grande mudança deveu-se à coragem dos dissidentes soviéticos, por um lado, e à convenção de Helsinki, de 1973, por outro.

No início dos anos 1970, como lembra Tony Judt (2007, capítulo 18) em sua história da Europa desde a Segunda Guerra, os padrões de comportamento da sociedade europeia haviam se alterado muito em comparação com o imediato pós-guerra; vivia-se o bem-estar proporcionado pelo Plano Marshall e pela recuperação econômica, e o enfrentamento ideológico dos anos 1950 empalidecera. A intelectualidade dava sinais de apatia e até de certo cinismo em relação à política quando foi sacudida pela publicação em Paris, em dezembro de 1973, de *O arquipélago Gulag*, de Aleksandr Soljenítsin. Judt avalia que esse fato seminal colocou os intelectuais de esquerda na berlinda, forçando-os a repensar certas posições que se haviam habituado a aceitar sem exame. Surrealista como isso possa parecer hoje, na Europa continental os intelectuais não falavam em direitos sem adjetivá-los: falavam em direitos "burgueses", direitos "formais" etc.

No Brasil, nos meios de esquerda, acontecia mais ou menos a mesma coisa. Um amigo professor universitário relatou-me um instrutivo episódio ocorrido em meados dos anos 1970. Ao oferecer em sua casa um jantar para colegas docentes, percebeu que um exemplar de *O arquipélago Gulag* visível numa estante da sala lhes causava certo incômodo. O mais notável nessa história é o fato de ter acontecido na época em que Brasil, Argentina e Chile viviam sob regimes militares. No Brasil, uma ampla aliança social começara a reagir contra a repressão e a tortura, e a expressão "direitos humanos" aos poucos se tornava perceptível no vocabulário público. Mas, claro, Soljenítsin era outra coisa…

Em retrospecto, parece-me fora de dúvida que a resistência às ditaduras induziu mudanças muito positivas na linguagem e nos valores políticos da América Latina; mas não convém dar por assentado que as elites culturais e políticas estejam prontas para defender os direitos humanos onde quer que eles sejam violados ou somente naqueles países que consideram ideologicamente do seu agrado. Permitam-me lembrar aqui um fato quiçá bem conhecido. No dia

24 de fevereiro de 2010, ao desembarcarem em Havana, o presidente Lula e sua comitiva tomaram conhecimento do falecimento de um preso político numa masmorra do regime. Dissidente de consciência sentenciado a 32 anos de reclusão, o pedreiro e encanador Orlando Zapata Tamayo morrera após 84 dias em greve de fome, protestando contra o descaso das autoridades com as condições da prisão e a saúde dos presos. Não seria razoável esperar que Lula — que não passou por nada comparável, mas chegou a ser preso —, alçado à presidência do Brasil, em sua quarta visita à ilha, pedisse para se avistar com uma comissão ou pelo menos com um representante dos presos políticos? Mal disfarçando sua subserviência diante dos lendários irmãos Castro, Lula contentou-se com declarar que "não podemos julgar um país ou a atividade de um governante pela atitude de um cidadão que decide fazer uma greve de fome. Um cidadão que entra em greve de fome está fazendo uma opção que, na minha opinião, é equivocada". Com igual compenetração, o conselheiro presidencial Marco Aurélio Garcia, professor de história na Unicamp, reforçou as palavras do chefe: "Há problemas de direitos humanos no mundo inteiro".

Decorrido um ano da morte de Zapata, o Instituto de Estudos Avançados da USP (IEA, 2011) dedicou um número inteiro de sua revista a Cuba. Mais de 80% do espaço coube à fina flor do oficialismo intelectual e artístico de Havana, mas eu quis acreditar que o dossiê Cuba traria alguma análise esclarecedora sobre o regime político da ilha, baseado, como é de conhecimento geral, no partido único, no controle absoluto da economia pelo Estado e numa concepção unitarista da vida social. Fui otimista, é claro. Sobre os direitos humanos, os participantes cubanos previsivelmente passaram pela cena sem dizer palavra. Quem se aventurou a tocar no assunto foi o brasileiro Frei Betto, que, no entanto, se esquivou de comentar as greves de fome do ano anterior, noticiadas em todo o mundo. Tampouco lhe ocorreu remontar à "primavera negra" de 2003 e às sentenças de prisão de dez anos ou mais impostas a autores de supostos crimes contra o Estado. Dele, o que a duras penas encontrei (pp. 224-5) foi o trecho a seguir, que George Orwell teria tido orgulho em aproveitar numa de suas peças de ficção: "Malgrado as acusações de desrespeito aos direitos humanos — monitoradas pelos Estados Unidos, nação que mantém na base naval de Guantánamo o mais hediondo campo de concentração que o mundo atual conhece —, em 52 anos de Revolução não se conhece em Cuba um único caso de pessoas desaparecidas, assassinatos extrajudiciais; sequestros de opositores políticos; torturas e prisões ilegais".

Z, O TRIBUNO VIVE

O caso Dreyfus é paradigmático, mas a função tribunícia é imemorial. Na antiguidade romana, ela existia como uma magistratura; o tribuno da plebe detinha a prerrogativa de levar as grievances do povo oficialmente ao conhecimento do Senado. No mundo moderno, funções análogas cabem a instituições públicas como os órgãos judiciais, o ombudsman sueco e o Ministério Público brasileiro, mas são também desempenhadas por associações privadas de vários tipos, por certos profissionais, notadamente advogados e jornalistas, e por intelectuais. Os interesses que os tribunos se propõem tutelar podem ser esquematicamente classificados como individuais, coletivos e institucionais. Individuais são, por exemplo, o devido processo legal, como no caso Dreyfus, ou a integridade de um preso político, hipótese comum em regimes ditatoriais. Interesses e direitos coletivos (ou seja, de toda uma classe de pessoas) têm tido defensores intelectuais desde priscas eras. O escritor argentino José Hernández, autor do grande poema *Martín Fierro*, é um bom exemplo. A socióloga Quattrocchi-

-Woisson (2003) mostra como a grande repercussão dessa obra estimulou Hernández a encetar uma campanha pública de defesa dos *pampeanos*, trabalhadores rurais que labutavam num estado de extrema pobreza, ignorados pela então próspera sociedade argentina. Parece-me adequado pensar em Euclides da Cunha como uma contraparte brasileira de Hernández, se entendermos que *Os Sertões* conferiu forma humana aos beatos de Antônio Conselheiro. Nessa mesma linha, outro exemplo extraordinário é Federico García Lorca, com seu destemor na defesa dos ciganos, uma das minorias mais discriminadas da Espanha e de toda a Europa. Numa Andaluzia marcadamente feudal e tirânica, onde a violência policial-militar não conhecia limites, a coragem de Lorca beirava o impensável. Em 19 de agosto de 1936, exatos trinta dias após rebentar a guerra civil, o grande poeta foi detido e sumariamente assassinado a tiros de fuzil.

Os escritores que acabo de citar tinham em comum o fato de atuar em sociedades muito estratificadas, nas quais a democracia engatinhava e as garantias jurídicas careciam de eficácia. Enfrentar a repressão é também o ofício da blogueira cubana Yoani Sánchez; a diferença é que ela se vale do jornalismo, não da literatura, em seu trabalho de oposição ao regime castrista (Sánchez, 2009). Também jornalistas, Bob Woodward e Carl Bernstein agiram como tribunos em prol da ordem jurídica norte-americana e dos valores que ela consagra em sua reportagem investigativa sobre o caso Watergate (publicada pelo *Washington Post* e levada ao cinema com o título *Todos os homens do presidente*). Completo este apanhado lembrando Allistair Sparks, decano do jornalismo político sul-africano, um dos ícones da luta contra o apartheid e pela democracia.

A América Latina, em que pese o caráter autoritário de tantos dentre os regimes que nela prevaleceram nos dois últimos séculos, tem em sua imprensa uma tradição tribunícia apreciável. Esse tipo de jornalismo remonta no mínimo aos publicistas do século XIX

— lembro o maranhense João Francisco Lisboa —, conhecidos por seu estilo torrencial, e evoluiu graças a uma linhagem de notáveis articulistas e editorialistas, culminando no conceito atual de jornalismo investigativo.

No Brasil, durante os 21 anos do regime militar (1964-85), alguns dos principais jornalistas e jornais do Rio de Janeiro e de São Paulo sustentaram uma nítida postura de resistência.[1] Carlos Heitor Cony, no *Correio da Manhã*, e Márcio Moreira Alves e Otto Maria Carpeaux, no *Jornal do Brasil*, entre outros, opinaram de forma contundente desde a primeira hora. Teve o mesmo sentido, durante os 21 anos do regime militar, o trabalho de Carlos Castello Branco, o Castelinho — cujo estilo sempre ponderado mas firme na crítica ao regime de exceção transformaria sua "Coluna do Castello" numa instituição da imprensa brasileira. O jornal *O Estado de S. Paulo* dramatizava sua recusa a publicar textos mutilados e ao mesmo tempo ironizava os poderosos da época estampando versos de Camões nos espaços atingidos pela tesoura censória. Outro jornalista que se credenciou ao respeito do país foi Fernando Gabeira. Vinculado ao *Jornal do Brasil*, ele ingressou na luta armada na segunda metade dos anos 1960 e chegou a participar do sequestro do embaixador norte-americano Charles Burke Elbrick em 1968. Ao retornar de um exílio de dez anos, graças à lei de anistia de 1979, fez um relato corajoso e sincero de sua experiência no livro *O que é isso, companheiro?*, e passou a contestar sem meias palavras os objetivos supostamente democráticos que alguns dos integrantes da luta armada — a presidente Dilma Rousseff inclusive — passaram a se autoatribuir.

---

1. Por ocasião do quinquagésimo aniversário do golpe de 1964, o Instituto de Estudos Avançados da USP (IEA) publicou no número 80 de sua revista um excelente conjunto de análises e documentos sobre o período e, em particular, sobre as manifestações jornalísticas a que ora me refiro.

Inspirou-se em Rousseau a quase totalidade das escatologias políticas dos séculos XIX e XX. Dele proveio o arquétipo de que os principais profetas seculares se valeram para excogitar seus paraísos terrenos: um futuro reencontro da humanidade consigo mesma num cenário de igualdade e fraternidade. A esquerda — como escreveu Raymond Aron — "se outorga, pelo pensamento, uma história unilinear, na qual São Jorge acabará vencendo o dragão" (1955, pp. 40-1).

E, realmente, por mais que seus autores se esforcem por revesti-las com aparências científicas, profecias históricas nada mais são que projeções fantasiosas de desejos políticos num futuro distante. O modo de pensar subjacente é sempre o familiar holismo antiliberal: a sociedade é um todo dotado de consciência, vontade e direção. Maior que a soma das partes que o compõem e mais legítimo que qualquer uma delas, esse todo transcende os indivíduos de carne e osso, bem como os grupos ou associais reais em que se integram. Movendo-se através de etapas predeterminadas, no fim do percurso ele se concretiza como um paraíso terreno; desse ponto de chegada, a figuração por excelência é a sociedade sem classes postulada por Marx.

O movimento do todo tem duas faces. Por um lado, ele resulta de leis históricas inexoráveis; mas, por outro, não dispensa a colaboração das "partes", isto é, de sucessivos impulsos transformadores, que ao fim e ao cabo se consubstanciam na grande insurreição dos oprimidos. O que põe em movimento essa imagem pretensamente científica é portanto um anseio romântico de recriar a sociedade de alto a baixo e de um só golpe: "*the longing for total revolution*", na feliz expressão de Yack (1992; ver também Joll, 1964, e Talmon, 1970). O mito romântico da revolução, constitutivo do anarquismo, grudou emoção e fantasia na secura econômica do marxismo, flertou com o fascismo e deixou suas digitais no clericalismo esquerdizado de nossa época. Sua eficácia política não deriva de sua suposta cientificidade, mas de seu efeito catalítico no imaginário de grupos sociais — dos jovens, notadamente — que vivenciam sua experiência social como a fonte real ou imaginária de seus descontentamentos.

Claro, nem todo profetismo político concebe a história como uma sucessão de solavancos ou requer a súbita intervenção de um anseio romântico ou da revolução proletária. Augusto Comte postulou uma evolução mais ou menos contínua, demorada, diria mesmo asséptica — e essa imagem é provavelmente uma das razões de ele haver granjeado um crédito "científico" para seu positivismo. De fato, na profecia comtiana, a história é uma evolução milenar, ao longo da qual a humanidade passa do estádio religioso ao estádio metafísico e deste ao positivo. Inteiramente governado pela ciência, o estádio positivo é a figuração comtiana do paraíso terreno.

É bem verdade que a ideia positivista da "ditadura republicana" abre espaço para um empurrãozinho na história. No positivismo, o parteiro da história é um governo autoritário; a ditadura é uma escolha política respaldada pelo conhecimento dito científico da evolução histórica e das realidades sociais. Começando nas escolas militares no final do século XIX e difundindo-se entre vários pensadores no início do século XX, essa imagética comtiana exerceu uma importante influência na vida brasileira; voltarei a este ponto nos capítulos 7 e 8.

Num artigo publicado no *Journal of Democracy*, Filali-Ansari mostra que a presença do positivismo nos primeiros contatos intelectuais entre muçulmanos e europeus contribuiu para a formação do antagonismo nas relações do islã com o Ocidente: "Nas últimas décadas do século XIX e no começo do século XX, a confrontação com os poderes coloniais, vistos como portadores e defensores de um agressivo proselitismo cristão mesclado a um novo secularismo, contribuiu para o enrijecimento de tal dualismo [...]. A polarização que daí resultou viria a dominar todas as atitudes e tentativas de lidar com problemas ligados à religião, à política e à ordem social".

O profetismo marxista-leninista

A profecia rousseauniana de uma comunidade ao mesmo tempo racional e fraterna, eficiente, mas espontânea e livre de convenções, foi um dos veios formativos do pensamento político marxista. A esse paraíso o proletariado chegará num estágio avançado da revolução, quando tiver concluído a liquidação do capitalismo. Nessa etapa o Estado fenece, a bruma ideológica que entorpece a sociedade burguesa se dissipa e as diferenças sociais remanescentes perdem sua "opacidade" — ou seja, tornam-se justificáveis e compreensíveis para todos.

A tenacidade com que este fabulário rousseauniano se incrustou no marxismo pode ser apreciada no parágrafo final de *O Estado e a Revolução*, de Vladimir I. Lênin. Nessa passagem vemos o teórico celebrado por sua penetrante percepção das realidades práticas da revolução entregar-se de corpo e alma ao devaneio milenarista do fim da história como uma comunidade humana igualitária e racional.[2] Aí, seu árido realismo abre passagem para

---

2. Kolakovsky (1977, pp. 291-2) entende que Rousseau "não acreditava que a perdida identificação espontânea de cada indivíduo com a comunidade seria jamais restaurada e que o veneno da civilização seria um dia apagado da memória humana. Marx, sim, acreditava nisso; não porque visse o retorno à felicidade da vida selvagem e o descarte da civilização como possíveis ou desejáveis, mas porque acreditava que a tecnologia, com seu irresistível progresso, acabaria por superar (dialeticamente) a sua própria tendência destrutiva e proporcionaria à humanidade uma nova unidade baseada na libertação face à escassez".

esta insólita imagem: trajando macacões de operário, um grupo de "bons selvagens" confere a produção do dia:

> Quando todos tiverem aprendido a gerir — e estiverem de fato gerindo, independentemente, a produção social, fazendo os registros contábeis, controlando os preguiçosos, os "de boa posição", os vigaristas e outros "guardiães das tradições capitalistas", então, escapar dessa contabilidade nacional e desses controles terá se tornado tão difícil, uma exceção tão rara, que quem tentar será alvo de uma ação punitiva tão rápida e severa (porque os trabalhadores armados são homens práticos, nem um pouco chegados naquele sentimentalismo típico dos intelectuais, nada dispostos a permitir que alguém lhes venha tomar inutilmente o tempo) que logo a necessidade de observar as regras simples e fundamentais do cotidiano social terá se tornado um hábito. A porta estará então aberta para a transição da primeira fase da sociedade comunista à fase mais alta, ao longo da qual se dará o fenecimento do Estado. (Lênin, 1971, pp. 84-5)

O sacerdote na democracia e no totalitarismo

O sacerdote, como sabemos, é o curador da doutrina, o guardião dos livros. É aquele que zela pela saúde espiritual dos fiéis. Mas, se nas igrejas existem sacerdotes faltos em virtude, como esperar que a possuam os intelectuais que se deixam atrair pela miragem do sacerdócio político?

Essa, realmente, é uma diferença crucial entre os regimes liberais e os totalitários. Nas democracias e sociedades liberais há sacerdócio, mas não há sacerdotes individuais. Avesso por natureza ao *diktat* holístico, tais sociedades não precisam de sacerdotes, e a rigor não os admitem. Politicamente, o sacerdócio democrático é o que emana dos embates entre os partidos, dentro de cada partido e entre os atores políticos relevantes; intelectualmente, o que resulta da contribuição de cada um ao market-place das ideias. E assim deve ser, pois há uma contradição insanável entre pensar com independência, apanágio do intelectual, e dirigir consciências, ofício do sacerdote. Nos partidos comunistas, sim, há sacerdotes: aqueles que baixam a "linha justa", censuram os desvios e enquadram eventuais dissidentes. Às vezes há um a quem chamam de ideólogo, mas, na realidade, a função cabe aos mais fortes na cúpula do partido; ao secretário do Comitê Central, em última análise. O que podia haver de mais sacerdotal que a "doutrina Breshnev: os países irmãos podem fazer qualquer coisa, menos o que Moscou não aprovar"? Justamente por possuírem uma base de conhecimentos apreciável, consubstanciada no marxismo, os dirigentes comunistas amiúde se comprazem num contorcionismo filosófico que beirava o grotesco.[3] Pela mesma razão, o papel de sacerdote às vezes implicava atribuir uma missão especial a um teórico acatado; foi o caso do filósofo Louis Althusser, incumbido de imunizar o PC francês contra um vírus "idealista" inspirado no jovem Marx que grassava na França e na Alemanha no fim dos anos 1960. Em que pese toda essa aparente cientificidade, o "bom comunista" de um momento podia ficar com a cabeça a prêmio no momento seguinte; bastava ser percebido como um rival pelos mais poderosos. Qualquer crítico ou inovador que pretendesse agir com autonomia diante da cúpula ficava com o flanco exposto. Toda nudez era castigada. A lista de exemplos

---

3. Como observou Gellner (p. 146), "a doutrina marxista foi codificada de uma forma tão completa e sistemática como raras vezes ocorrera com qualquer outra desde a alta escolástica. A crença na unidade da teoria com a prática significava que, na prática, os líderes precisavam se portar como teóricos abstratos cujas obras devessem ser tratadas com respeito".

bem conhecidos começa por Trótski, exilado no México e lá assassinado a mando de Stálin em 1940. Ou pelo iugoslavo Mlovan Djilas, como Trótski um revolucionário da primeira hora, grande intelectual e historiador. Djilas desempenhou papéis políticos e militares proeminentes desde o início do levante revolucionário em Montenegro, sua terra natal. Chegou a vice-presidente da República e poderia ter sucedido a Tito na presidência, hipótese reduzida a pó quando ele começou a criticar o aburguesamento do partido — seus escritos foram reunidos no livro *A nova classe*, publicado no Ocidente em 1957. Assumindo cada vez mais uma postura dissidente, ele passou a contestar diretrizes do PC iugoslavo e chegou a condenar a intervenção soviética na Hungria. Estes e outros senões "anticomunistas" levaram-no a ser detido em diversas ocasiões e a cumprir cerca de dez anos de prisão. Mas há outros nomes a registrar. Imre Nagy, um dos líderes da revolução húngara de 1956, foi executado e enterrado secretamente em 1958. Alexandre Dubcek, o líder da "Primavera de Praga" de 1968, foi obrigado pelos tanques soviéticos a interromper seu projeto de liberalização e expulso do partido em 1970. No mesmo ano, o filósofo Roger Garaudy foi expulso do PC francês por ter discordado da intervenção soviética na Tchecoslováquia. E não nos esqueçamos do também filósofo Georg Lukács, o campeão da subserviência, várias vezes repreendido por "desvios idealistas" — e deles sempre se arrependeu.[4]

---

4. Fato raro, Lukács foi também repreendido por Kostas Axelos e J. Bois, os tradutores de seu *História e consciência de classe* para o francês, pela obscuridade do texto. No prefácio à edição de 1960, eles fizeram constar que "*Lukács écrivit ces essais de dialectique marxiste directement en allemand, à une époque où la langue de Hegel et de Marx, de Goethe et de Nietzsche, gardait pour lui pas mal de secrets*".

HEIDEGGER E O NAZISMO

O nazifascismo teve Carl Schmitt, Giovane Gentile e incontáveis *dei minori* cheios de aspirações sacerdotais. Mas o nome que não pode faltar neste livro — o de maior repercussão e sem dúvida o mais chocante — é o do filósofo Martin Heidegger. Na virada dos anos 1920 para os 1930, Heidegger despontava como um dos nomes mais importantes, senão o mais importante, da filosofia alemã. Discípulo de Husserl, o pai da fenomenologia, ele acabara de publicar *Ser e tempo* (1927), seu principal livro. Saltando desse ponto para os anos 1950, vemo-lo reconhecido na França como um precursor do existencialismo e como uma referência decisiva no pensamento de Jean-Paul Sartre. Mas em seu próprio país ele estava proibido de lecionar. O problema, naturalmente, é que entre aqueles dois momentos aconteceu o nazismo.

O filósofo chileno Víctor Farías, autor de um importante estudo sobre o assunto, informa que o envolvimento de Heidegger no regime hitlerista começou a ser desvendado em 1962 com a publicação pelo jornalista suíço Guido Schneeberger de "certos textos até então desconhecidos que evidenciavam a adesão plena e completa de Martin Heidegger ao nacional-socialismo nos anos 1933-34" — período em que o filósofo exerceu a reitoria da Universidade de Freiburg. As dúvidas que remanesceram até os anos 1980 foram afastadas — a meu ver em definitivo — pelas pesquisas do próprio Farías, relatadas em seu livro *Heidegger e o nazismo: Moral e política*, de 1988. Farías demonstra, com efeito, que o envolvimento de Heidegger no nazismo antedatou a eleição para a reitoria e que seu rompimento com o partido nazista jamais aconteceu, tendo ele inclusive pago regularmente a sua contribuição partidária até 1945.

O que teria levado Heidegger a assumir uma posição ativa de apoio ao regime? Por que não se acomodou, como fizeram tantos outros mandarins acadêmicos em toda a Alemanha? Inocência? Desinformação? Ingenuidade?

Inocência, com certeza não. A índole violenta do movimento hitlerista já se evidenciara plenamente em meados dos anos 1920. Em abril de 1933 — quando Heidegger assume a reitoria de Freiburg — o incêndio do Reichstag já havia acontecido; a "sincronização" (*Gleichschaltung*) das organizações sociais, um passo decisivo para o totalitarismo, estava em marcha; e já se tinha notícia da elaboração de uma lei para a "reconstituição das funções públicas": leia-se, para excluir os judeus de toda a administração pública e do sistema educacional.

Se não foi por inocência, terá sido por ambição que Heidegger se aproximou dos nazistas? Esse foi um motivo ponderável, sem nenhuma dúvida. Sinais de sua desmedida ambição sacerdotal aparecem desde o final dos anos 1920. A 2 de outubro de 1929, numa carta endereçada a Viktor Schwoerer, conselheiro privado do governo e diretor das universidades do Ministério da Instrução pública do país de Bade, ele escreveu: "ou dotamos novamente a vida espiritual alemã de forças e educadores autênticos, vindos do nosso solo, ou vamos entregá-la definitivamente à judaização crescente". (Adler, 2007, p. 120).

A hipótese da ambição não exclui a de uma real convicção filosófica, o que nos leva ao âmago do pensamento heideggeriano. Haveria uma relação intrínseca entre a filosofia e a ação política de Heidegger? Por sua complexidade, essa questão talvez devesse ser deixada para os especialistas. Dá-se, porém, que o próprio Heidegger se incumbiu de respondê-la, pois não só usou sua filosofia para interpretar o nazismo como pretendeu fazer dela a própria substância de seu projeto de reeducar espiritualmente o povo alemão. Reeducar, num sentido bem preciso: levar o povo a ver em Hitler o líder capaz de conduzir a nação a seu grandioso destino. Como bem observou Otto Pöggeler (Wolin, 1995), Heidegger pretendeu "*den*

Führer fuhren" — ou seja, orientar o líder; dar a mão a Adolf Hitler, guiá-lo pelo caminho certo para que a "Revolução Nacional" cumprisse o destino metafísico que ele, Heidegger, lhe atribuía.

O momento crítico desta história será abril de 1933: eleito reitor, Heidegger pronuncia um discurso de posse que o também filósofo Benedetto Croce, citado por Farías, descreveu como "servil e indecente". Para Víctor Farías, o discurso foi ao mesmo tempo um manifesto de apoio ao regime e um programa de ação. Perante seus colegas e alunos, o novo reitor se representa como o "guia espiritual" que os reconduzirá à "essência da universidade alemã":

> Heidegger trata de fundamentar suas propostas para transformar a universidade, e vê na vanguarda dos estudantes o sujeito histórico do processo. Procura para tanto um modelo de ação política [no qual] se reuniriam o Führer-reitor e a base, a consciência transcendental e o movimento histórico, para fazer cair as velhas estruturas. [Para tanto] ele [Heidegger] exige o fim da liberdade das instituições universitárias e a submissão dos docentes ao ímpeto revolucionário dos estudantes e dos SA que os conduziam.[5]

Voltemos à conexão entre a filosofia de Heidegger e sua adesão ao nazismo. O conceito-chave do heideggerianismo é o de *Dasein*, o *ser-aí*, expressão compacta de uma visão do homem como um ser miserável, *jogado no mundo*, incapaz de compreender a si mesmo e ao universo. Transposto para o plano da Nação, o gume nihilista do conceito ressurge na imagem de uma Alemanha sem rumo, desesperadamente necessitada de um líder e de um

---

5. Farías, na obra citada, pp. 137-50. Como se recorda, a sigla SA (Sturm-Abteilung) designava a organização armada com base na qual Ernst Röhm esperava ascender de forma autônoma na hierarquia do regime nazista. Em junho de 1934, Hitler ordena o assassinato de toda a sua cúpula, de Röhm inclusive.

projeto de poder que a conduzissem a seu superior destino. Claro está, pois, que Heidegger quis colocar sua obra a serviço do regime hitlerista, não titubeando para tanto em desnudar a alucinação sacerdotal que se apossara de sua alma. Existe entretanto um certo risco de nos equivocarmos quanto à real dimensão do *homo politicus* presente em Heidegger; a mim me parece que sua vocação político-sacerdotal tinha muito de vicário. Mesmo no auge de seu prestígio, exercendo a reitoria de Freiburg e requisitado para conferências e pronunciamentos, esse homem, que em dado momento parecia ter coragem de se associar a Ernst Röhm e seu aparelho de violência, deixava entrever certas dúvidas e indecisões, por exemplo ao recusar a prestigiosa cátedra de filosofia em Berlim, onde seu raio de influência seria evidentemente muito maior. Esse fato ajuda a entender seu real mas frustrado carreirismo político: vontade de pontificar não lhe faltava, mas seu diminuto universo e seus hábitos de eremita impediam-no de abrir as asas. No fundo, ele talvez nunca tenha passado de um provinciano aferrado ao seu chão, incapaz de se desamarrar de seu chalé na Floresta Negra.[6]

6. Indicações esparsas, mas congruentes com a interpretação sugerida podem ser encontradas na seção "Referências bibliográficas". Adler, p. 107, faz uma observação semelhante à de meu último parágrafo: "Günther Stern e Karl Löwith, seus antigos alunos, intuem que a recusa de Heidegger pelo posto em Berlim, para continuar ensinando em Freiburg, [reflete] uma vontade de enraizamento, um desejo de terra natal, de autoafirmação. Nos discursos políticos da época do reitorado ele se refere de uma maneira bastante *völkisch* à 'verdade' do solo — à Heimat". Em sua biografia de Walter Benjamin, Brodersen, p. 38, descreve a vida em Freiburg no início do século xx: "A estreiteza e a atmosfera pretensiosa de Freiburg podem ter sido inspiradoras para Martin Heidegger, que assistia às aulas de Rickert ao lado de Benjamin; mas no judeu berlinense com seu background de classe média alta, a universidade causou uma impressão muito pobre. Por certo ele não era o único a se desapontar com o padrão acadêmico carente de imaginação que lá encontrou — distanciado de sua própria época e fechado às ideias dos estudantes".

UMA MORTE ANUNCIADA: A TERCEIRA

No cômputo geral, é razoável especular que o intelectual generalista esteja sendo "cortado" por cima e por baixo ao mesmo tempo. Por cima, pelo avanço da especialização acadêmica, sobretudo nos países mais adiantados, e pela revolução nas comunicações, com o universo do audiovisual e as redes sociais puxando-lhe o tapete de diversas maneiras. Por baixo, na esfera política, pela afiada tesoura da repressão nos numerosos regimes antiliberais que ainda existem — entre os quais é preciso incluir as teocracias islâmicas. Acrescente-se ainda o deficiente ambiente universitário dos países subdesenvolvidos, propício a comunidades intelectuais ideologizadas do tipo que denominei intelligentsias, mas não a uma vida intelectual academicamente centrada.[7]

A megauniversidade e o mercado de bens intelectuais

Numa representação pictórica das tendências no Primeiro Mundo, veríamos um intelectual esquálido batendo às portas da universidade. Ele gesticula freneticamente, quer dizer algo às pessoas que vê lá dentro, mas não consegue. Não tem forças para se comunicar com os estranhos seres cujas silhuetas discerne. Não compreende as instituições educacionais modernas e muito menos a complexa divisão do trabalho que governa a produção do conhecimento nos dias de hoje. Nessa linha, o estudo mais arrojado parece-me ser *Public Intellectuals: A Study of Decline*, de Richard Polsner, obra de 2001; nesta seção eu me mantenho rente a seu texto. O papel dos "intelectuais públicos" a que o autor se refe-

---

[7]. Nesta seção vou tratar dos dois primeiros fatores (os que cortam "por cima") e do último, deixando de lado a questão dos regimes e das ideologias antiliberais, que na verdade permeia todo o livro.

re no título da obra consiste em esclarecer as questões subjacentes às controvérsias presentes na mídia, chamar a atenção para assuntos negligenciados, vivificar o debate público e, não menos importante, apontar erros cometidos por seus congêneres (p. 3).

Limitando sua avaliação aos Estados Unidos, Polsner afirma que o tratamento de questões sociais e políticas por esse tipo de intelectual caracteriza-se atualmente por uma baixa qualidade média — e tende a piorar. Com alguma complacência — ele escreve —, poder-se-ia dizer que esse tipo de trabalho está se tornando menos característico, menos interessante e menos importante; e que a posição, a contribuição e, mais precisamente, a significação social do intelectual público está se deteriorando nos Estados Unidos. As causas principais de tal declínio são, por um lado, "o crescimento e o caráter da universidade moderna" e, pelo outro, o mau funcionamento do próprio "mercado" de bens intelectuais.[8] Na sociedade atual, o público debate-se com uma sobrecarga de informação; assim, para conseguir decolar nessa atividade e se firmar como um intelectual público, um acadêmico precisa ter alcançado, não importa quão fortuitamente, alguma fama ou visibilidade pública. Não é fácil. O resultado é que muitos intelectuais públicos são acadêmicos sem maior distinção, catapultados para a mídia de uma maneira muitas vezes acidental, mas que nela podem permanecer se con-

---

[8]. "Não há novidade alguma" Polsner escreve, "na afirmação de que o desapontamento com o intelectual público é justificado, e que suas causas mais importantes são a ascensão da universidade moderna e a tendência concomitante à especialização do conhecimento. O especialista não pode substituir o intelectual público em seu papel característico, o de um comentarista crítico que se dirige a uma audiência não especializada sobre matérias de amplo interesse para a sociedade. O problema" ele acrescenta, "é que, atualmente, o esforço dos intelectuais públicos para desempenhar tal função não costuma render mais que profecias equivocadas e recomendações superficiais de política pública."

seguirem adquirir um certo grau de *name recognition*. É dessa forma que muitos passam a ser demandados como comentaristas de atualidades.

A civilização do audiovisual e da internet

Entre as ilustrações de seu ótimo estudo da intelectualidade francesa no século xx, Winock incluiu uma foto de uma área externa do Collège de France no ano de 1900. Da rua, quinze ou vinte pessoas tentam ouvir Henri Bergson, cujas aulas — Winock esclarece — haviam alcançado o status de uma atração mundana: "quem não chegasse cedo ficava em pé, ouvindo o mestre pelas janelas, tal a afluência de público". Qualquer que fosse a qualidade das aulas e o interesse daquelas pessoas pelo pensamento de Bergson, é fácil concluir que elas ali estavam por duas outras razões: a deferência então existente pelo intelectual acadêmico e a inexistência de concorrentes poderosos, numa época em que o rádio era apenas uma possibilidade, a televisão e o restante do universo audiovisual, nem isso. Aqui cabe indagar: estes frutos da tecnologia do século xx são terrivelmente adversos para o intelectual, como em geral se propala, ou quiçá eles mesmos produzam anticorpos capazes de trabalhar no sentido oposto? O que ofereço a seguir são conjeturas, evidentemente; um juízo seguro terá de esperar pesquisas planejadas com o propósito específico de responder a essas e outras interrogações atinentes ao tema. Realmente, há quem diga que as novas tecnologias, ao reduzir a importância do livro e do jornal impresso — formas tradicionais de ingresso do letrado na vida pública —, decretaram o fim do intelectual. Pior ainda, esse novo ambiente priva-o da sacralidade que lhe advinha em razão de sua capacidade de personificar e simbolizar o estado dos conhecimentos em determinada área, como era comum na filosofia, nas artes e nas ciências sociais. Com o crescente desinteresse pela leitura — se de fato existe —, milhões de pessoas habituadas a se comunicar por monossílabos perderão uma grande parte de sua capacidade de manejar a linguagem abstrata sem a qual essas formas de pensamento parecem inconcebíveis.

Mas há quem se aventure a interpretar tais processos segundo uma hipótese oposta e de certa forma otimista: a de que estamos na verdade assistindo a uma vigorosa expansão da oferta de intelectuais. Não obviamente de intelectuais no sentido clássico, que ensinavam nas universidades, escreviam livros e debatiam assuntos de interesse geral pela imprensa. A hipótese aventada é a de que as redes sociais tendem a alterar tal conceito. No mundo atual, através das redes, dezenas ou centenas de milhares de indivíduos que não possuem os atributos convencionais do intelectual e até recentemente não opinavam sobre questões de interesse público agora o fazem com qualidade. O meio de que se valem é efêmero, isso é certo, mas pode servir como ponte para outras formas de participação. Se esta hipótese fizer sentido, estaremos assistindo à entrada em cena de um grande número de profissionais que até pouco tempo atrás a sociedade não definia como intelectuais, mas que são capazes de operar a linguagem do debate público — e o fazem com propriedade.

Lembrei Bergson e sugeri que o sucesso de público de suas aulas em parte tinha a ver com a sacralidade do conhecimento e com a deferência pelo homem de cultura. É certo, os *bergson* dificilmente reaparecerão, mas é plausível supor que tenham deixado descendentes politicamente até mais eficazes. O generalista de nomeada — penso num Vargas Llosa — poderá em tese perpetuar a figura de Zola e dos *dreyfusards*. Seu perfil não será mais o de um filósofo que lentamente desfia a trama de seu sistema, tampouco o do orador estridente que ouriça uma plateia; será um *wordsmith* adestrado nas modernas técnicas de comunicação e bem equipado para as lutas práticas na esfera pública das democracias liberais.[9]

Subdesenvolvimento e desempenho universitário

Nos países desenvolvidos, o ensino superior torna-se cada vez mais competitivo; as universidades medem forças entre si em busca de recursos financeiros, fazendo boas ofertas a professores de prestígio consolidado, de olho também em jovens que acabam de entrar no mercado, e tentando recrutar bons estudantes de pós-graduação no próprio país e no exterior. Nos países subdesenvolvidos, o panorama é obviamente outro. O ensino superior propaga-se rapidamente, mas a qualidade média das instituições é sofrível e há poucos exemplos de *comunidades academicamente centradas*. Em tais circunstâncias, as comunidades de pensadores isolados e as intelligentsias conservarão sua importância numérica por muito tempo, qualquer que seja a sua relevância.

Uma questão instigante — e preocupante — é a da politização universitária. Não é uma questão simples. A tendência do corpo discente a se ver como uma entidade política e a ideia do campus como um "território livre" dos estudantes remonta ao movimento pela reforma universitária de Córdoba (Argentina) de 1918. Nos anos 1930 e 40, estando vários países submetidos a ditaduras, os movimentos estudantis tiveram um protagonismo relevante na resistência. Aconteceu no Brasil durante a ditadura getu-

---

9. No que concerne às dissidências intelectuais e artísticas em regimes totalitários, as tecnologias modernas são uma faca de dois gumes: servem à repressão mas têm também o potencial de aumentar o alcance e a eficácia dos protestos atuais. Os casos de Sakharov na ex-URSS, de Yoani Sánchez em Cuba e em menor medida dos dissidentes chineses ilustram a afirmação. Sem ignorar as diferenças entre tais situações, a "primavera árabe" também dramatizou o poder multiplicador das tecnologias de comunicação.

lista e novamente no pós-64. No pós-transição, à medida que o comunismo se esboroava na URSS e no Leste Europeu, uma grande parte da esquerda brasileira adotou um novo referencial ideológico — o do "socialismo em construção": um leito de Procusto no qual o esquerdismo católico pós-Medellín, parcelas de um sindicalismo pretensamente modernizante e variados timbres de marxismo se mesclaram. A boa condutibilidade atmosférica propiciada pelo *gramscismo* ajudou esse socialismo temporão a se propagar. Dizer que o esquerdismo estudantil detenha uma hegemonia parece exagerado; a realidade é que ele exerce uma influência muito maior que seu volume numérico permitiria supor, até porque se beneficia de um certo alheamento da maioria. Assim, as parcelas *soi-disant* politizadas dos corpos docente e discente, da intelectualidade extramuros e de alguns dos partidos políticos mantêm a universidade sob a espada de Dâmocles do "combate ao capitalismo", geralmente mediante greves e protestos de vária natureza. Por exemplo: a pretexto de protestar contra o "autoritarismo da constituição universitária", os estudantes ocuparam o prédio da reitoria da Universidade de São Paulo durante todo o mês de outubro de 2013. Um episódio ainda mais pitoresco foi a recusa da Faculdade de Direito do Largo de São Francisco — presumivelmente também para combater o capitalismo — a postar uma placa de agradecimento à família que financiou a construção de um auditório moderno nas dependências.

Num país como o Brasil, comparativamente seguro e confortável, os jovens podem se sentir heróis sem necessidade de um engajamento existencial profundo como, digamos, o da intelligentsia russa do século XIX (ver capítulo 4). Essa é a realidade. Faltam recursos financeiros? Sim e não. Graças a um sistema de financiamento testado e bem estabelecido, milhares de professores e pós-graduandos recebem e fazem bom uso de bolsas concedidas pelos governos federal e estadual. Mesmo assim, a classificação das universidades brasileiras no ranking internacional é sabidamente modesta. Para chegarmos à raiz do problema, outro tipo de estudo e muitos fatores adicionais precisam ser considerados. Fora de dúvida, por ora, é que se as portas da universidade se abrissem para o esquálido intelectual de minha imagem pictórica, ele talvez entrasse, se confraternizasse com quem estivesse à vista e partisse sem nada perceber de estranho.

3. Teoria e história das comunidades intelectuais

O intelectual não é um Robinson Crusoé; é no âmbito de "comunidades intelectuais" que ele se desenvolve e ganha estatura pública. Tais comunidades não se constituem da noite para o dia e não são homogêneas: para bem compreendê-las, é necessário distinguir seus tipos e examinar sua evolução através de um referencial histórico e comparativo.

Minha sugestão é distinguir três tipos: um constituído por letrados ou pensadores isolados; um outro que denominarei intelligentsias; e um terceiro que proponho designar pela expressão comunidades academicamente centradas. Estes três tipos dizem respeito a uma evolução imperfeitamente cronológica, conforme se discutirá adiante.

As intelligentsias começam a se delinear na segunda metade do século XVIII, ou seja, na *era liberal*, mas não só nos países que se adiantaram no desenvolvimento de instituições políticas liberais. Basta lembrar que o próprio termo intelligentsia surge na Rússia tsarista, a estufa por excelência da autocracia. As "academicamente centradas" são um fenômeno do século XX.

TRÊS TIPOS DE COMUNIDADE INTELECTUAL

Pensadores individuais

Num primeiro momento, antes do surgimento de universidades, ou antes que liderassem efetivamente a vida intelectual, os produtores e portadores das ideias políticas são *pensadores isolados*: juristas, historiadores, literatos, clérigos e em menor medida médicos, engenheiros e cientistas possuidores de alguma formação humanística. Por certo havia diferenças sociais relevantes entre eles: alguns possuíam recursos próprios, outros, talvez a maioria, podiam dedicar-se ao estudo por ocuparem funções públicas pouco exigentes.[1]

Os "pensadores" mantinham bibliotecas próprias, mas raramente contratavam assistentes administrativos ou de pesquisa. Eram "isolados" tanto no modo de produzir como na forma pela qual apresentavam suas ideias: a interação entre pares era em geral cerimoniosa, pouco propícia à critica. Só pesquisas específicas poderão dizer até que ponto, *subjetivamente*, eles se sentiam parte de uma comunidade intelectual; em termos objetivos, parece-me correto vê-los como tal na medida em que se levavam mutuamente em conta, tomando-se uns aos outros como referências. No passado, muitos pensadores participavam formalmente da atividade política — tipicamente como conselheiros, nos albores do Estado moderno, depois como ocupantes de cargos eletivos, integrando os partidos de "notáveis" dos primórdios da democracia. O prestígio individual elevado tornava-os até certo ponto intocá-

---

[1] Qual terá sido a dimensão numérica das comunidades de pensadores isolados? Não creio que possamos responder a essa pergunta no estado atual das pesquisas. Nos países líderes em termos culturais, como a França e a Inglaterra, talvez duas ou três centenas; nos pequenos ou periféricos, meia centena, no máximo.

veis, mesmo em regimes autoritários. No mundo atual, a importância desse tipo de intelectual diminuiu muito, variando no sentido inverso ao do desenvolvimento das universidades.

Intelligentsias

As intelligentsias começam a aparecer nas fases iniciais da vida universitária, quando a escala reduzida permitia um convívio informal entre professores e estudantes, com encontros frequentes, não raro numa atmosfera boêmia. Nessa fase, muitos estudantes eram provavelmente mais atraídos pelo ambiente intelectualizado que pela chance de uma experiência educacional rigorosa. O *intelligent* típico deixava-se absorver pelas novidades e divertimentos que encontrava: bares, restaurantes, associações literárias e clubes políticos — estes em geral propensos ao ativismo. Em seu livro *Prophets and Conspirators in Pre-Revolutionary Russia*, Ulam cita este instrutivo depoimento de L. F. Panteleyev sobre a aparição das primeiras mulheres (como ouvintes, claro) na Universidade de São Petersburgo, fundada em 1753:

> A presença de moças contribuiu para melhorar a atmosfera universitária. Antes os jovens eram baderneiros e viviam nos bares e bordéis (onde tinham desconto) em vez de assistir às aulas. Com a entrada de mulheres, eles se tornaram mais decorosos no vernáculo e em seus hábitos, e perceberam a necessidade de ficar "por dentro" das grandes questões da atualidade — entre as quais a da emancipação feminina aparecia com destaque. (pp. 95-6)

Embora frouxamente articuladas, em muitos casos as intelligentsias desenvolveram uma identidade política ou ideológica comum. O caso clássico foi a luta contra o tsarismo na Rússia durante o século XIX, mas a afirmação se aplica aos nacionalistas turcos (Karpat, 1966) no período entre as duas guerras mundiais e ao nacional-desenvolvimentismo brasileiro entre o fim da Segunda Guerra e o golpe militar de 1964.[2]

Observe-se, entretanto, que a noção de intelligentsia permanece obscura e até contraditória em aspectos cruciais. Na Rússia, de onde provém, o termo designava um estrato de intelectuais e estudantes caracterizado por uma atitude filosófica exigente, existencial, inegociável — uma introspecção que se diria saída das páginas de Dostoiévski, em busca de um padrão moral ao mesmo tempo individual e social. Como explica Vaissié (2003, p. 364), pertencer à intelligentsia russa de meados do século XIX dependia da adesão a uma ética, não de uma situação social ou funcional. Um intelligent — quer dizer, um membro da intelligentsia — devia esclarecer o povo e ser sua consciência. Era sua obrigação colocar seus conhecimentos a serviço dos desvalidos, o que na Rússia era praticamente sinônimo de campesinato e servidão. Para compreender o surgimento dessa ética, é preciso levar em conta a sistemática repressão desencadeada contra os intelectuais e ativistas políticos a partir do decembrismo — o fracassado putsch de dezembro de 1825 contra Nicolau I — e das revoluções liberais de 1848-9 no Ocidente, bem como a inexistência naquele país, até o início do século XX, de um rudimento sequer de sistema representativo. Um fruto duradouro do arquirreacionarismo da era de Nicolau I — escreve Ulam (p. 20) — foi "o férreo espírito revolucionário que penetrou nos órgãos vitais da sociedade russa e neles permaneceu até ser exorcizado pela revolução propriamente dita".

---

2. Sobre o conceito e para descrições de casos específicos da intelligentsia, ver Mannheim (1938, parte 3, seção 4), Ulam (1977) e Marletti (2000). Na União Soviética, o termo passou a designar um enorme agregado estatístico de profissionais, compreendendo talvez um terço dos trabalhadores não manuais (Medvedev, 1976, cap. 15).

É bem outra a imagem que nos oferecem os alemães Alfred Weber (irmão do célebre Max), Wilhelm Dilthey e Karl Mannheim. Para eles, o traço característico da intelligentsia é sua situação intersticial na estrutura de classes. No clássico *Ideologia e Utopia*, Mannheim descreve-a como um "estrato social não ancorado, relativamente livre em relação às classes sociais" (*freischwebende Intelligenz*). Segundo Mannheim, uma análise cuidadosa das bases sociais da intelligentsia mostra que ela não se identifica tão claramente com uma classe quanto os indivíduos que participam mais diretamente do processo econômico (Mannheim, 1929, pp. 154-5). Essa falta de ligações estáveis seria decisiva para explicar a autonomia dos intelectuais e sua capacidade de sintetizar as perspectivas ideológicas das diferentes classes.[3]

A acepção mannheimiana, como se vê, não mantém parentesco algum com a origem russa do termo, tampouco com a imagem francesa do intelectual *rive gauche*, também adepto de discussões filosóficas, mas não daquela inquirição moral profunda da juventude universitária de São Petersburgo. Ao contrário, a intelligentsia parisiense encarna à perfeição a ideia de uma comunidade boêmia, secular e diversificada. Lamentando a inexistência de uma tradição semelhante à da França na Alemanha e nos Estados Unidos, Dahrendorf deixa escapar uma ponta de nostalgia:

> melhor ainda seria se tal comunidade tivesse formas concretas: uma capital com editoras e jornais, locais de cultura acadêmica e cafés. Não ter a Alemanha tido — a não ser por um curto período,

---

3. Ernest K. Bramsted e Hans Gerth contam que o otimismo de Mannheim quanto ao potencial construtivo do intelectual moderno era muito grande, tanto que chegou a descrevê-lo como "o advogado predestinado das preocupações intelectuais do conjunto". Ernest K. Bramsted e Hans Gerth, "Nota sobre la obra de Karl Mannheim", em Karl Mannheim, *Libertad, poder y planificación democrática* (Cidade do México: Fondo de Cultura Económica, 1950), p. 10.

nos anos 1920 — uma capital nesse sentido do termo explica a conspícua falta de uma real comunidade de intelectuais. [Lá,] os intelectuais não têm uma comunidade desse tipo como referência; eles se guiam pela organização a que pertencem — a ópera, a universidade, a estação de rádio. Para sobreviverem, as intelligentsias precisariam se transformar em comunidades virtuais, constituindo sistemas de discussão e crítica mútua, com padrões de avaliação mais ou menos compartilhados e um livre fluxo de informações relevantes.

Comunidades academicamente centradas

É num terceiro tipo de coletividade que a concentração nos estudos, a qualidade do trabalho científico e a perspectiva de uma carreira profissional passam ao primeiro plano. Refiro-me aqui às comunidades *academicamente centradas,* coletividades que se constituem em função de instituições de nível elevado, tipicamente as principais universidades do Primeiro Mundo na segunda metade do século xx. O caráter altamente seletivo e entrópico da experiência educacional proporcionada por tais instituições leva os estudantes e *alumni* a desenvolverem um sentimento de identificação com a *alma mater,* cultivando-a como uma fonte de prestígio e um trampolim para carreiras importantes no setor privado ou no Estado.

Nas universidades que lideram o ranking mundial, a especialização da produção de conhecimentos tem consequências bem definidas no dia a dia e no estilo de trabalho do acadêmico, reduzindo drasticamente o espaço do generalista. A intensidade do processo educacional, as demandas administrativas e a necessidade de competir por recursos financeiros escassos requerem uma incessante produção de projetos precisos e factualmente bem delimitados. A reflexão sobre mundos futuros perde qualquer conotação de profecia, tornando-se também ela uma atividade profissional específica, baseada na elaboração de cenários e na ponderação de vantagens e desvantagens entre as opções factíveis.

PERIODIZAÇÃO: TRÊS CONJUNTURAS CRÍTICAS

Assim como no caso das comunidades intelectuais, também quanto ao sistema político há necessidade de reduzir um enorme volume de informações a proporções manejáveis. Minha sugestão é distinguir três etapas ou conjunturas críticas, assim denominadas por sua alta significação histórica: a construção do Estado, a industrialização e a tematização do regime político. O pressuposto desta distinção é que os problemas característicos de cada etapa tornam-se Leitmotiven, focos de intensa elaboração intelectual, com efeitos duradouros. É pois crucial inquirir sobre a natureza liberal ou antiliberal de tais efeitos em momentos sucessivos da reflexão e do debate das ideias políticas.

Até por ser uma das mais potentes e bem-sucedidas utopias da história, o Estado nacional tem sido há vários séculos um foco decisivo para a reflexão política. Na etapa da "construção", os intelectuais ganham relevância como articuladores do debate público, como construtores (ou destruidores) de mitos e símbolos e como operadores jurídicos, entre outras capacidades. No entanto, é preciso cautela em relação à carga subjetiva e ideológica de que a noção de Estado sempre se reveste: a partir de que ponto se pode afirmar que um país possui realmente um Estado? O que significa "construí-lo"?

Também quanto à segunda etapa — a da *industrialização* — há necessidade de especificar a perspectiva em que o termo será utilizado. O que se quer salientar é a conjuntura em que uma decisão política de acelerar o crescimento econômico se configura com nitidez, e em que alternativas estruturais e implicações de longo prazo (tais como a ênfase relativa entre a agricultura e a indústria e possíveis impactos da indústria na sociedade e no meio ambiente) são postas em discussão. Existem, com efeito, abundantes exemplos de como processos de industrialização muito rápidos produzem efeitos desagregadores (*disruptive*) na sociedade e no sistema político.

Finalmente, a *tematização do regime político*. No presente contexto, "tematizar" significa debater publicamente, de uma forma concentrada e abrangente.[4] De fato, um período constitucionalmente democrático pode ter início *com* ou *sem* uma elaboração intensa da ideia de democracia, e *com* ou *sem* uma participação expressiva dos intelectuais. No caso brasileiro, isso se evidencia claramente, na comparação dos anos 1980 com os anos 1940. O regime fixado pela Constituição de 1988 foi precedido por mais de uma década de discussões sobre aspectos conceituais, históricos e institucionais da democracia representativa; na conjuntura de 1945-6, ao contrário, quase nenhuma tematização aconteceu, devido *inter alia* ao curto lapso de tempo transcorrido entre a queda da ditadura getulista e a promulgação da Constituição de 1946.

Outra distinção necessária é a que se pode estabelecer em função da distância temporal entre tais processos. Dentre os quatro países que o livro focaliza, os Estados Unidos exemplificam a ocorrência praticamente simultânea da construção do Estado e da tematização do regime; o Brasil, uma situação intermediária; a Rússia e a Alemanha, um longo intervalo entre os dois processos.

---

4. Assim entendido, o termo suscita um paradoxo, ou uma situação contraditória: a tematização requer que as liberdades fundamentais estejam razoavelmente garantidas, e que a legitimidade dos oponentes pelos detentores do poder seja reconhecida; mas o que lhe confere enorme importância é justamente a não vigência de um regime democrático.

Cabe aqui também uma observação sobre o próprio conceito de regime político. Nas democracias liberais, ele designa a fixação constitucional das regras do jogo político e de anteparos contra o exercício tirânico do poder. Contudo, regimes totalitários como o soviético e o nazifascista são notoriamente incompatíveis com a vigência efetiva de quaisquer anteparos, legais ou não, uma vez que o terror é uma peça *sine qua non* em seu funcionamento.[5] Segue-se que o conceito de regime deve ser usado com extrema cautela, pois a questão em jogo no totalitarismo vai muito além de deficiências da ordem jurídica; o essencial, na verdade, é o zelo com que os aparatos do terror *impedem* a estabilização de qualquer ordem normativa — ainda que por efeito da rotina e da inércia social.

Por último, existe uma sequência obrigatória entre as três conjunturas? A resposta é um cauteloso sim. É difícil imaginar um país "sem Estado" encetando uma arrancada de crescimento ou fazendo valer as regras constitucionais da democracia. Mas, como em qualquer periodização, as etapas sugeridas superpõem-se e se interpenetram, sendo improfícua a tentativa de definir pré-requisitos rigorosos para a passagem de uma a outra.

---

5. É verdade que o nazismo não ab-rogou a Constituição alemã de 1919 e que Stálin promulgou um texto constitucional em 1936; mas o caráter farsesco dos dois casos dispensa elaboração.

4. Rússia-URSS-Rússia: Metamorfoses do autoritarismo

Em seu clássico estudo sobre os antecedentes históricos do sistema político representativo, Hintze (1968, pp. 116-8) esclarece que o feudalismo e os corpos estamentais não tiveram na Rússia o papel descentralizador que os caracterizou na Europa Ocidental, onde favoreceram no longo prazo o desenvolvimento da democracia.

A formação da Rússia como nação remonta ao período medieval e estende-se até o final do século XVIII. Entre os fatores que moldaram sua evolução num sentido profundamente autocrático, merecem destaque a longa ocupação mongólica (1240-1480) e a constante preparação militar requerida por um ambiente externo hostil. A ocupação separou-a completamente da Europa e deixou-lhe um legado de alta centralização administrativa e militar, reforçada pelo expansionismo dos três séculos seguintes, do qual resultaram os contornos geográficos do império em sua forma moderna (Malia, 1994, pp. 57-72; Utechin, 1968, pp. 38-43).

No período tsarista, momentos relevantes de tematização de

um regime político alternativo simplesmente não aconteceram.[1] No período soviético, o regime é posto em questão com a ascensão de Gorbatchóv nas duas últimas décadas do século XX; muito mais, no entanto, em razão do colapso econômico de todo o bloco socialista que de uma genuína disposição da cúpula dirigente a reexaminar os fundamentos do sistema.

A autocracia tsarista é o fator condicionante fundamental da história russa, mas dessa constatação não se segue que ela tenha surgido e se enraizado de forma natural ou isenta de questionamentos. Sua consolidação levará vários séculos e exigirá a superação de "obstáculos institucionais e teóricos abrumadores" (Utechin, 1968, p. 56). O registro histórico mostra, com efeito, que a autocracia se constituiu em meio a dissensões de vários tipos: poder secular × poder espiritual, eslavismo × ocidentalismo, absolutismo × constitucionalismo, reforma × revolução. Uma extensa linhagem de "letrados" (geralmente clérigos e nobres) posicionou-se continuamente a respeito de todas essas questões, recomendando formas diversas de compartilhamento do poder; em algumas ocasiões, a própria Igreja Ortodoxa chegou a questionar a exclusividade do tsar como detentor da soberania estatal.

DO "DECEMBRISMO" À REVOLUÇÃO

As revoluções liberais que eclodiram na Itália, na França, na Prússia e em partes do império austríaco em 1848-9 causaram uma profunda apreensão na Rússia; temendo a infecção do impé-

---

1. O termo "tematização" é aqui empregado para designar uma avaliação de alternativas com ampla participação pública, tendo em vista a eventual instauração de outro regime; para os fins deste livro, o que importa é, naturalmente, a alternativa democrática.

rio pela "doença revolucionária", Nicolau I desencadeia uma nova onda de repressão. Tal como ocorrera no rastro do decembrismo, o efeito foi debilitar os segmentos sociais de índole reformista e liberal e instigar o ânimo protorrevolucionário de um novo ator coletivo: a intelligentsia.[2]

Sem o impulso representado pela própria repressão, a intelligentsia possivelmente não teria se aventurado além de seu habitat, os ambientes cultos de Moscou e São Petersburgo. Não contando com a simpatia sequer de estratos médios revoltados, como acontecera na antevéspera da Revolução Francesa, e perdendo rapidamente a esperança de se tornar uma versão russa do liberalismo ocidental, os grupos propensos à confrontação com o regime gradativamente convertem-se a um exacerbado nacionalismo eslavófilo. A busca de uma identidade "autenticamente russa" desemboca no populismo, uma visão política que beirava o delírio em sua idealização da comunidade rural como base para uma passagem direta do feudalismo ao socialismo (Malia, 1994, pp. 59-64). Mas o que teria levado tantos iniciados no populismo eslavófilo a abraçar mais tarde uma ideologia tão marcadamente ocidental como o marxismo? A resposta é simples: a desilusão com o campesinato. As estratégias preconizadas por Herzen, Bakunin e Belinsky envolviam uma mescla de propaganda e agitação com concessões à violência, objetivando despertar um ânimo revolucionário supostamente instintivo entre as massas; estas, porém, não deram sinal algum de simpatia pela ideia de uma revolta contra seus senhores. Um dos primeiros a se decepcionar foi Plekhanov, um dos pais do comunismo russo, que se juntou a Lênin para fundar o Partido

---

2. No século XIX, a aparição de correntes anarquistas e socialistas segue uma linha de crescente intensidade, na qual Herzen, Chernichevsky, Kropotkin, Bakunin, Nechaev, Belinsky e Plekhanov, entre outros, terão papel de destaque. Ver Ulam, 1977; Berlin, 1977; Utechin, 1968; e Malia, 1994.

Social-Democrático, futuro Partido Comunista. Mais adiante ele se separa de Lênin e do bolchevismo, optando pela corrente menchevique.

Constitucionalismo e tematização liberal no século XIX

Passada a era arquirreacionária de Nicolau I, Alexandre II patrocina uma política de distensão, mas sua brisa reformista vai se encerrar de forma abrupta em 1866. Em 4 de abril desse ano, em São Petersburgo, certo Karakosov dispara contra ele: errou o alvo, mas o atentado precipita uma drástica mudança no que concernia à repressão. Três dias depois o tsar nomeia para a chefia do Terceiro Departamento o conde Muraviev — um general de setenta anos que granjeara na Lituânia o curioso apodo de "enforcador de Vilna" graças ao trabalho de pacificação que lá realizara (Ulam, 1977, pp. 7-9).[3]

Nos quinze anos seguintes, a disposição repressiva do regime não se alterou, com o que a transição para uma monarquia constitucional continuou impensável. Adotar uma constituição significava criar um parlamento: uma instância intermediária entre o tsar e "seu" povo, hipótese que muitos viam como um insulto à pessoa do monarca. O imperador, no entanto, aceitou avaliar uma proposta elaborada por Loris-Melikov, um ex-diretor do Terceiro Departamento que ganhara sua confiança e se tornara ministro do Interior. Mas eis que no dia 1º de março de 1881, um novo atenta-

---

3. A expressão "Terceiro Departamento" designava o serviço interno de espionagem e policiamento político, subordinado ao Ministério do Interior. Apesar do rigor repressivo do tsarismo, a violência física contra prisioneiros políticos e membros da intelligentsia parece ter sido menor no século XIX do que posteriormente se quis fazer crer. A tortura era informalmente banida; a inépcia das investigações policiais era notável; numerosos condenados ao exílio na Sibéria evadiam-se e viajavam para o exterior, e a teatralidade dos julgamentos servia como uma luva aos fins propagandísticos dos acusados (Ulam, 1977, pp. 263-5).

do — este a bomba, perpetrado pelo grupo Terra e Liberdade — tira a vida de Alexandre II (Ulam, 1977, pp. 355-6).

Ainda assim, seu sucessor, Alexandre III, convocou para o dia 8 de março uma reunião de altos dignitários para avaliar a proposta. O esforço de Loris-Melikov junto ao tsar Alexandre III é interessante mais por seu valor heurístico que por sua significação prática. Conquanto a chance de aprovação parecesse reduzida a zero pelos acontecimentos da semana anterior, Loris-Melikov nutria alguma esperança em vista da extrema moderação de seu projeto; de constitucional, com efeito, ele tinha muito pouco, ou quase nada. Tratava-se tão somente de estabelecer duas comissões consultivas para aconselhar o Conselho de Estado em assuntos de legislação. Tais comissões seriam eleitas pelas assembleias provinciais e câmaras municipais das principais cidades, e o imperador deteria de qualquer forma o controle do Conselho de Estado. Iniciada a reunião, constatou-se que a maioria dos participantes se dispunha a apoiar a reforma, até que chegou a vez de Constantine Pobyedonostsev, procurador-geral do sacratíssimo sínodo, título pelo qual era conhecido o chefe leigo da Igreja Ortodoxa russa. "Completamente pálido e mal controlando sua emoção", escreve Ulam (1977, pp. 367-8), ele começou:

> Eu me sinto não só deprimido, mas próximo do desespero: essa proposta é uma fraude. Em toda a sua história, a Rússia hauriu sua força na ilimitada confiança que sempre existiu entre o tsar e seu povo. Mas alguns querem impor uma Constituição ao país, se não agora, numa próxima oportunidade. Uma Constituição, o que é? A Europa Ocidental nos dá uma resposta: lá, as constituições servem para promover a falsidade, a intriga [...].

No Ocidente — ele prosseguiu —, as reformas colocaram os tribunais na posição de fiadores de uma ilegalidade generalizada (*lawlessness*) e autorizaram a imprensa a pregar a sedição. Um dos presentes ensaiou uma discordância, caracterizando a intervenção do procurador como uma difamação da memória de Alexandre II; o tsar morto fora afinal receptivo à sugestão de Loris-Melikov. Inutilmente, como se pode imaginar; a reforma estava morta. A próxima tentativa teria que esperar o fim do período soviético — se é que em tal caso se pode falar em uma tematização liberal da democracia; retomarei esse ponto adiante.

Na virada do século XIX para o XX, já existindo um embrião de classe média, os liberais poderiam em tese ter aumentado sua influência, mas era tarde demais: o país embicava para a violência e a revolução. Não tendo nunca exercido uma fração sequer do poder, vários deles optam pela Revolução, só para serem expelidos no dia seguinte.

Da industrialização à Revolução e ao stalinismo

Conquanto surtos de crescimento industrial tivessem ocorrido muito antes, sobretudo nos setores têxtil e ferroviário, uma aceleração efetiva só viria a ter lugar nas últimas duas décadas do século XIX, sob o comando do ministro das Finanças Sergei Witte (1892-1903). Em 1914, a Rússia atinge a quinta colocação mundial em output, mas o setor industrial permanece modesto quanto ao volume absoluto da produção e em proporção à economia russa (Malia, 1994, pp. 65-6). Apesar disso, não há que subestimar o impacto da industrialização; impulsionando o crescimento do operariado e de estratos médios, ela altera a estrutura social e adiciona ingredientes novos à fermentação revolucionária em curso. Para bem compreender a revolução comunista de 1917, é também imprescindível levar em conta a questão militar. A reorganização efetivada nas primeiras décadas do século XIX para fazer frente ao expansionismo napoleônico não previu a dificuldade mais séria — a obsolescência das Forças Armadas russas. Esse foi um dos principais determinantes das devastadoras derrotas sofridas pelo Império na Guerra da Crimeia (1854-64), contra o Japão (1905) e na Primeira Guerra Mundial (Malia, 1994, pp. 66-8).

OS INTELECTUAIS SOB LÊNIN E STÁLIN

Cécile Vaissié começa seu memorável estudo sobre a intelectualidade soviética invocando a sapiência de Jean-Paul Sartre:

> Sartre propôs definir o intelectual como aquele que se mete no que não lhe diz respeito. [Por esta definição,] o número de intelectuais na URSS diminui de uma forma espetacular; já nem faz sentido falar em intelectuais, e sim em dissidentes. É certo que todos — do escritor ao kolkhosiano — são constantemente chamados a opinar sobre questões políticas, mas só têm a opção de apoiar a política do Partido. (Vaissié, 2003, p. 303)[4]

Em setembro de 1919, o escritor Maximo Gorki queixa-se a Lênin das prisões de intelligents em Petrogrado. O líder bolchevique replica-lhe com extrema aspereza; acusa os "lacaios do capital que se veem como o cérebro da nação", mas "não passam de merda", e repreende o próprio Gorki por se cercar dos "piores elementos da intelligentsia burguesa". "Você já não escreve nada! Perder seu tempo escutando a choradeira de intelectuais apodrecidos em vez de escrever, isso para um artista não é a morte? Não é uma vergonha?" Quer dizer, com uma penada, Lênin joga fora a concepção do escritor russo, para quem a compaixão era um valor essencial. Recusa-se a reconhecer como intelectuais os maiores

---

[4]. Nesta seção sobre o leninismo e o stalinismo eu me mantenho rente a esse texto.

homens de letras do país. Que Gorki escreva romances e não se meta onde não foi chamado! (Vaissié, p. 366)

A morte de Lênin em fevereiro de 1924 deixa Stálin à vontade para azeitar as engrenagens totalitárias: a censura, a polícia política, o terror e o gulag. Em 1936 — no que só pode ter sido um surto de humor negro —, ele faz inserir o habeas corpus na nova Constituição soviética (Ulam, 1977, p. 172); foi assim, na antevéspera dos famigerados Julgamentos de Moscou, que esse instituto fez sua primeira aparição nos oito séculos de história jurídica da Rússia.

No final do século XIX — sempre segundo Vaissié —, alguns membros da intelligentsia haviam-se tornado intelectuais "no sentido francês do termo", e a questão judaica foi chave para pôr em relevo seu estofo moral de tribunos:[5]

> Basta ler as reações de uma parte da intelligentsia russa depois do pogrom de Kichiniov em 1903 ou no momento da questão Beylis em 1911 para se constatar que existiam intelectuais na Rússia e que eles defendiam os direitos da pessoa humana, sem consideração de nacionalidade, raça ou religião, em termos que pouco diferiam daqueles empregados na França pelos defensores de Dreyfus.

Durante o stalinismo, a noção de engajamento na defesa de valores universalizáveis desaparece completamente, e com ela a figura do intelectual disposto a defender os direitos da pessoa humana, "sem consideração de nacionalidade, de raça ou de religião" (Vaissié, pp. 364-5).[6]

---

5. Sobre o antissemitismo no pós-guerra na URSS e nos países do Leste, ver Judt, pp. 434-6.
6. Outros grupos eram tratados de forma análoga. A comunidade jurídica, por exemplo, foi convocada a Moscou em 1938 para ouvir que a Constituição fora uma vitória do povo e que "no socialismo [...] o Direito é elevado ao mais alto nível de desenvolvimento". O relato está num estudo de G. M. Razi, de 1960 (pp. 784-5).

Abre-se a partir desse momento o caminho para a formação do que se pode apropriadamente chamar de oficialismo intelectual, tratado pelo partido na base do cacete e da cenoura. Constantes desde a primeira hora do poder bolchevique, os expurgos tornam-se mais frequentes nos anos 1930, com a concordância, naturalmente, dos dirigentes da União dos Escritores. Ao mesmo tempo, os privilégios materiais — tanto mais importantes quanto mais o intelectual é apreciado pelas autoridades —, quero dizer, quanto mais útil ele lhes seja: "um apartamento mais espaçoso; uma dacha; acesso aos magazines, hospitais e centros de repouso reservados à elite. Carnês que permitem adquirir mercadorias escassas. Viajar ao exterior. Ser abundantemente publicado e republicado, o que sempre rende boas somas em dinheiro" (Vaissié, p. 367).

O quadro descrito ajuda a compreender o desaparecimento do pluralismo antes existente na cultura russa. Encantoados pelo regime, alguns se acomodam (os escritores e artistas devem produzir só aquilo de que o poder necessita), outros emigram. A fina flor do pensamento e da criação toma o caminho do exílio: Igor Stravinsky, Berdiaev... Mesmo Gorki, que antes fora a própria encarnação do realismo socialista, emigra em outubro de 1921. A imposição da "linha justa" durante o Congresso dos Escritores de 1934 escancara o controle do partido sobre a literatura. O fato relatado por Vaissié (p. 366) é triste, mas tem seu quê de pitoresco. A incumbência de fazer a declaração cabe a Andreï Jdanov, secretário do Comitê Central. "Toda a massa dos escritores soviéticos está aqui reunida em torno do poder soviético e do partido, sob a direção do partido, sob a direção cotidiana e delicada do Comitê Central, com o apoio e a ajuda permanente do camarada Stálin."

O realismo socialista será doravante a única escola artística permitida, novo estilo. Desse ponto em diante, o escritor deve "remodelar e educar ideologicamente os trabalhadores no espírito do socialismo. Na condição de 'engenheiro de almas' — para usar uma fórmula de Stálin —, ele não será senão o instrumento de que o partido precisa para cinzelar o *Homo sovieticus*".

O intelectual como dissidente

A URSS emerge da Segunda Guerra como uma das potências vitoriosas e logo ascende ao status de superpotência nuclear, compartindo tal condição com os Estados Unidos. Mas a Guerra Fria entra em cena antes mesmo da bomba soviética; na cultura, como em todos os outros domínios, o mundo inteiro começa a se dividir em termos de Leste × Oeste, comunismo × capitalismo.

Apesar disso, a denúncia dos crimes de Stálin por Kruschev no 20º Congresso do PC-URSS abre algum espaço para discussão e contestação dentro da própria União Soviética. Simplificando bastante, podemos dizer que a contestação começa com o romance *O dr. Jivago*, de Boris Pasternak, prossegue com *A história julgará*, do historiador Roy Medvedev, com os escritores Siniavsky e Daniel, cujo julgamento representou um marco na formação do movimento dissidente, e atinge o ápice com o monumental *O arquipélago Gulag*, de Alexander Soljenítsin. Sem esquecer a decisiva participação, durante todo esse período, do físico Andrei Sakharov, que se manterá em atividade até o colapso final do sistema.[7]

Soljenítsin: tribuno de todos, devoto da "mãe Rússia"

Ao término da Segunda Guerra, por um comentário jocoso a respeito de Stálin numa carta interceptada pelos serviços de segurança, o capitão de artilharia Alexander Soljenítsin foi agraciado com onze anos de detenção num campo de trabalhos forçados na

---

[7]. Bons relatos do movimento dissidente e das tentativas de reprimi-lo podem ser encontrados em Acton (2003) e Judt (2005, cap. 13).

Sibéria. Depois de preso, durante um ano ele continuou a se ver como um marxista, mas logo se entregou ao que passaria a ser a missão de sua vida: conhecer o terror. No livro *Ideologies and Illusions*, Ulam (1976, p. 36) afirma que o terror começou a ser praticado imediatamente após a Revolução como um instrumento da guerra de classes, para depois, imperceptivelmente, se transformar numa técnica de profilaxia política. Criar uma "civilização" baseada no terror seria a inspiração de Stálin.[8] Ulam (p. 316) defende que a singularidade do terror stalinista não residia na crueldade:

> Nisso Hitler seria um páreo muito duro. O problema do terror soviético é que ele ia mais fundo. Tinha um sentido filosófico, metafísico. Por que, por exemplo, todo aquele trabalho com investigações, depoimentos e confissões falsas? Por que todo aquele esforço e despesa com transporte, instalações nos campos prisionais, para centenas de milhares que morreriam em poucas semanas ou meses, e que não conseguiam compensar o Estado nem pela alimentação miserável que lhes era servida? Por que não uma "solução final" rápida e rasteira? Hoje até os registros soviéticos oficiais obliquamente admitem que não chegava a um milésimo dos punidos os que tinham realmente culpa de algum crime real, mesmo considerando crime as observações feitas por Soljenítsin em sua correspondência privada? [Todos os incidentes contados no *Arquipélago*] revelam não só a maldade, mas o vergonhoso despropósito que era a realidade na Rússia de Stálin, e porque seus sucessores nunca permitiram o conhecimento cabal do passado. É sempre possível reabilitar alguém, revelar alguns episódios cruéis, denunciar o "culto da personalidade"; mas como racionalizar uma política que envolveu uma nação inteira numa comédia obscena e vazia?

8. Neste relato eu me baseio no cap. 17 do livro de Adam B. Ulam. Ver também Judt, 2005, cap. 18; Gellner, 1994, cap. 8; e Smith, 1976, cap. 18.

A primeira aparição de *O arquipélago Gulag* em livro ocorreu em dezembro de 1973, numa edição francesa da Éditions du Seuil. Seu impacto nas camadas pensantes da França — e do Ocidente em geral — foi tremendo: o suficiente para Soljenítsin ser imediatamente expulso do país, o que o levou a residir nos Estados Unidos durante vinte anos.

Claro, Soljenítsin não foi o primeiro a escrever sobre o terror e o gulag; e outros quiçá o tenham feito melhor, do ponto de vista literário — essas questões escapam ao meu interesse neste livro. Ele contribuiu formidavelmente para a queda do totalitarismo soviético, mas também, quanto a isso, é possível argumentar que outros — Sakharov, sem dúvida — tenham sido mais decisivos. O ponto a destacar é o sentido de sua luta. Soljenítsin combateu, em primeiro lugar, pela individualidade humana. Seria ele então um liberal, um individualista que por uma razão qualquer teria ido parar no lugar errado? Nem remotamente. De onde lhe vieram as sementes dessa devoção que se diria kantiana pelo humano em sua inteireza é uma questão que outros pesquisadores esclarecerão, se já não o fizeram; do liberalismo, não foi; do marxismo, muito menos. Sua segunda identificação era com a Rússia. No plano da ideologia — mas já veremos que ele rejeitaria esta palavra —, ele era um nacionalista, de um nacionalismo arraigadamente eslavófilo. Movia-o uma devoção telúrica à "mãe Rússia". Para ele, todas as ideologias políticas — e aqui, para angústia de seus admiradores ocidentais, ele incluía o liberalismo e a nova esquerda — eram mais ou menos iguais. Todas obscurecem a realidade das aspirações e dos sofrimentos humanos; por isso, fundamentalmente, é que todas são nefastas. Reais são a individualidade humana e a vida da nação; assim, o que importa é se o sistema político respeita a liberdade humana e a tradição nacional; sua forma particular, autoritária ou democrática, é relativamente pouco importante (Ulam, p. 315).[9]

Siniavsky e Daniel: um divisor de águas

A deposição de Kruschev em outubro de 1964 sinaliza o fim do "degelo" — uma abertura à experimentação, sobretudo na economia — que ele tentara promover. Na área cultural, não se chegou à mesma flexibilidade; chegou-se, isto sim, a uma série de inconsistências. Um exemplo: em 1957, a revista *Novy Mir* rejeitou *O dr. Jivago* de Pasternak, mas publicou, em 1962, *Um dia na vida de Ivan Denisovitch*, de Soljenítsin. Incômoda para a cúpula do partido, tal sinuosidade somou-se aos fracassos e ao estilo pessoal irritante de Kruschev, contribuindo para sua queda. Cai Kruschev e sobe Leonid Brehznev, um stalinista de quatro costados. Os dissidentes entram na linha de tiro. Já em setembro de 1965, os escritores Andrei Siniavsky e Yuli Daniel são detidos sob a acusação de enviar matérias supostamente injuriosas ao sistema socialista para publicação no Ocidente, com pseudônimos. Vão a julgamento em fevereiro de 1966 e são condenados a campos de trabalho forçado por sete e cinco anos, respectivamente. Até aqui, nada de novo; mas há dois bons motivos para se ver tal julgamento como um divisor de águas na história da repressão e da formação do movimento dissidente. Primeiro, a falta de tipificação legal para a condenação. Nenhuma lei proibia explicitamente os cidadãos soviéticos de publicar obras de ficção no exterior. Assim, a acusação contra os dois jovens escritores baseou-se no caráter "antissoviético" de seus escritos. Até então, segundo Judt (2007, p. 429), ninguém havia sido preso e condenado com base *somente* no conteúdo de textos de ficção. Tratou-se, portanto, de um contorcionismo

---

9. Quanto a este ponto, ver também Gellner, 1994, cap. 8.

sem precedentes. Em segundo lugar, embora o julgamento tenha se realizado a portas fechadas, algumas das pessoas admitidas conseguiram gravá-lo em fitas cassete. O conteúdo logo apareceu nos *samizdat* [autopublicação] e no Ocidente, onde foi traduzido para vários idiomas. A divulgação ensejou protestos importantes, inclusive na URSS. Aprofundou-se, assim, a percepção do regime como uma máquina petrificada e repressiva. A liberalização imaginada em 1956 tornou-se uma miragem distante. Por melhor que fosse a imagem apresentada ao Ocidente, "em casa o regime acomodara-se a um cenário crepuscular de estagnação econômica e decadência moral" (Judt, p. 425).

Andrei Sakharov

Andrei Sakharov, o cientista soviético que se transformou em dissidente e, como tal, em um dos artífices do fim da URSS, exemplifica à perfeição os três elementos do conceito de intelectual que propus no capítulo 1: conhecimento, valores universalizáveis e disposição a se expor na vida pública em defesa de tais valores.[10] Físico brilhante, integrou no pós-Guerra a equipe de cientistas encarregada de um programa da mais alta sensibilidade estratégica: o desenvolvimento da bomba de hidrogênio. Enquanto permaneceu nessa função, ele entendeu o mundo exatamente como o apresentavam as comunicações do governo. Compartilhava piamente a posição oficial de que a paridade militar com os Estados Unidos era o fator decisivo para a paz mundial. Sua estreia como contestador deu-se em 1957-8 (com 36 anos de idade), quando resolveu criticar certos disparates da política governamental a respeito do ensino superior de matemática e atacar todo o legado

---

10. Baseio-me especialmente em Salisbury, 1974; Smith, 1976; Gellner, 1994; Ulam, 1976.

de Trofim D. Lysenko, um charlatão pseudocientífico que contava com a confiança de Stálin. Mas não tinha motivos, até esse ponto, para questionar o sistema soviético. O que o transformou num dissidente estreitamente vigiado pelo regime e, ao mesmo tempo — como escreve Salisbury (1974, p. 9) —, num cidadão do mundo, foi a colisão frontal em que se viu quando estendeu seu questionamento às determinações de Kruschev na área nuclear. Convencido de que testes na atmosfera não eram necessários para fins científicos, que apenas agravariam a corrida armamentista e aumentariam os perigos da precipitação radioativa, Sakharov tentou obter a suspensão de uma série de testes programados. Conseguiu convencer Igor Kurchatov, à época diretor do programa. Kurchatov pediu permissão a Kruchev para cancelar a sequência. Kruschev não a concedeu e os testes prosseguiram. Desse ponto em diante, Sakharov torna-se o grande nome da dissidência; em 1969 ele critica a repressão num artigo amplamente divulgado no Ocidente; em 1970 funda com dois jovens cientistas o Comitê de Defesa dos Direitos Humanos. Em 1980, sem ser formalmente processado, é exilado na distante Gorky, onde será mantido por seis anos em prisão domiciliar. Em 1989, agora com Gorbatchóv no poder, ele é eleito para o Congresso dos Deputados do Povo.

DA URSS À RÚSSIA

Os observadores da situação jurídica soviética parecem concordar quanto a certo progresso no sentido do "devido processo legal" sob Brehznev; referem-se em especial a avanços da Constituição de 1977, em comparação com a stalinista, vigente no tempo de Kruschev. Sharlet (1992, pp. 29-30) concorda no atacado, mas discorda no varejo; quando se trata dos dissidentes, a situação, segundo ele, era bem outra:

[As] cláusulas constitucionais referentes à segurança pessoal e aos direitos formais dos réus em processos criminais eram no geral desrespeitadas, especialmente após o processo contra Siniavsky e Daniel em fevereiro de 1966. Na interminável série de casos relatados nos *samizdat*, havia numerosas violações comprovadas da inviolabilidade do lar (art. 55) e da confidencialidade das comunicações postais e telefônicas (art. 56). Incidentes de intimidação, agressão, espancamento e, em alguns poucos casos, de morte em circunstâncias misteriosas — todos, ao que se acreditava, provocados ou perpetrados por agentes da KGB à paisana — continuavam a acontecer nos anos 1970. Era uma clara indicação de que, para os dissidentes, os direitos de proteção legal contra ameaças à vida e à saúde, à liberdade e à propriedade pessoal, bem como à "honra e à dignidade" (art. 57), permaneciam letra morta. Nos frequentes casos em que supostas infrações cometidas por dissidentes resultavam em processos criminais por crimes políticos ou ordinários, o acusado rotineiramente via seus direitos ao devido processo serem violados tanto nas audiências preliminares quanto no julgamento propriamente dito. Os dissidentes responderam com uma tática "legalista", confrontando os juízes e promotores, de uma forma ordeira e com registros documentados e detalhados, com as violações do devido processo legal. Esse tipo de defesa não teve efeitos práticos, mas, através dele, os réus políticos conseguiam levar o regime a julgamento na corte da opinião pública ocidental.

No capítulo 18 de sua extraordinária história da Europa desde a Segunda Guerra, Judt contextualiza o surgimento dessa "linguagem de direitos" no quadro político internacional e em conexão com a periclitante situação econômica da URSS e do bloco socialista:

O que propeliu a retórica jurídica dos direitos individuais para dentro da esfera política foi a coincidência do recuo do marxismo com a Conferência Internacional sobre Segurança e Cooperação na Europa, que havia começado em Helsinki no mesmo ano (1973) em que *O arquipélago Gulag* foi publicado em Paris. Até então, todo discurso sobre "direitos" era visto com desfavor entre os intelectuais europeus inclinados à esquerda, ecoando o famoso descarte por Marx dos "assim chamados direitos do homem" como egoístas e burgueses. (Judt, 2007, pp. 563-6)

Todas as Constituições socialistas previam a defesa de tais direitos, mas agora os "novos oposicionistas" (também chamados "dissidentes", termo que não lhes agradava) passaram a cobrar das autoridades a observância das respectivas cláusulas. Em quase todo o Leste, começou-se a acreditar nas chances de mudança. A "nova oposição" intuía que a situação econômica do bloco socialista acabaria por conferir algum realismo a suas ideias. Na Polônia, o filósofo (ainda) marxista Leszek Kolakowski começou a propor reformas moderadas, o que lhe valeu o rótulo de "revisionista", um palavrão inventado em 1957 pelo dirigente polonês Wladislaw Gomulka para atacar seus críticos intelectuais. Mais adiante Kolakowsky passou a criticar de fato o sistema; acusado de "burguês liberal", foi expulso do partido (Judt, pp. 436-8).

De 1956 a 1968, o momento revisionista proporcionou a escritores, cineastas, economistas, jornalistas e outros uma estreita janela de otimismo quanto à possibilidade de uma futura alternativa socialista. Diferentemente da Nova Esquerda ocidental, os revisionistas do Leste continuaram a trabalhar com o Partido Comunista, e até dentro dele (Judt, pp. 431-2).

Também entre os economistas, especialmente na Hungria e na Polônia, surgiram revisionistas (*reform economists*, como preferiam ser chamados), em parte porque na linguagem econômica a reforma podia ser discutida de uma maneira mais disfarçada. O fato, em qualquer caso, é que as necessidades de consumo já não podiam ser pura e simplesmente reprimidas; na era pós-stalinista, a pressão da sociedade, embora difusa, existia e precisava ser levada em conta. O catastrófico funcionamento da economia socialista estava à vista de todos. Havendo tentado fazê-la funcionar repetidas vezes mediante reformas cosméticas, os governos endividaram-se até o pescoço com importações e financiamentos junto aos bancos ocidentais. Viam-se praticamente todos a braços com uma conta de juros astronômica, a ser paga nas principais moedas do Ocidente. Judt informa que a dívida da Europa do Leste (excluindo a Romênia) em moeda forte subiu de 6,1 bilhões de dólares em 1971 para 66,1 bilhões em 1980. Caminhava para 95,6 bilhões em 1988. O relato da situação húngara feito após a queda do comunismo pelo ex-primeiro-ministro Micklós Németh é ilustrativo. De um empréstimo de 1 bilhão de marcos obtido na Alemanha Ocidental supostamente para financiar reformas econômicas, dois terços destinaram-se ao pagamento de juros e um terço à importação de bens de consumo — imprescindível para atenuar a impressão de uma crise econômica iminente (Judt, pp. 580-2).

A grande questão era: como reformar de verdade o socialismo? Havia a convicção geral de que a reforma teria que vir de dentro, mas quem a iniciaria? O Partido Comunista com certeza não o faria: era o principal beneficiário do status quo.

Mas eis que, no começo dos anos 1980, Brezhnev, Andropov e Chernenko morrem em rápida sucessão. Sem sua troica gerontocrática, o PC perdia o núcleo da resistência às reformas e a bola passava ao campo de uma geração mais jovem, cujo expoente era Gorbatchóv. No início, ele também acreditava que os problemas podiam ser resolvidos dentro do sistema comunista. Portanto, não se tratava de desmontá-lo, mas de modernizá-lo. Foi gradualmente que se convenceu do contrário: sem uma reforma do sistema político, a crise econômica só faria se aprofundar. O partido não tinha como reformar a economia se não reformasse a si mesmo.[11] E o que valia para a URSS, valia para todo o Leste. Ao indicar claramente que não sustentaria a "doutrina Brezhnev" — ou seja, não interviria militarmente para impedir o colapso de países do bloco, Gorbatchóv na prática puxou-lhes o tapete. A provável intervenção era a base da legitimidade e da força de todos os governos socialistas; afastada tal possibilidade, o colapso seria uma questão de tempo.

A missão que Gorbatchóv se viu obrigado a assumir era, portanto, muito, muito maior do que ele imaginara ao chegar ao topo. Cabia-lhe a responsabilidade de promover a transição da economia planificada para o capitalismo e do totalitarismo para a democracia — nem mais, nem menos. Estaria ele talvez a ponderar a complexidade de seu papel quando, na madrugada de 26 de abril de 1986, chegou às suas mãos a notícia da catástrofe ocorrida na Ucrânia: a explosão de um dos quatro reatores nucleares de Chernobil, liberando na atmosfera o equivalente a mais de cem vezes a radiação de Hiroshima e Nagasaki *somadas*. Era o fim da margem para dúvidas e procrastinações. Seis anos depois, a tentativa de golpe militar fracassa, Boris Yeltsin concentra o poder em suas mãos e a URSS deixa simplesmente de existir.

---

11. Cito Judt, p. 594: "Gorbatchóv percebeu que o enigma econômico soviético não poderia ser decifrado isoladamente. Ele era apenas um sintoma de um problema mais amplo. A União Soviética era governada por homens profundamente interessados na permanência das alavancas políticas e institucionais de uma economia de comando. Os pequenos absurdos endêmicos e a corrupção cotidiana eram a própria fonte da autoridade e do poder que eles exercem. O partido não tinha como reformar a economia se primeiro não se reformasse a si mesmo".

5. Alemanha:
Do idealismo ao desatino

Não foi por acaso que Marx escreveu um cartapácio intitulado *A ideologia alemã*. A Alemanha é, sem dúvida, o país onde a "superestrutura" rugiu mais alto, e sempre, até a Segunda Guerra Mundial, como um caso quimicamente puro de antiliberalismo. Por volta de 1900 — a julgar pelo grau de desenvolvimento econômico e social que atingira —, suas chances de se firmar como uma democracia moderna pareciam tão boas quanto as de qualquer outro país da Europa — exceção feita à Inglaterra. Como polo cultural, a Alemanha possuía algumas das mais antigas e melhores universidades do continente; era, nesse aspecto, um país mais central que os Estados Unidos. Tendo começado a reduzir o analfabetismo já no século XVIII, sua posição quanto à educação básica era mais avançada que a da França e a da Inglaterra. Mas, como sabemos, o que de fato se verificou foi uma sucessão de desastres: da derrota na Primeira Guerra e as duras imposições do Tratado de Versalhes, à hiperinflação de 1923, à cambaleante República de Weimar, ao severíssimo impacto da crise de 1929 e, como uma culminação dantesca de tudo isso, nos anos 1930 e 1940, a ascensão do nazismo e nova derrota na Segunda Guerra.[1]

Neste capítulo não tento abranger toda a gama de fatores relacionados à ascensão do nazismo; meu propósito é retratar em grandes linhas a história intelectual alemã desde o século XIX, pondo em relevo o processo formativo do antiliberalismo. Como no capítulo anterior, organizarei o relato em função de três períodos: a construção do Estado (expressão que aqui designará a unificação de 1866-71), a industrialização e a tematização de opções quanto ao regime político.

A FORMAÇÃO DO ESTADO

O ponto de partida obrigatório para compreender o persistente antiliberalismo intelectual da Alemanha é o sentimento antifrancês que se difunde entre as camadas cultas da sociedade nas primeiras décadas do século XIX. Se é preciso situar cronologicamente o início desse processo, o marco adequado é o Terror e a decapitação de Luís XVI em 1793. A pretensão napoleônica de hegemonia no continente e a ocupação do território alemão por tropas francesas haveriam evidentemente de intensificar o repúdio devido aos descaminhos jacobinos da Revolução. Desse ponto em diante, a admiração alemã pelo Iluminismo e de modo geral pela cultura francesa converte-se em hostilidade.

Claro, a tese do sentimento antifrancês como um fator de peso na origem do antiliberalismo pode se prestar a simplismos e

---

1. Seria descabido um não germanista pretender acrescentar algo à imensidão bibliográfica disponível sobre a história alemã. Para a elaboração deste capítulo, recorri amplamente a Bracher, 1970; Craig, 1978; Dahrendorf, 1967; Díez Espinosa, 2002; Koch, 1984; Krieger, 1957; Peukert, 1987; Ringer, 1969, e Stern, 1992.

exageros. É certo que muitos alemães das classes cultas tornaram-se nacionalistas ardorosos entre 1806 e 1817, mas Köhn, em seu livro *The Mind of Germany*, avalia que o fervor patriótico não era tão geral quanto os historiadores e publicistas quiseram mais tarde fazer crer. A não ser na Prússia, a maioria da população não se entregou à xenofobia da época; alguns intelectuais tentaram instigar ódio às forças francesas de ocupação, mas não lograram êxito apreciável. Contra esse pano de fundo, Köhn (capítulo 2) destaca a superlativa figura de Goethe (à qual podemos acrescentar as de Kant e Schiller). Fiel ao Iluminismo mesmo no calor da referida virada antifrancesa, admirador da sociedade democrática que começava a ganhar forma nos Estados Unidos e convencido de que a contribuição germânica à humanidade independia da unificação dos principados num único Estado, Goethe manteve-se filosoficamente um liberal até o fim de sua vida. O problema, infelizmente, é que ele foi uma das poucas exceções que confirmam a regra.

O prolongado represamento das esperanças depositadas na unificação é um fator-chave para o entendimento da característica tendência alemã a glorificar o Estado — isto é, a representá-lo como uma esfera unitária, incondicionada, invulnerável a pressões sociais e portadora de uma moralidade superior. De fato, a unificação não aconteceu em 1815, sob os auspícios do Congresso de Viena, como alguns chegaram a imaginar; tampouco por ocasião das revoluções liberais de 1848-9, devido a uma suposta traição liberal. Aconteceria em 1866-71, mas nos termos de Otto von Bismarck, não nos da intelectualidade nacionalista, inebriada pelo romantismo.

Tirante o liberalismo e o socialismo, que retomarei adiante, podemos dizer que o antiliberalismo se bifurca em duas correntes desde sua origem no começo do século XIX. De um lado, o que se tem chamado de ideologia Völkish, ou germânica: um nacionalismo romântico, xenófobo e antissemita, propenso à violência e à revolução.[2] Do outro, uma ideologia conservadora, propensa a glorificar a ordem, a hierarquia e o Estado. Em graus variáveis de banalização, essa segunda visão vai se tornar o *stock-in-trade* de numerosos *dei minori* — historiadores, juristas e letrados integrantes da burocracia pública.

O nacionalismo romântico postula um desenvolvimento político "de baixo para cima", se assim se pode dizer: a construção do Estado a partir da comunidade nacional preexistente. Chega a contrapor o passado nacional — mesmo o passado mais primitivo, beirando o irracionalismo — ao "cosmopolitismo abstrato" dos franceses. A nação deve ser a substância do Estado, não o contrário. O ideólogo Völkish quer um Estado verdadeiramente germânico, não um Estado burocrático sobreposto a diferentes "nações" étnicas.[3] No passado, outros povos foram os portadores da tocha civilizatória, mas essa grande missão caberia agora aos alemães.

O grande precursor filosófico do nacionalismo Völkisch é com certeza Johann Gottlieb Fichte (1762-1814). Em seus *Dis-*

---

2. Não há em português um equivalente do termo "Völkish". Trata-se, segundo Bracher (1970, pp. 12-3), de uma combinação de etnocentrismo, racialismo e nacionalismo. Mosse (1964, p. 4) explica que "o termo Volk é muito mais abrangente que *people* [ou os equivalentes noutros idiomas]. Desde o nascimento do romantismo alemão, no fim do século XVIII, os pensadores alemães passaram a utilizá-lo para designar a união de um grupo com uma 'essência' transcendental. Tal essência pode ser chamada de natureza, cosmos ou mito; o que importa, em cada caso, é sua fusão com a natureza mais íntima do homem, representando a fonte de sua criatividade, a profundidade de seu sentimento, sua individualidade e seus vínculos com outros membros do Volk".
3. Na Europa central e oriental — explica Bracher (1970, p. 11) — "a ideia francesa e ocidental-europeia do Estado Nacional como um princípio histórico-político foi contrastada ao princípio da nação como uma entidade cultural e étnica desenvolvido por Fichte e outros filósofos alemães. A nação étnica tornou-se um objetivo político de alto valor depois que as turbulências revolucionárias provocaram o colapso dos Estados supranacionais e à medida que as demandas de democracia fundiram-se com movimentos nacionalistas".

cursos à nação alemã, de 1807, ele exalta a superioridade e a inigualável profundidade da cultura e do idioma alemães (Fichte, 1968, p. 73):

> Podemos, pois, dizer que, em terras distantes, o gênio cobrirá de flores as batidas rotas militares da antiguidade e tecerá uma vestimenta adequada para aquela sabedoria de viver que ele tão facilmente confunde com a filosofia. Mas o espírito alemão perfurará a terra para levar a luz do dia aos abismos; arremessará para o alto compactas massas de pensamento, das quais as épocas vindouras se servirão para construir suas moradas. O gênio estrangeiro será como o encantador beija-flor que flutua em seu gracioso voo acima das flores que terão espontaneamente brotado de seu solo, que nelas pousa sem as encurvar e delas bebe o refrescante orvalho. Ou será, quem sabe, como uma abelha que, atarefada em sua arte, colhe o mel das mesmas flores e delicadamente o deposita em células meticulosamente construídas. É muito diferente o gênio alemão: é uma águia cujo poderoso corpo se ergue sobre fortes e experimentadas asas e se projeta para o empíreo, para poder de lá, de perto do sol, contemplá-lo em sua grandeza.

Conquanto os *Discursos* de Fichte tenham tido grande divulgação, é claro que por si sós eles não produziriam um impacto político importante. Mas sua visão Völkish foi reforçada por outros pensadores — não necessariamente seus "seguidores" — e, mais importante, por ideólogos e agitadores culturais como Adam Müller, Jahn, Lagarde e Langbehn, também fervorosamente contrários aos princípios "não germânicos" de constitucionalismo, democracia, direitos do homem, liberdade e igualdade. Foi assim, como explica Bracher (1970, pp. 12-3), que o nacionalismo comunitário Völkish se expandiu e adquiriu contornos bem definidos. Da simples xenofobia que inicialmente o caracterizava ele acabaria por se transformar num antissemitismo radical, pretensamente alicerçado em conhecimentos biológicos. Antes de 1918, tal ideologia já havia penetrado em diversas instituições, sobretudo na mais importante, o sistema educacional (Mosse, p. 5).

O filósofo romântico Adam Müller (1779-1829) proclamava que o espírito alemão, por ser mais profundo, impediria a impregnação das reflexões sobre o Estado pelo individualismo liberal e acabaria por dominar o continente. Explicitamente ele se referia à penetração intelectual, não à subjugação política da Europa pela Alemanha. No entanto, Bracher (1970, pp. 24-5) observa que essa tese trazia implícita a crença de que o avanço da humanidade não adviria dos princípios kantianos e iluministas de paz eterna, governo mundial e liga das nações, mas da separação e mesmo da guerra entre os países, pois só elas poderiam fortalecer o espírito nacional e o espírito comunal do povo.

A rejeição do universalismo e de interpretações individualistas da ideia de liberdade, o ardor nacionalista Völkisch, tudo isso constava igualmente do repertório do "pai" Jahn (Friedrich Ludwig Jahn, 1778-1852), mas o que mais o distinguiu foi seu ativismo e seu talento organizacional.[4] Convencido de que a futura educação alemã deveria basear-se numa história nacional popularizada, ele se pôs a implantar corporações estudantis — as *Burschenschaften* — como suportes para o proselitismo nacionalista. Köhn (p. 87) afirma que em 1815, quando a primeira de tais corporações foi

---

4. Em *The Crisis of the Germanic Ideology* (p. 5), Mosse faz esta elucidativa observação: "A causa da unidade nacional despertou o entusiasmo da juventude. Friedrich Ludwig Jahn, professor na Universidade de Berlim, fundou o movimento das corporações estudantis (*Burschenschaften*) com o objetivo de propagar a 'cultura germânica' e estimular os jovens a robustecer o corpo para que pudessem lutar pela unidade. Tal entusiasmo atingiu seu ponto mais alto em 1817, quando as corporações se reuniram no castelo Wartburg para queimar livros 'estrangeiros' que, a seu ver, teriam envenenado a genuína cultura Volk".

aberta, em Jena, a meta de Jahn estava clara. Seu plano era substituir as organizações estudantis tradicionais, baseadas em pequenos grupos, em geral provenientes de uma mesma região, por um tipo único de organização para todos os estudantes alemães cristãos, independente de classe, casta ou região. Seguindo a orientação de Jahn, tais estudantes passaram a ostentar seu teutonismo através do vestuário e da expressão verbal, recusando-se a falar o alemão polido; para transmitir sua seriedade de propósitos, deveriam abandonar hábitos boêmios como as cervejadas e os duelos.

Na segunda metade do século será a vez de Paul de Lagarde (1821-97) e do ainda mais radical Julius Langbehn (1851-1907), que atacava o mero "estatismo" de Bismarck e denunciava supostas influências judaicas na música de Wagner, como se ele, Wagner, e ainda mais sua mulher, Cosima, não fossem devotados antissemitas. Segundo Bracher (pp. 32-3), o livro *Rembrandt como educador*, uma pregação irracionalista de Langbehn, teve treze reimpressões em 1890, ano de seu lançamento, outras 77 até 1904, e continuou popular depois de 1918.

Georg Wilhelm Friedrich Hegel (1770-1831) foi a influência decisiva "de cima para baixo" — ou seja, na perspectiva do Estado. Hegel reconstrói a história da civilização como uma progressiva explicitação da vontade divina, culminando no moderno Estado de Direito.[5] Entretanto, mesmo atribuindo uma origem divina ao Estado, Hegel o vê como expressão de uma racionalidade presente na evolução da sociedade humana. Confere um status de "fim da história" ao Estado constitucional, mas este postulado por si só não implica uma ruptura total com o século XVIII. "Historiciza" a Razão, mas não abre mão dela, mantendo-se, portanto, em contato com o Iluminismo. O corte radical que sua filosofia

---

5. Aqui me baseio no próprio Hegel e nos estudos de Adorno, Kaufmann e Avineri (ver "Referências bibliográficas") sobre sua filosofia política.

implica é com o liberalismo. Hegel rejeita o jusnaturalismo (a noção de direitos individuais anteriores à sociedade) e a conexa teoria do contrato social, seja na forma radicalmente individualista que encontramos em Hobbes, Locke e Rousseau, seja na mais associativa e pluralista que ganha corpo com o desenvolvimento da democracia de massas. Esta, como sabemos, condiciona a legitimidade do poder político à autonomia das associações privadas e dos partidos políticos, e à existência de um parlamento com efetivo poder de deliberação. No cerne da filosofia hegeliana há, pois — isso é incontestável —, uma representação holista do Estado como um órgão virtualmente suprassocial e como padrão ético da sociedade.

Seguindo pela trilha hegeliana, daríamos em autores e questões de grande importância — em Marx e no socialismo, desde logo —, mas essa não é a sequência mais rentável para os fins deste trabalho. Que o marxismo é um dos grandes suportes históricos do antiliberalismo, transcendendo por ampla margem a experiência especificamente alemã, não chega a ser um segredo. Com referência à segunda metade do século XIX, a questão mais proveitosa parece-me ser a do esgotamento dos impulsos filosóficos originais de Fichte e Hegel. Recorrerei ao historiador e filósofo Friedrich Meinecke para tentar esclarecer esse ponto.

No capítulo 12 de seu livro *O cosmopolitismo e o Estado nacional*, obra de 1907, Meinecke credita ao grande historiador Leopold von Ranke a superação da disjuntiva entre a filosofia do Estado de Hegel e o romantismo nacionalista encarnado por Fichte. Hegel, ele escreve (p. 213), levara sua visão universal da história a tal exagero que o estudo de processos históricos concretos transformou-se numa irrelevante fantasmagoria. Ranke passou a tratar a história com cuidado e respeito, devolvendo-lhe o sangue que se lhe havia tirado. No polo oposto, a tese da nação como uma realidade subjacente à qual o Estado deve obediência era também em grande parte um universalismo ou cosmopolitismo importado; isto era facilmente perceptível no constitucionalismo liberal, mas o nacionalismo romântico, com seu gume revolucionário, não deixava de ser uma importação, não algo que tivesse surgido das pequenas e estáticas sociedades delimitadas pelos principados. E havia ainda um terceiro pretendente à legitimidade "de baixo para cima": o conservadorismo feudal, inimigo do absolutismo em todas as suas formas: do absolutismo monárquico do passado e do absolutismo democrático que se esboçava sob o manto do nacionalismo romântico e da filosofia fichteana. O denominador comum entre essas três tendências, ao ver de Ranke e do próprio Meinecke, era o objetivo de restringir a autonomia do Estado, impedindo-o de se configurar como uma personalidade histórica autônoma. A grandeza da visão de Ranke, ainda segundo Meinecke (p. 215), consistira em reter o que havia de frutífero em cada parte do pensamento da época — no universalismo inclusive, entendendo, porém, que o Estado nacional empenha-se em realizar ideias universais tão só na medida em que elas correspondam a suas próprias necessidades.

Não é difícil perceber que a teoria rankeana soaria como música aos ouvidos do grande protagonista político da segunda metade do século XIX: Otto von Bismarck. De fato, Meinecke (p. 217) vê uma "notável similaridade" entre as reflexões elaboradas por Ranke nos anos 1830 e o modo de pensar que Bismarck aplicaria às realidades do poder durante toda a sua carreira, desde as revoluções de 1848-9 até seu afastamento da política, em 1891. A Realpolitik de Bismarck contrapunha-se às várias correntes de pensamento que ele inquinava de doutrinárias, ou seja, não sustentadas por fatores reais de poder. Suas ações políticas oscilavam de um momento a outro, pois eram determinadas "por todas as nuances da possibilidade, da probabilidade e da intenção", permitindo-

-lhe manter-se livre para formar essa ou aquela aliança e juntar-se a esse ou àquele grupo, em caso de guerra" (p. 227).

Por esquemático que seja, creio que o relato feito até aqui evidencia o avassalador predomínio do antiliberalismo nas ideias políticas alemãs do século XIX. Por razões diferentes, os socialistas eram também notoriamente antiliberais, mas vale a pena registrar a posição de Ferdinand Lassalle — o fundador da Liga Operária, à época pertencente à ala esquerda do Partido Progressista —, em relação ao Estado bismarckista. Pflanze (1963, p. 228) menciona a proposta de sabor bonapartista que ele teria feito num encontro secreto com Bismarck:

> Admitindo francamente a natureza "revolucionária" de seu movimento, Lassalle ao mesmo tempo dizia não ter ideias dogmáticas sobre formas de governo. "A classe operária — ele declarou — inclina-se instintivamente pela ditadura", mas antes precisa ser convencida de que "o poder [ditatorial] será exercido em seu interesse." Os proletários deixariam de lado seu republicanismo e aceitariam de bom grado uma "ditadura social" da Coroa, se esta se dispusesse a assumir uma direção verdadeiramente revolucionária e nacional, "deixando de ser uma monarquia das classes privilegiadas para ser uma monarquia popular, social e revolucionária".

Os liberais alemães, por sua vez, de liberais tinham muito pouco. Isso não chega a ser uma surpresa, tendo em vista a inépcia política e ideológica que os caracterizou ao longo do século XIX: a derrota de 1848-9, sua total irrelevância na unificação e o apoio sem rebuços que deram à política nacional-imperialista de Bismarck. Por que não se empenharam em conseguir apoio de massas, assumindo uma postura ativa na elaboração da legislação social, por exemplo? Tal possibilidade, como explica Pflanze (1963, pp. 223-5), simplesmente não lhes ocorria:

[Os] liberais não estavam certos da conveniência de subordinar os operários urbanos à burguesia numa luta comum contra a monarquia. Queriam, na melhor das hipóteses, um apoio moral e passivo da parte deles; inexistindo na Alemanha um movimento proletário independente, eles imaginavam conseguir isso sem se empenhar na satisfação das necessidades sociais dos trabalhadores. [Assim,] o interesse liberal nas classes baixas limitava-se à implantação de *Arbeiterbildungsvereine* (associações educacionais operárias). Os conservadores prussianos eram quase tão cegos [quanto os liberais] em relação às potencialidades da questão social. A formação rural não os preparava para entender os abalos causados pela Revolução Industrial. O relacionamento social a que estavam acostumados era aquele entre o nobre proprietário de terras e o camponês submisso. Sua cegueira devia-se também a suas crenças religiosas. A Igreja luterana nunca incluiu o bem-estar social em seu rol de preocupações; interessava-se tão somente em propagar a fé. Para ela, a moralidade cristã era uma questão de crença pessoal, não de serviço ao próximo.

Sheehan (1983, pp. 6-7) vai mais longe. Mostra que a debilidade liberal não se devia à falta de um público receptivo ao debate das ideias que eles supostamente representavam. Já no último terço do século XVIII, aparece um segmento social pequeno, mas significativo, tentando estabelecer relações com grupos desvinculados dos meios administrativo, eclesiástico e corporativo. A vitalidade da vida cultural desse período — medida, por exemplo, pelo aumento do número de publicações — é uma boa indicação da existência desse público. Os consumidores de tais publicações também patrocinavam vários tipos de organizações que começaram a proliferar: hospedarias, clubes, sociedades científicas, organizações profissionais e principalmente sociedades de leitura, das quais havia mais de setecentas na virada para o século XIX.

Recapitulando, a fragilidade do liberalismo político e a formação de um caudal de antiliberalismo sem precedente na Europa deveram-se à reação antifrancesa, ao incipiente desenvolvimento da economia na primeira metade do século XIX e ao arrastado processo de unificação, com todas as frustrações dele decorrentes; mas também, em grande parte, à passividade intelectual dos liberais diante das várias tendências autoritárias que progressivamente tomaram conta do proscênio.[6]

A INDUSTRIALIZAÇÃO ALEMÃ

Levada a cabo logo após a unificação, a aceleração industrial foi um acontecimento de primeira grandeza na história econômica mundial, transformando-se no ícone por excelência do chamado "desenvolvimento tardio".[7] Para os fins deste estudo, o que importa ressaltar é o caráter social e culturalmente disruptivo da industrialização. Um país que se representava em comunhão com uma natureza exuberante haveria de sentir os abalos de tal processo, e ainda mais em vista das dimensões assumidas pela aceleração industrial, descrita por Dahrendorf (1967, p. 36) como "*late, quick,*

6. Endossando o estudo de Krieger, *The German Idea of Freedom*, Bracher (1970, p. 18) afirma que, "mesmo para a maioria dos liberais, a ideia de liberdade foi atropelada pela ideia do Estado como uma força que transcende a sociedade e os partidos políticos, assegurando-lhes unidade e eficiência, poder e proteção". Assustada com a crescente intensidade das demandas socialistas, Bracher prossegue (p. 28), a burguesia alemã integra-se "com impressionante rapidez à estrutura pseudoconstitucional, semifeudal, burocrática e militar do Estado bismarckista".
7. Ultimamente, os historiadores e cientistas políticos têm insistido menos na tese do "*deutscher Sonderweg*" — o desenvolvimento industrial tardio como uma singularidade alemã —, em razão de suas implicações deterministas. A nova tendência, da qual Bracher (1970) e Peukert (1987) são exemplos, considera que o colapso da República de Weimar e a ascensão de Hitler não eram inevitáveis.

and thorough" [tardia, rápida e total] — a receita certa para intensificar a *malaise* que desde bem antes fermentava nos círculos intelectuais e artísticos do país. Para muitos, o desapontamento com a unificação bismarckiana e o impacto da industrialização foram verso e reverso de uma mesma agressão cultural; daí adveio uma reação que se pode apropriadamente denominar antimoderna. Os grupos que reagiram dessa forma viriam a rejeitar por inteiro a sociedade industrial, ao ver deles inconciliável com a identificação nacional. Para esses, escreve Mosse (1964, p. 4), "o remédio seria intensificar e aprofundar a fé germânica, em busca de uma unidade mais genuína".

O pano de fundo desse antimodernismo era naturalmente o romantismo Völkish. Referindo-se ao panorama intelectual da República de Weimar, Peukert (1987, p. 11) comenta o desencontro de atitudes ensejado por tal situação:

> Alguns críticos sociais já haviam manifestado seu desconforto diante do industrialismo e da modernização na fase final do período guilhermino; outros deram as boas-vindas ao "progresso" num tom bombástico de entusiasmo imperial. Ambas as atitudes tornar-se-iam mais pronunciadas depois da Primeira Guerra Mundial. Os apologistas da modernização passaram a trombetear o "americanismo" dos "dourados anos 1920" enquanto os pessimistas abraçavam a doutrina extremada do *Blut und Boden* (sangue e solo) e denunciavam as cidades como "selvas de asfalto".

Acrescente-se que o feito histórico de Bismarck não correspondeu nem remotamente ao sonho dos numerosos atores intelectuais e políticos inclinados ao romantismo; para eles o resultado da unificação de 1866-71 foi um sistema político desprovido de sonhos, repressivo e banal, não o Estado Völkish pelo qual tanto haviam ansiado. Combinado com a chegada abrupta da industrialização, tal resultado haveria de chocar a sensibilidade idealista dos mandarins culturais.

Os dois elementos que frisei no início deste capítulo — a romantização fichteana da nacionalidade e a deificação hegeliana do Estado — são boas ilustrações do "anseio de síntese" que Dahrendorf (1967) viu como o alfa e o ômega do pensamento político alemão. De fato, nos cem anos que medeiam entre a ocupação francesa e a antevéspera do nazismo, a imagética abstrata de Fichte e Hegel será reelaborada e reinterpretada por uma legião de historiadores, juristas, cientistas sociais e escritores de menor categoria, e finalmente banalizada, na "base da pirâmide", por um enxame de agitadores culturais e publicistas cuja febre antiliberal lindava com a histeria. Delirante já em suas origens, a crença na superioridade do povo alemão será um dr. Jekyll cujo correspondente Mr. Hyde assumirá as feições de um vitriólico antissemitismo. Assim, ao chegar aos anos 1930, o antiliberalismo alemão terá como fulcro uma visão estritamente darwinista da vida social e das relações internacionais, por um culto escancarado do militarismo e da guerra, pelo *Führerprinzip* e, previsivelmente, por um sentimento de total repúdio a tudo o que dissesse respeito a uma ordem jurídica à altura com o desenvolvimento material do país.[8]

Aos antecedentes culturais e históricos precedentemente referidos seria necessário acrescentar a catastrófica série de eventos que se inicia com a derrota alemã na Primeira Guerra e suas humilhantes consequências, seguida pela conturbada República de Weimar, os doze anos de Hitler no poder e a derrota na Segunda Guerra — ao fim da qual a Alemanha permaneceu por várias décadas dividida e ocupada pelos Exércitos vencedores.

---

8. Para não alongar demais o texto, deixo de abordar aqui outros antiliberais influentes, como Treischke (1963) e Schmitt (1972).

A TEMATIZAÇÃO DAS OPÇÕES QUANTO AO REGIME

Dizer que a República de Weimar se beneficiou de uma "tematização" seria um completo equívoco; ela foi o regime que a Alemanha conseguiu improvisar na esteira da derrota militar e do colapso da monarquia guilhermina. Não cabe relembrar aqui todas as circunstâncias que a impediram de funcionar de uma forma adequada. Limitar-me-ei à que me parece haver sido a mais letal: a absoluta falta de convicção com que foi recebida pelas elites alemãs.[9] Em seu livro *The Failure of Illiberalism*, Stern pôs o dedo na ferida ao descrever a discórdia então reinante e a continuidade de um fantasioso apoliticismo entre os intelectuais, o clero e a alta administração pública: "Durante todo o período de Weimar, a legitimidade da República foi proclamada por alguns, contestada por outros e aceita como um fato por ninguém. Se a democracia alemã tivesse sido um plebiscito diário, o resultado teria sido uma manifestação diária da mais profunda e amarga divisão" (p. 162). Max Weber havia praticamente previsto o prolongamento da histórica tragédia política alemã quando a república democrática não passava de um esboço. Na célebre conferência intitulada *A Política como vocação* (ver Gerth e Mills, 1958, pp. 111-3), referindo-se ao sistema político de antes da Primeira Guerra, ele enfatizou a impotência dos parlamentos em relação à burocracia pública. Argumentou que a Alemanha, ao contrário dos Estados Unidos, teve partidos ideológicos, ou seja, partidos de fato norteados por princípios e *Weltanschauungen* diferenciados. Os mais importantes foram o Centro Católico e o Social-Democrático. Sabendo-se minoritário, o Centro Católico não queria a democra-

---

9. Emprego o termo "elites" em seu sentido mais amplo, compreendendo os ápices de todas as pirâmides sociais setoriais: empresários, políticos, militares, clérigos, sindicalistas e intelectuais, entre outros.

cia parlamentar porque sua capacidade de arranjar empregos para seus seguidores seria menor no parlamento que pressionando diretamente a administração. Os sociais-democratas não a queriam porque não estavam dispostos a sujar as mãos na existente "ordem burguesa". "A dissociação de ambos em relação ao sistema parlamentar impossibilitou o governo parlamentar."[10]

Ao fim da guerra, como observa Stern (1992, p. 22)

> [muitos] dos homens que lamentavam a aversão alemã à política assumiram um papel ativo, como pais fundadores da Constituição de Weimar. Weber ajudou a redigi-la; tentou estabelecer uma presidência forte, pois pensava que os alemães precisavam de uma autoridade forte. Associou-se a outras personalidades de inclinação liberal para fundar o Partido Democrático, o único grupo não proletário que deu decidido apoio à República de Weimar, e o único partido que perdeu votos sucessivamente, eleição após eleição; começou com 18% do total de votos em 1919 e chegou a 1933 com 0,8%. Apesar de Weber, Troeltsch e Rathenau, apesar do apoio corajoso mas um tanto frio de Meinecke à República, e embora Thomas Mann tardiamente reconhecesse a necessidade moral da política e as virtudes do regime de Weimar, as classes cultas permaneceram à margem, vendo o regime republicano como um pobre e instável substituto para o regime imperial.

Nossa Constituição é a vontade do Führer

Tal como ocorrera com a vitória dos bolcheviques na Rússia quinze anos antes, na Alemanha a chegada dos nazistas ao poder elevaria o nível de violência até o limite do impensável. Em seu livro *Hitler: Um estudo sobre a tirania*, Bullock (1964, p. 403) cita

---

10. Sobre o Partido Social-Democrático e em especial sobre suas divisões internas nas primeiras décadas do século, ver Schorske (1955).

uma declaração feita em 1936 por Hans Frank, comissário do Reich para a justiça e presidente da União dos Juristas Nazistas: "Nossa Constituição é a vontade do Führer". Num sentido perverso, Frank estava certíssimo: não havia Constituição alguma. Não creio que pairem dúvidas a esse respeito, mas é sempre útil rememorar alguns dos momentos cruciais da ascensão de Hitler (ver Bracher, 1970; Evans, 2006). No dia 28 de fevereiro de 1933, um anarcossindicalista holandês ateia fogo ao Reichstag; na noite seguinte o presidente Von Hindenburg assina um decreto de emergência outorgando poderes ao ministério (leia-se: a Hitler) para tomar as medidas que julgasse necessárias. Observe-se que a violência nazista contra sindicalistas, comunistas e sociais-democratas já era intensa desde janeiro, mas Hitler aproveita a "legalização" concedida por Hindenburg e imediatamente manda prender cerca de 4 mil comunistas, incluindo toda a liderança do partido, que seriam espancados, torturados e depositados em campos de concentração. O número de sindicalistas, sociais-democratas, comunistas e outros antinazistas presos passará de 100 mil no meio do ano (Evans, pp. 10-1). A 23 de março de 1933, um parlamento intimidado pelo furor nazista aprovou a Lei Habilitadora, que não ab-rogava mas na prática suspendia a vigência da Constituição.[11]

Juristas capazes de conferir uma aparência de legalidade à maré montante do totalitarismo não eram um artigo em falta. Desde o começo, vários deles puseram mãos à obra para tornar conceitualmente sistemática a monstruosidade que ia ganhando corpo. A pedra de toque de suas contrafações jurídicas — explica Evans — era uma concepção dual do poder, segundo a qual existia, de um lado, o Estado convencional, com suas leis e procedimentos, seus ministérios, repartições e agências administrativas; do outro, "um

---

11. Oficialmente, o título da Lei Habilitadora era *Gesetz zur Behebung der Not von Volk und Reich*: Lei para Remediar a Condição de Emergência do Povo e do Estado.

sistema extralegal cuja legitimidade derivava por completo da autoridade supralegal do Führer". O Führer — explicaria em 1939 o constitucionalista Ernst Rudolf Hubert — não é uma agência de governo, como um ministério, por exemplo; sua legitimidade provém diretamente da vontade do povo. "Sua autoridade não está sujeita a freios ou controles de nenhum tipo; tampouco a reservas de direitos individuais; ela é livre e independente; sobrepõe-se a tudo e não se submete a nenhum tipo de limitação" (Evans, pp. 44-5).

A 29-30 de junho de 1934, na chamada Noite dos Longos Punhais, Hitler ordena a execução de Ernst Röhm e dos demais dirigentes da Sturm-Abteilung (SA), livrando-se dessa forma do único homem e da única organização potencialmente capazes de desafiá-lo dentro e fora do partido.[12] Duas semanas depois (em 13 de julho), ao "explicar" ao Reichstag a opção pelo extermínio em vez de levar Röhm e seu grupo de oficiais à Justiça, Hitler aproveita para ameaçar de um modo não tão velado quem mais ousasse se antepor aos desígnios do novo Estado alemão (Bullock, 1964, pp. 306-9). No dia 2 de agosto, uma hora após a confirmação da morte do presidente Von Hindenburg, ele manda anunciar a fusão dos cargos de presidente da República e primeiro-ministro, que doravante se concentrariam em suas mãos. No mesmo dia, os líderes das Forças Armadas e toda a oficialidade do Exército são convocados a jurar lealdade ao novo comandante em chefe. A forma do juramento, ainda de acordo com Bullock (1964, p. 309), era significativa: o Exército fora convocado para jurar fidelidade não à

---

12. Em seu magnífico *The Politics of the Prussian Army*, Craig (1975, p. 474) informa que desde 1931, quando assumiu o comando da SA, Röhm a dotara com efetivos da ordem de 1,5 milhão de homens. Em 1933 ele começara a equipá-la com unidades de aviação especial, motorizadas, de engenharia, inteligência e medicina. Era, pois, evidente que acalentava o projeto de fazer da SA o verdadeiro exército da era nacional-socialista.

Constituição, não à Pátria, mas a Hitler pessoalmente: "Faço perante Deus este juramento sagrado; serei incondicionalmente obediente ao Führer do Reich e do povo alemão, Adolph Hitler, comandante supremo das Forças Armadas, e estarei pronto, em qualquer momento, como um bravo soldado, para hipotecar minha vida nos termos deste juramento".[13]

A ascensão do nazismo provoca uma verdadeira diáspora de artistas, intelectuais, professores universitários e mesmo de *hard scientists*; passado o torpor inicial, os que tinham chance de deixar o país trataram de fazê-lo, rumando principalmente para os Estados Unidos (Fleming e Bailyn,1969). Nas artes, segundo Evans (2005, p. 16), cerca de 2 mil pessoas emigraram de 1933 em diante. Nas universidades, a exclusão de judeus ocorre em praticamente todas as áreas do conhecimento. A insegurança causa uma impressionante emigração de cientistas; Albert Einstein, Gustav Hertz, Erwin Schrödinger, Max Born e vinte anteriores ou futuros laureados do Prêmio Nobel deixam o país. Na física, entre professores e assistentes, 16% emigraram. Nas universidades, os expurgos foram conduzidos sobretudo pelos estudantes, com a ajuda de um pequeno número de professores nazistas, entre os quais o filósofo Martin Heidegger.

13. No mesmo *Politics of the Prussian Army* (pp. 479-81), Craig afirma que o juramento foi uma ação voluntária do Exército; a ideia teria sido provocar Hitler a fazer uma declaração recíproca, na qual fixaria os termos do relacionamento que ele e o partido nazista manteriam com os militares. E, de fato, Hitler fez a esperada declaração, mas seu texto em nada diluiu a perigosa personalização do poder contida no juramento. Ao contrário, ao agradecer o compromisso militar de obediência "ao novo Estado em minha pessoa", Hitler firmou uma posição de superioridade e ficou com as mãos livres para agir como lhe aprouvesse. "Aquelas poucas palavras", escreve Craig, "expressaram a filosofia totalitária que ia destruir a Alemanha. Foi só quando as ambições de Hitler colocaram a nação na beira do desastre que se veio a perceber como o descuidado compromisso militar de 2 de agosto inviabilizara qualquer ação preventiva por parte do Exército."

Nas ciências sociais e nas humanidades, a situação é semelhante. Karl Mannheim, à época associado ao grupo de Theodor Adorno em Frankfurt, emigra em 1933 e assume uma cátedra de sociologia na London School of Economics. O austríaco Paul Lazarsfeld encontrava-se nos Estados Unidos nessa época e lá permaneceu, vindo a influenciar de forma decisiva o desenvolvimento da teoria sociológica e das metodologias quantitativas de pesquisa social. A filósofa Hannah Arendt, militante da resistência judaica, consegue fugir para Portugal em 1940 e de lá demanda os Estados Unidos, onde se tornaria uma presença fulgurante na vida intelectual do pós-guerra (Adler, 2007). Ao contrário do que se possa supor, algumas universidades americanas receberam professores sabidamente de esquerda. Franz Neumann, um membro influente do Partido Social-Democrático, foi para o Institute for Social Research da Universidade Columbia, onde escreveu *Behemoth* e *The Authoritarian and the Democratic State*, suas obras mais importantes (Hughes, 1969). Karl Korsch, um filósofo marxista, lecionou em Tulane e participou também do Institute for Social Research de Nova York.

O PÓS-GUERRA E A REPÚBLICA FEDERAL

A intelectualidade e a democracia no pós-1945

Mesmo no contexto democrático do segundo pós-guerra, o apoliticismo não desapareceu por completo. Entre os intelectuais, ou entre os letrados de uma maneira geral, a tendência ao alheamento, a não se envolver na política, continua perceptível. Traços da concepção antiliberal do Estado como uma entidade acima da sociedade permanecem; mas alhear-se não significa romper os antigos elos com a burocracia. Em seus estudos, Dahrendorf

(1965, 1967) enfatizou a continuidade de tais atitudes, mais frequentes, ao ver dele, nas carreiras ligadas ao direito. Ele questionou também a tese da independência dos intelectuais — a ideia de uma intelligenstia intersticial, flutuando entre as classes, sem vínculos definidos —, originalmente defendida por Karl Mannheim no livro *Ideologia e utopia,* de 1929. É oportuno observar que essa linha fora antecipada cinquenta anos antes por Max Weber. Citado por Ringer em *The Decline of the German Mandarins* (1969, p. 34), Weber argumentara que diferenças educacionais são uma das barreiras sociais mais fortes, especialmente na Alemanha, onde quase todas as posições privilegiadas dentro e fora da administração pública vinculam-se a qualificações no duplo sentido de conhecimento especializado e cultura geral. Contemporâneo de Weber, Paulsen, também citado por Ringer (p. 35) não é menos taxativo:

> Na Alemanha, os possuidores de uma educação acadêmica formam uma espécie de aristocracia intelectual e espiritual. Constituem algo como uma nobreza oficial, participando todos do governo e da administração do Estado. Juntos eles compõem um segmento homogêneo da sociedade, reconhecendo-se uns aos outros como socialmente iguais com base na cultura acadêmica. Inversamente, aquele que não possui educação acadêmica carece de algo que a riqueza e o alto nascimento não substituem adequadamente. O comerciante, o banqueiro, o industrial rico e mesmo o grande proprietário de terras, por melhor que sua posição possa ser em outros aspectos, acabará sendo prejudicado pela falta de treinamento acadêmico. Daí a aquisição da educação universitária ter se tornado entre nós uma espécie de necessidade social […].

Retomando a questão em 1967, no livro *Society and Democracy in Germany*, Dahrendorf mostrou-se tão contundente quanto Weber e Paulsen:

[Apesar do que sugeriu Karl Mannheim], os intelectuais alemães não são flutuantes; ao contrário, o Estado paga tudo para a maioria deles — até o suplemento da cortina para os servidores públicos que eventualmente mudem para um apartamento maior ou para uma casa. O status seguro, enobrecido, reconhecido e regulado da maioria dos intelectuais penetra em sua mentalidade e os condiciona num sentido conformista. A inequívoca modelagem das posições intelectuais pelo serviço público é uma das razões do patético desempenho das universidades alemãs depois de 1933. (p. 293)

Judt: o espectro da revolução na segunda metade dos anos 1960

Em sua monumental história da Europa desde o segundo pós-guerra, Tony Judt (2007, p. 413) avaliou que a radicalização de uma parte da juventude estudantil na Alemanha, na França e na Itália teria sido um efeito não previsto e obviamente não desejado da estabilização dos respectivos sistemas políticos.[14] Ejetados dos parlamentos, os grupos de oposição mais contundentes teriam sido empurrados para as franjas rebeldes da sociedade, com o que o sentimento de exclusão e ressentimentos diversos teriam se in-

14. Ao final da Segunda Guerra, a Alemanha empreendeu reformas políticas decisivas para a estabilização da democracia, compreendendo o parlamentarismo racionalizado, com a moção de censura construtiva, e o sistema eleitoral proporcional personalizado (no Brasil impropriamente denominado "distrital misto"), entre outras medidas. Nohlen (1990, p. 213) informa que as escolas de ciência política de Heidelberg e Köln-Mannheim tiveram participação destacada em tal reforma; embora posicionadas em lados opostos no que tocava ao modelo de sistema eleitoral, elas colaboraram na viabilização do acordo entre os partidos Social-Democrático e Democrata-Cristão. A equipe de Heidelberg era liderada por Dolf Sternberger, a de Köln-Mannheim, por F. Hermens, R. Wildermann e Werner Kaltefleiter. Puseram-se também de acordo no que tocava aos fundamentos principais do sistema democrático: a alternância no governo, o pluralismo de partidos e a necessidade de uma distinção clara entre a maioria que governa e a minoria que lhe faz oposição, tendendo, no geral, ao modelo britânico do "governo responsável".

tensificado. A estabilidade alemã tornara-se especialmente notável, mas engendrara novos problemas. O pano de fundo desse paradoxo seria, segundo Judt, o esgotamento da "narrativa mestra" — isto é, de um arcabouço de ideias que quase todas as forças político-ideológicas do pós-guerra compartilhavam e tomavam como base de consenso. O ponto fundamental da narrativa mestra era o *welfare state*, o Estado provedor de garantias e serviços básicos. Essa, como é óbvio, não era a perspectiva predominante entre os setores que faziam oposição aos sociais-democratas pela esquerda; os socialistas e comunistas continuaram a ver o Estado como o motor da história, o agente da Revolução, a ponte para a futura sociedade socialista. No lado contrário, liberais como Hayeck e Aron permaneceram à margem, pois não compartilhavam a ideologia do *welfare state* e muito menos o milenarismo socialista das esquerdas.

Pouco a pouco, a geração nascida nos anos 1960 perdeu interesse nessa discussão, em parte por ver o *welfare state* como um rol de benefícios adquiridos e intocáveis, e em parte por ter se desiludido do socialismo desde a intervenção soviética na Hungria em 1956. A leitura desse quadro ideológico pela juventude de esquerda — diz Judt (p. 426) — era notavelmente provinciana: em 1968, no auge da "Primavera de Praga", a insistência de Rudi Dutschke em apontar a democracia pluralista como "o verdadeiro inimigo" causou espanto entre os estudantes tchecos. Para eles, ela era o objetivo. De fato, na atmosfera impregnada de nihilismo em que vivia, uma grande parte da juventude alemã descarregava suas insatisfações no regime de Bonn — ou seja, na democracia representativa, finalmente alcançada —, vendo-o não mais como uma solução, mas como a fonte de todos os males. "Em 1968, numa reveladora combinação de retórica maoista com tática trotskista" — ainda Judt (p. 412) —, Rudi Dutschke convocou seus seguidores para '*uma longa marcha através das instituições*'." Esse foi o caldo de cultura das rebeliões estudantis e do recurso ao terrorismo na Alemanha e na Itália. Ironicamente, Rudi Dutschke, talvez o principal artífice da hostilidade esquerdista às instituições democráticas, foi assassinado a tiros por um simpatizante neonazista no dia 11 de abril de 1968.

POST-SCRIPTUM: A INTELECTUALIDADE DE ESQUERDA E A REUNIFICAÇÃO DAS ALEMANHAS[15]

A reunificação levada a cabo por Helmut Kohl em 1990 foi questionada e criticada por uma parcela expressiva da intelectualidade alemã. Em seu estudo sobre tais posicionamentos, Müller mostra que a tônica das reações de esquerda foi um certo desespero diante da perda ao que tudo faz crer definitiva da utopia socialista. Um bom exemplo é Uwe Timm (citado à p. 121):

> É preciso lembrar que o socialismo na República Democrática Alemã era uma alternativa à República Federal; uma alternativa reconhecidamente feia, burocraticamente inchada, mas ainda assim uma alternativa. Que esse socialismo "real", sem embargo de toda a sua ossificação, teria sido capaz de autotransformação, não é uma afirmação vazia, [é um fato] demonstrado pelos movimentos democráticos de base.

Muitos intelectuais acompanharam as objeções de Habermas e Grass ao procedimento e ao suposto açodamento da unificação.

---

15. Este capítulo já estava concluído quando tomei conhecimento do excelente livro de Jan-Werner Müller, *Another Country: German Intellectuals, Unification and National Identity* (New Haven: Yale University Press, 2000), no qual me baseei para redigir este post-scriptum.

Vários deles traçaram um paralelo entre a unificação levada a cabo por Helmut Kohl em 1990 — vista como um fruto de injunções externas e efetivada de forma unilateral pelo Executivo —, e a anterior, liderada por Bismarck, considerando que outra vez a Alemanha se rendia a um conflito entre os princípios da unidade e da democracia, em vez de elaborá-los como partes de uma mesma reflexão.[16]

Outros argumentaram que a República Democrática (Alemanha Oriental) — ou pelo menos alguns elementos da vida que lá se desenvolvia — merecia ser preservada em benefício da diversidade. A deputada verde Antje Vollmer, por exemplo, advogava uma "confederação ecológica", empregando o conceito de ecologia não apenas em conexão com o meio ambiente, mas também no sentido mais profundo de "preservação da diversidade e da diferença" entre os modos de vida das duas Alemanhas; e louvava a República Democrática como uma "contracultura" que buscava se harmonizar com um ritmo modesto de crescimento econômico.

Na esquerda, sufragando essa visão do David oriental contra o Golias ocidental, muitos exigiam uma relação mais igualitária entre as duas Alemanhas. Seguiam, neste caso, o mote de Gunther Grass: o imperativo moral de defender a parte mais fraca contra o poder a seu ver excessivo da República Federal. Mas — como acertadamente indaga Müller — como foi, afinal, que esse problema surgiu? Surgiu porque a "parte mais fraca" era um Estado totalitário totalmente desprovido de legitimidade aos olhos de sua população (embora continuasse a ser apoiada por sua desacreditada

---

16. Por cautelosas ou contrárias que as quatro potências vitoriosas se mostrassem anos antes, o colapso da Alemanha Oriental alterou os dados do problema e acelerou o processo da reunificação. Entre maio de 1989 e outubro de 1990, todas apoiaram formalmente a absorção da República Democrática pela República Federal. Ver Gordon Smith *et alli*, pp. 30-3.

elite). Contra a noção pragmática de um progresso rápido da unificação, Oscar Negt demandava uma "pausa reflexiva": a República Democrática deveria dispor de todo o tempo que necessitasse para se reconstituir como "a Alemanha revolucionária" e se contrapor à República Federal, que não se teria afastado de sua tradição antidemocrática. Entre os críticos mais radicais da unificação, houve mesmo quem defendesse a permanência do muro de Berlim e quem se queixasse por não terem a Áustria e a Hungria impedido a fuga de cidadãos da República Democrática para o Ocidente.

Como se vê, o sentimento de "perda da utopia" levou muitos intelectuais de esquerda a assumirem posições verdadeiramente bizarras. Um desfecho talvez inevitável, em se tratando de uma ideologia antiliberal num país com quase dois séculos de antiliberalismo.

6. Estados Unidos: Uma "revolução cultural" dentro do liberalismo

Até o início do século XX, as elites cultas da Europa e mesmo as da América Latina viam a "América" como uma emergente civilização técnica, mas não como uma nação promissora no tocante às humanidades e às artes. À parte certo esnobismo que transparecia em tais avaliações, as referidas elites não estavam totalmente erradas. Apesar de seu progresso econômico vertiginoso, até aquela época nada sugeria que os Estados Unidos viessem a se destacar como um polo intelectual de primeira grandeza. Nas ciências humanas, seu atraso era gritante.

É a partir do segundo pós-guerra que o panorama descrito se altera: uma produção de alta qualidade começa a surgir em diversas áreas e as universidades americanas ascendem a uma primazia mundial indiscutível.

A situação delineada suscita intrigantes interrogações. Primeiro, como se explicam as brilhantes reflexões que fundamentaram a construção do primeiro grande Estado democrático no último quarto do século XVIII? Terão elas sido obra de uma comunidade intelectual em média modesta, mas densa e avançada na área jurídica?

Saltando para o século XX, como pôde o país progredir tão rapidamente na implantação de um sistema universitário de alta qualidade e se tornar o padrão mundial mesmo nas ciências humanas, uma área para a qual não parecia vocacionado? O que tem a antinomia liberalismo x antiliberalismo a ver com a surpreendente evolução cultural do país? Claro, entre a formação liberal dos Estados Unidos e o antiliberalismo da Rússia e da Alemanha, o contraste não poderia ser maior. Mas em que medida e de que forma o liberalismo influenciou a vida intelectual norte-americana?[1]

FORMAÇÃO DO ESTADO:
DOS *FOUNDING FATHERS* ÀS *LAW SCHOOLS*

Levados pela excepcional qualidade dos documentos de fundação do Estado e do regime representativo, intérpretes apressados são às vezes levados a supor que a comunidade jurídica americana daquela época teria atingido um alto índice de qualidade institucional e intelectual.[2] A ser verdadeira, tal suposição autorizaria uma derivação importante: a existência já no início do século XIX de um *pool* de recursos humanos capaz de se diversificar, propiciando assim um precoce desenvolvimento das ciências humanas. Mas é uma suposição discutível, para dizer o mínimo.

1. Metodologicamente, é evidente que uma evolução cultural de mais de dois séculos não pode ser fruto de uma única "causa"; o liberalismo, por maior que seja sua importância, terá sido apenas um entre vários fatores. O desafio é, pois, mapear sua associação com outros fatores nas diferentes fases do desenvolvimento.
2. Por profissão jurídica, entendo aqui o conjunto dos profissionais do direito, advogados, juízes, professores e outros, seguramente a única "comunidade intelectual" numerosa da época.

No capítulo 6 de seu esplêndido livro *The Americans: The Democratic Experience*, o historiador Daniel J. Boorstin (1973, pp. 53-4) explica que o grande número de advogados existente já no século XVIII devia-se basicamente ao surgimento de empresas coloniais com frequentes necessidades de contato com o governo em Londres. Não era uma peculiaridade norte-americana; noutros domínios coloniais ingleses, jovens africanos, asiáticos e australianos acorriam a Londres para estudar direito e se preparar para carreiras políticas ou empresariais. Quando os movimentos anticoloniais e pela independência se intensificaram em seu país de origem, essa juventude familiarizada com a linguagem das relações imperiais forneceu os quadros necessários à elaboração de constituições, à organização das burocracias públicas e à atividade política de um modo geral. Nos Estados Unidos, após a independência, e à medida que a fronteira econômica se deslocava para dentro do país, aquele tipo de relação antes existente entre as empresas coloniais e Londres de certa forma se reproduziu entre os distantes centros da pecuária e da mineração e as grandes cidades do Atlântico. Mais alguns anos e os advogados dariam rédea solta a seu espírito empreendedor, explorando todo tipo de oportunidade, aqui como facilitadores de projetos, ali como criadores de organizações, acolá até como agentes de inteligência e avaliadores de crédito. Dessa forma, nos primórdios da América independente, o advogado tornou-se um *generalized go-getter*, um factótum genérico, muito mais que um especialista em direito.

Focalizando a mesma época e os mesmos personagens pelo ângulo do ensino do direito, Friedman (1985, pp. 303-4) mostra que o prestígio e a organização institucional da profissão eram modestos, para dizê-lo com certa suavidade. Inexistindo exigência de diploma, a maioria dos que obtinham a autorização para advogar era autodidata ou havia aprendido como secretário em escritórios de advocacia; em 1858, Abraham Lincoln ainda exaltava o autodidatismo, para ele o melhor método (p. 606). Esse quadro só virá a se alterar a partir da metade do século XIX, por duas razões. Primeiro, a invenção da máquina de escrever. A principal função dos secretários era fazer cópias. Com o advento da máquina, os escritórios passaram a contratar senhoritas treinadas em datilografia (pp. 303 e 606). Segundo, várias universidades começaram a abrir faculdades de direito; percebendo quão promissor o mercado poderia se tornar, resolveram demonstrar que podiam ensinar melhor e mais rápido. Sabendo mais e tendo em mãos o competente diploma, os egressos de tais estabelecimentos não tardavam a se impor na prática profissional.

As ciências sociais e jurídicas no século XIX

É, pois, implausível que existisse um estoque substancial de juristas bem qualificados na primeira metade do século XIX; e, mesmo que existisse, a migração de uma parte deles para as ciências humanas dificilmente daria bons resultados, por estar o ensino destas numa fase ainda mais rudimentar que o do direito. Esta avaliação pode parecer contraditória com a revolução educacional que iria acontecer na segunda metade do século: o impressionante impacto democratizador dos *land grant colleges*. Explico: pela lei Morrill, de 1862, terras federais foram transferidas para os estados com o objetivo de assegurar a implantação em cada um deles de pelo menos um *college* dedicado à agricultura e às artes mecânicas. Um dos benefícios dessa iniciativa foi a liquidação em tempo recorde do que até então passava por educação superior: um pseudoclassicismo ritualista cuja função se esgotava praticamente na ratificação de diferenças de status social. Veja-se a respeito o capítulo 52 da mencionada obra de Boorstin. Pois bem: a rudimentar condição do ensino a que há pouco me referi diz respeito às ciências sociais e humanidades no período anterior ao florescimento dos *land grant colleges*.

Num minucioso estudo sobre a história da ciência política nos Estados Unidos, Sommit e Tannenbaus de saída advertem que, até por volta de 1875, pelo menos, a própria expressão "ensino superior" deve ser tomada com cautela:

> Devido ao sectarismo religioso, a orgulhos localistas, à inexistência de uma política nacional e à simples dificuldade de comunicação física num país tão vasto e pouco desenvolvido, o sistema educacional evoluiu a partir de centenas de pequenos estabelecimentos [*colleges*]. Era sobretudo por objetivos de catequese que o ensino se pautava. Mesmo os cursos avançados de ética, filosofia, religião, economia e política — não raro ministrados pelo próprio presidente do *college* — não pretendiam mais que formar cidadãos tementes a Deus, moralmente retos e devotados a pensar com correção. O panorama da pós-graduação não era menos desolador. Para "ganhar" um mestrado, o que se fazia necessário era basicamente se manter vivo, não se meter em confusões durante três anos após a graduação e atingir algumas modestas metas intelectuais.[3]

Uma demonstração extraordinária do que foi afirmado é o grande número de jovens americanos que iam estudar no exterior — sobretudo na Alemanha. Digo extraordinária em vista da discrepância entre as duas mentalidades: a norte-americana, plasmada por uma sociedade dinâmica, individualista, avessa a regula-

---

3. Berelson, citado por Sommit e Tannenbaus (pág. 7), não faz por menos: "Ainda em 1875, o ambiente típico da educação superior nos Estados Unidos era o college residencial de quatro anos, com um corpo docente majoritariamente confessional, um currículo tradicional, voltado para os clássicos [latinos e gregos], aulas recitativas, e um corpo discente pequeno e selecionado entre grupos de alto status social".

mentações, no frenesi do enriquecimento, e a alemã, espelho de uma sociedade estratificada, autoritária e acostumada a uma codificação rigorosa dos papéis e condutas sociais. No início, as áreas mais demandadas eram direito, teologia, medicina e química, mas história e política ganharam importância a partir da Guerra Civil:

> A ciência política ensinada nas universidades alemãs era conhecida como *Staatswissenschaft* [teoria do Estado]. Para as gerações posteriores, esse termo passou a conotar grossos tomos empoeirados, intermináveis sentenças em busca de um verbo, um sem-fim de áridas abstrações e distinções terminológicas e montes de pedantismos e trivialidades. Mas a experiência dos jovens americanos nas décadas de 1870 e 1880 era completamente diferente. Comparada à ciência política que haviam estudado na graduação, a *Staatswissenschaft* era uma lufada de ar fresco na primavera. Através dela começaram a acreditar que a política poderia ser estudada mediante métodos análogos aos das ciências naturais e que assim acabariam por descobrir as leis que governam a evolução política dos povos. (Sommit e Tannenbaus, 1982, p. 8)

Nas ciências humanas, os problemas eram agravados pela impregnação mais ou menos generalizada do ambiente cultural por preconceitos ideológicos. Dada a total autonomia dos *colleges*, a vigência do regime político liberal e pluralista não impedia — ao contrário, facilitava — a aplicação de critérios confessionais na contratação e na avaliação do desempenho docente. Em 1847, um *college* do estado de Illinois demitiu Jonathan Turner — que vem a ser o primeiro proponente das ideias que iam se materializar na Lei Morrill — devido à sua firme posição antiescravista e à sua discordância da doutrina ortodoxa da predestinação (Boorstin, p. 482). Nos *stormy nineties*, quando Thorstein Veblen escreveu *A teoria da classe ociosa* (1899), uma suspeita de criptosocialismo ainda pesava sobre os cientistas sociais e economistas; nessa época, segundo Dorfman (1939, p. xv), o *respectable sentiment* esperava que eles se abstivessem de questionar os arranjos fundamentais da sociedade. Seymour Martin Lipset (1996, p. 178) também tratou desse tema em seu *American Exceptionalism*, publicado em 1996, e afirma que mesmo entre as melhores universidades, algumas houve que andaram demitindo pacifistas, socialistas e outros críticos do envolvimento dos Estados Unidos na Primeira Guerra Mundial. Columbia, por exemplo, abriu mão do historiador econômico Charles Beard. Apesar de tais percalços, não só Lipset, mas também Merton (1958), Hofstadter (1963) e Nozik (1994) avaliam que a intelectualidade universitária pendeu para o lado liberal (no sentido norte-americano, progressista) desde o início do século xx.

Industrialização

Visto em conjunto, o desenvolvimento econômico dos Estados Unidos aconteceu durante um longo período, mas a aceleração industrial deu-se basicamente nas três últimas décadas do século xix (Bensel, 2000). Ao contrário do que se passou na Alemanha, ela não causou uma reação romântica digna de nota, nem facilitou a formação de grupos propensos à revolução, como na Rússia. No meio intelectual, o que se observa em termos de contestação é, com efeito, o surgimento de um espírito iconoclasta e, mais tarde, uma certa esquerdização. Do iconoclasmo, o já citado Veblen é a referência obrigatória. A voga esquerdista tornar-se-á mais perceptível depois da Primeira Guerra, talvez não tanto devido ao avanço industrial, mas ao impacto da Revolução Russa de 1917, como veremos adiante.

No médio prazo, é claro que o crescimento da riqueza propiciado pela industrialização dará um impulso enorme à vida cultural. De imediato, porém, depois da Primeira Guerra, seus efeitos mais visíveis serão o aumento do número de universidades e do atrativo da carreira docente relativamente às alternativas de trabalho então existentes. Em Nova York, muitos jovens talentosos não se deixavam seduzir pela substância ou pelo suposto prestígio da carreira universitária, dando preferência à vida algo boêmia do intelectual freelance, escrevendo artigos para jornais e revistas. A voga esquerdista e especificamente marxista do pós-guerra reforçará tal preferência, e é nesse contexto que surge a comunidade intelectual mais próxima de uma intelligentsia que os Estados Unidos chegariam a conhecer.

Dos anos 1920 aos 1950, a intelligentsia combaterá em duas frentes — contra as universidades e os comunistas —, na esperança de preservar sua autonomia e sua concepção da vida intelectual.[4] Esplendidamente relatada por Biel (1997), a história começa com Randolph Bourne, em 1914, e prossegue até a Segunda Guerra com John Reed, Max Eastman, Van Wyck Brooks, Floyd Dell, Edmund Wilson, Lewis Mumford, Waldo Frank, John dos Passos e Benjamin Ginzburg, entre outros. Na antevéspera da Primeira Guerra, escrevendo de Paris, Bourne exorta seus pares intelectuais a adquirir os conhecimentos e a fibra de que necessitariam para poder se ombrear com os intelectuais franceses. Que não cedessem ao canto de sereia das universidades e se mantivessem como freelancers; que rejeitassem os aparentes atrativos universitários da especialização e do profissionalismo, optando por

---

4. Fundado em 1923, o Partido Comunista não mede esforços para se estabelecer no meio intelectual, com resultados medianos, uma vez que tampouco viria a deter uma presença efetiva no quadro político nacional. Sua debilidade ratificava o diagnóstico feito por Engels (1959) em 1893 sobre o escasso futuro do socialismo nos Estados Unidos; vai no mesmo sentido a avaliação de Key (1964, pp. 267--81). Schumpeter (1959, p. 12) considerava que os comunistas, trotskistas e anarquistas tinham uma presença expressiva.

uma visão generalista e pelo papel de profeta; e, sobretudo, que se empenhassem em vincular as ideias à ação, o pensamento a atividades práticas de transformação social (Biel, p. 225). Nas condições da época, é fácil ver que esse caminho os levaria ao marxismo:

> Com a Revolução de Outubro, o apelo do marxismo cresceu dramaticamente; o realismo de sua teoria estava confirmado no fato de que funcionava. "A Revolução", John Reed escreveu, "não chegou como a intelligentsia gostaria; mas chegou — áspera, forte, sem paciência para fórmulas, desprezando todo sentimentalismo; *real.*" A reação de Reed refletia uma eterna tensão do marxismo intelectual. A identificação da classe operária (ou de seu partido) como a única força revolucionária genuína implicava denegrir o saber pretensamente superior ou o papel social pretensamente singular da intelligentsia. Assim, no mesmo açodado anseio de seus contemporâneos por se unir ao curso da história, Reed resvalava para um estridente anti-intelectualismo. (Biel, p. 226)

A Grande Depressão levou água ao moinho dos comunistas, mas a crença em que a autonomia, a crítica e a criatividade seriam possíveis no âmbito do marxismo começa a ser abandonada por vários dos intelectuais citados já no começo dos anos 1930. Quase todos a deixariam cair até o fim da década, à medida que tomavam conhecimento dos Julgamentos de Moscou, da vilificação e do assassinato de Trótski, e do Pacto Nazi-Soviético.

Nostálgico da intelligentsia, Jacoby entoou-lhe um sofrido epitáfio em seu *The Last Intellectuals*, de 1987: "No final dos anos 1950, com poucas exceções, os intelectuais americanos haviam migrado das cidades para os campi universitários, dos cafés para as cafeterias" (p. 14). Naturalmente, não foi da noite para o dia, e muito menos por acaso, que tais mudanças aconteceram. Em grande parte elas se explicam pela expansão do ensino superior, moderada na primeira metade do século, mas acelerada desde o fim da Segunda Guerra. Entre 1920 e 1970, Jacoby prossegue, a população dos Estados Unidos dobrou, mas o número de professores universitários cresceu dez vezes, passando de 50 mil para 500 mil. Esta e outras transformações estruturais do período levaram os intelectuais da independência para a dependência, do trabalho freelance para o ensino assalariado nas universidades. Por volta de 1960, as universidades já detinham um virtual monopólio do trabalho intelectual. Fora delas, os intelectuais da nova geração não podiam sobreviver. Como professores e pesquisadores, eles se tornaram sociólogos radicais, historiadores marxistas, teóricos feministas, mas não intelectuais no preciso sentido do termo.

As mudanças descritas por Jacoby são o pano de fundo do que ele avalia como uma submissão do intelectual às rotinas acadêmicas. Essa seria a principal razão pela qual os nascidos em torno de 1935-40 não assumiram sua plena condição de intelectuais nos anos 1960, no calor dos protestos contra a guerra no Vietnã; para Jacoby, eles foram na verdade os grandes expropriados de tal condição: uma "geração ausente". Na geração de 1900, ainda segundo Jacoby (pp. 18-9), poucos escreveram teses; os que o faziam, tentavam atingir um público mais amplo de modo a compensar a insignificância intelectual da universidade. Mesmo na geração que chegou às universidades nos anos 1950, poucos tiveram interesse no doutoramento, tanto assim que vários foram contratados com estabilidade (*tenure*) ou recebendo o ph.D. como reconhecimento por trabalhos realizados anteriormente — condições que logo se tornariam inadmissíveis. Imagine um jovem pesquisador apresentar como tese um conjunto de ensaios escritos para várias revistas... Impensável, mas foi exatamente assim que Daniel Bell se doutorou; sua "tese" foi um conjunto de ensaios já publicados, que posteriormente se transformariam no livro *O fim da ideologia*. Nem poderia nosso hipotético jovem pesquisador ou pesquisadora defender sua tese sem cursar todos os créditos exigidos e sem pagar as anuidades correspondentes: "esses obstáculos e ritos acadêmicos de iniciação não eram meros aborrecimentos; espichados ao longo dos anos, eles passariam a moldar a vida de muitos jovens e a determinar o modo de ser de toda uma geração intelectual" (Jacoby, p. 19).

A transição para a ciência social moderna

É também no segundo pós-guerra que a ciência social americana amadurece e arranca para a alta posição que hoje ocupa no plano mundial. Uma análise satisfatória dessa evolução exigiria uma ampla pesquisa; o que ofereço a seguir é o mínimo indispensável sobre o assunto.

A Universidade Columbia desempenhou um papel pioneiro ao autorizar, ainda em 1880, a implantação de uma Escola de Ciência Política e entregar sua organização a John W. Burgess: o homem certo no lugar certo. Burgess combinava uma boa formação substantiva na especialidade com um espírito empreendedor e uma clara vocação para a construção institucional. Dez anos antes, ao formar-se em direito, sentindo necessidade de estudos avançados em história, direito público e ciência política, ele mapeou as alternativas e logo concluiu que nenhum dos *colleges* americanos tinha algo de qualidade a lhe oferecer. Decidiu então se aconselhar com um historiador renomado, George Bancroft, então embaixador na Prússia. Bancroft não só aceitou orientá-lo como recomendou que partisse imediatamente para a Alemanha. Em Göttingen e posteriormente em Berlim, como informam Sommit e Tannenbaus (1982, p. 17), Burgess encontrou "tudo o que esperava — e mais". Sua boa avaliação da experiência absolutamente não significa que Burgess tenha se rendido ao espírito conservador e autoritário da educação alemã. Ao elaborar o projeto de um doutorado em ciência política para Columbia, ele tratou de combinar os melhores aspectos do ensino superior alemão com as circunstâncias particulares de uma universidade sediada em Nova York. O resultado foi um empreendimento decisivo para o desenvolvimento da ciência política americana: um programa, segundo Sommit e Tannenbaus (p. 21) que outras universidades conscientemente emularam ou do qual deliberadamente se afastaram ao estabelecer seus próprios modelos de pós-graduação. Nem cinco anos se haviam passado desde a fundação da Escola implantada em Columbia e as grandes qualidades liberais dos Estados Unidos — a liberdade para debater e a capacidade de aceitar a controvérsia com naturalidade — entravam em cena para melhorar o projeto. Vários intelectuais de alta distinção puseram-se a refletir sobre a ideia de uma ciência da política, entre eles um futuro presidente da República, Woodrow Wilson, autor de *Congressional Government* (1884), um belo estudo sobre o funcionamento do Congresso americano. Incisiva, a contribuição de Wilson foi ao cerne de certas questões de teoria e metodologia que à época aguardavam esclarecimento. Acima de tudo, ele quis se certificar de que a futura ciência política lidaria com a vida política real, não com a letra morta de leis e documentos oficiais. Citando o inglês Bagehot e o francês Tocqueville, ele exortou o estudioso da política a descer à rua, a frequentar os corredores — sim, e os lobbies — do Legislativo. E insistiu:

> O que me interessa é a *vida*, não os textos das constituições; a prática, não as leis da administração, e a essas coisas eu só posso chegar por meio de um questionamento crítico dos sistemas reais. Por exemplo: eu aprendi tudo o que é preciso saber sobre o que o *Préfet* francês *pode fazer*, e o que a lei diz sobre a nomeação dele; essas coisas *qualquer pessoa* pode aprender e comentar com menor ou maior pertinência. O que eu quero saber é o que o *Préfet de fato faz*

e sob que influências ele é nomeado. Não me sentirei conhecedor da administração francesa enquanto não conhecer o prefeito de carne e osso. (Sommit e Tannenbaus, 1982, p. 32)

A SEGUNDA TEMATIZAÇÃO DEMOCRÁTICA

A coincidência temporal entre a fundação do Estado e a implantação do regime representativo foi uma circunstância benfazeja na origem dos Estados Unidos, mas é necessário apreciá-la na devida perspectiva histórica. Estamos falando de uma época em que o poder era praticamente monopolizado por uma estreita camada aristocrática e mercantil, sem necessitar de legitimação por parte da sociedade inclusiva, até porque uma grande parte dela era constituída por escravos. Transcorridos dois séculos, no segundo pós-guerra a realidade do país era outra: uma sociedade complexa e conflituosa, na qual numerosos grupos demandavam uma participação mais efetiva no sistema político e todo um rol de questões novas pressionava a agenda pública. O contraste entre esses dois marcos temporais leva-me a crer que a vida intelectual e os enfrentamentos políticos de meados do século XX podem ser proveitosamente interpretados como uma *segunda tematização do regime democrático*. Nesse sentido, mas obviamente sem a pretensão de abranger um tema tão amplo, mencionarei alguns estudos sociológicos e políticos concebidos como respostas a três candentes interrogações da época: o racismo, o extremismo anticomunista e a questão da soberania popular como fundamento da ordem liberal-democrática.

A questão racial

O que colocou a questão racial no topo da agenda intelectual americana ainda durante a Segunda Guerra foi o convite feito pela

Fundação Carnegie ao economista sueco Gunnar Myrdal para elaborar um amplo estudo sobre o assunto. O resultado foi a publicação, em 1944, de *An American Dilemma: The Negro Problem and Modern Democracy*, um volume de quase 1500 páginas contendo uma cerrada análise das condições de vida dos negros e dos obstáculos à sua integração na vida social e política americana. A influência desse livro se fez sentir não apenas no plano das percepções dos americanos sobre os negros, mas em numerosas conexões específicas, sendo citado pela Suprema Corte no histórico caso Brown contra Conselho de Educação e permanecendo por muito tempo como uma referência obrigatória em programas de integração racial e ação afirmativa.

Esquematicamente, podemos dizer que *Um dilema americano* assenta-se sob uma tensão conceitual básica. De um lado, o que Myrdal denominou *causação múltipla e cumulativa*: o emaranhado de círculos viciosos que perpetuava a condição de pobreza e marginalidade das comunidades negras. O fato que primordialmente as caracterizava era, com efeito, o reforço mútuo de vários handicaps: a raça, a classe, as deficiências de educação e saúde, a desorganização familiar e a vitimização pela violência,[5] entre outros. A condição social e cultural produzida por esse conjunto de fatores superpostos "ratificava" por assim dizer os estereótipos que alimentavam os preconceitos e "absolvia" os brancos dos infortúnios que eles mesmos causavam. Um diagnóstico sombrio, sem a menor dúvida. Mas a análise de Myrdal não desembocava num pessimismo paralisante graças ao outro polo da tensão conceitual a que me referi: a cultura política liberal e o regime demo-

---

5. O Sul, afirma Bensel (2000, p. 168), "era a arena política mais violenta e rancorosa do país. Os negros morriam por suas crenças políticas com uma frequência muito, mas muito mais alta que em qualquer outra região ou que em qualquer outro período da história nacional".

crático americanos. Um ponto fundamental da cultura política é, com efeito, a crença amplamente compartilhada em que todos os indivíduos são portadores de certos direitos básicos em virtude tão somente de sua condição humana. O regime democrático, por mais afetado que estivesse em seu funcionamento por preconcepções e interesses racistas, não era imune a questionamentos de legitimidade fundados na invocação dos valores de justiça, igualdade e liberdade que presidiram à própria fundação do país. A viabilidade e a pujança da nação dependiam em alguma medida desse parâmetro; pretender substituí-lo ou permitir que ele se mantivesse indefinidamente contaminado por uma concepção racialista da sociedade equivalia a comprometer seriamente seus fundamentos. Tendo identificado essa fenda simbólica, a estratégia sugerida por Myrdal era obter a maior publicidade para a causa negra. Nos anos 1950, o acerto de tais seria evidenciado pelo avanço do movimento dos direitos civis, a liderança de Martin Luther King e a clara tomada de posição da Suprema Corte contra a segregação. Longe de mim pretender que tudo isso tenha acontecido apenas em decorrência do *American Dilemma*. O trabalho de Myrdal levou em conta uma agenda política em certa medida já articulada por líderes negros, mas reagiu sobre ela, reforçando-a e multiplicando sua ressonância na opinião pública e na esfera política nacional.

Macarthismo: o extremismo de direita dos anos 1950

McCarthy não foi o primeiro nem o último demagogo a dramatizar fantasias e temores a respeito da política internacional existentes na sociedade americana. Nos anos 1950, o foco de tais sentimentos era evidentemente o comunismo. Nos primeiros anos da Guerra Fria, num país preocupado com o crescente poderio soviético, é fácil imaginar quão intensa haveria de ser a repercussão de uma campanha supostamente alicerçada em fatos comprovados acerca de uma extensa penetração comunista no governo dos Estados Unidos. Na discussão a seguir, farei um breve relato do episódio e das reações intelectuais e políticas que finalmente liquidariam a credibilidade do promotor da farsa.

Sobre a importância e o caráter perverso da atuação de McCarthy, poucos analistas foram tão precisos como Richard Rovere (citado por Rogin, 1967, p. 1):

> Por impensável que isso possa parecer, ele manteve dois presidentes cativos na condução dos negócios nacionais. Do começo de 1950 até o fim de 1954, Harry S. Truman e Dwight Eisenhower não podiam agir sem ponderar o efeito de seus planos em McCarthy e as forças que ele liderava; em consequência, houve momentos em que eles simplesmente não puderam agir. McCarthy teve um enorme impacto na política externa americana numa época em que tal política pesava grandemente no curso da história mundial [...].

De fato, o episódio McCarthy merece a atenção da intelectualidade latino-americana, tão peculiarmente avessa como ela é a reconhecer a diferença que um só indivíduo pode às vezes fazer. Nesse aspecto, esta afirmação de Rogin (1967, pp. 1-2) é um complemento apropriado à citada passagem de Rovere:

> O impacto de McCarthy na política pública foi apenas uma parte de sua influência. Direta ou indiretamente, ele destroçou muitas vidas e pareceu infligir um sentimento de medo e suspeita na vida americana como um todo. Raramente neste país um homem projetou uma sombra tão grande e tão escura.

Dizer que McCarthy criou a obsessão anticomunista dos anos 1950-60 seria sem dúvida um exagero — até porque o poderio soviético era uma ameaça potencial muito séria —, mas é dele a responsabilidade maior por a haver ativado e elevado à proporção que atingiu. Realmente, se me permitem a obviedade, o macarthismo foi a expressão em tamanho grande da mesquinha figura que lhe emprestou o nome: Joseph McCarthy, senador por Wisconsin. Eleito pelo ticket republicano em 1946, aos 38 anos, esse ex-advogado, ex-juiz e ex-fuzileiro naval na Segunda Guerra exprimiu posições extremistas desde seu primeiro dia em Washington, e não tardou a se livrar da obscuridade que os novatos soem padecer no Senado. Sua meteórica ascensão se deu em 1950, quando declarou possuir uma lista de membros do Partido Comunista e de integrantes de uma rede de espionagem entre os empregados do Departamento de Estado. Nos três anos seguintes, a suposta lista estendeu-se a outros órgãos do governo — inclusive ao Exército. Escudado na visibilidade nacional e no poder de chantagem que dessa forma granjeou, McCarthy não vacilou em acusar e exigir a exoneração de um grande número de servidores públicos — por comunismo ou por homossexualismo. Outro alvo de seus ataques eram as alas liberais (progressistas) dos dois grandes partidos e intelectuais com tal perfil nas principais universidades. Nem Hollywood ficou de fora: o cinema estaria igualmente infestado de comunistas.

O "pavor vermelho" conjurado por McCarthy atingiria o ápice em 1954, mas foi também nesse ano que setores da imprensa, do meio político e da academia partiram para o contra-ataque, cobrando-lhe provas e passando a combatê-lo com a necessária determinação. Em dezembro de 1954, numa votação contundente, o Senado aprovou contra ele uma moção de censura, instrumento raras vezes utilizado pelo Legislativo americano. Desse ponto até 1957, ano de sua morte, McCarthy só fez despencar em credibilidade e prestígio. Entre as reações acadêmicas, duas houve que considero superlativas e ainda hoje merecedoras de estudo.

Uma foi o volume coletivo intitulado *The New American Right*, organizado por Daniel Bell e publicado em 1955. Aumentada e atualizada em uma nova edição em 1962, sob o título de *The Radical Right*, essa obra reuniu autores do calibre dos historiadores Richard Hofstadter e Peter Viereck, dos sociólogos Talcott Parsons, Herbert H. Hyman, Nathan Glazer e David Riesman, além do próprio Bell, do jurista e sociólogo Alan Westin e do cientista político Seymour Martin Lipset. Nessa nova versão o volume foi muito além do macarthismo, incluindo outros extremismos da direita, entre os quais a Ku Klux Klan, o coughlinismo e a John Birch Society. Propensos em maior ou menor medida à violência, nenhum desses movimentos se animou ou teve força para se contrapor ao sistema democrático como tal. Seu denominador comum era a intolerância, cujas causas, segundo todos os autores citados, situavam-se em tensões decorrentes de processos profundos de mudança social.[6]

A segunda reação acadêmica a que me referi teve seus resultados publicados em 1954 no livro *Communism, Conformity and Civil Liberties*, de Samuel A. Stouffer. Este estudo resultou de um grande projeto apoiado pelo Fundo pela República com o objetivo específico de respaldar uma resposta política ao avanço do macarthismo.[7] A própria data da publicação diz algo — lembro que

---

6. Vale a pena registrar que Rogin (1967) discorda totalmente das análises que compõem o volume *The Radical Right*. Considera que elas, não tendo compreendido realmente o macarthismo, tentaram explicá-lo como um movimento social irracional e potencialmente totalitário, ou seja, simétrico e de certa forma semelhante ao revolucionarismo comunista. Pior que isso, o livro estaria impregnado por certo conservadorismo encontrado nas grandes universidades do Leste, elitistas e propensas a se assustar com a eclosão de movimentos populares. Esse último traço tê-los-ia levado a ver o macarthismo como um descendente de alguns dos grandes movimentos reivindicatórios (e não anômicos ou irracionais) da história americana, como a democracia agrária, o populismo e o progressismo.
7. Do comitê organizado pelo Fundo pela República para orientar e acompa-

1954 foi o auge da histeria macarthista —, mas creio essencial inserir aqui alguns elementos indicativos da seriedade e qualidade desse trabalho. A espinha dorsal do projeto foi uma pesquisa de opinião em nível nacional, envolvendo entrevistas junto a quase 6 mil cidadãos. Para possibilitar rigorosos testes de consistência interna e a fim de evitar a utilização de entrevistadores menos capacitados, as entrevistas foram encomendadas não a um, mas a dois dos mais conceituados institutos de pesquisa da época: o American Institute of Public Opinion (Gallup Poll) e o National Opinion Research Center, uma organização sem fins lucrativos associada à Universidade de Chicago. Um dos subprodutos práticos do projeto foi um substancioso roteiro para a utilização dos resultados por quaisquer instituições interessadas em combater excessos anticomunistas suscetíveis de se transformar em ameaças às garantias constitucionais e às liberdades democráticas.

Quanto aos resultados substantivos, reproduzo abaixo a síntese de Stouffer (1954, pp. 220-1):

> Não encontramos evidência alguma de que o país como um todo esteja tremendo de pavor ou sofrendo de uma ansiedade neurótica em razão da ameaça comunista interna. Os sintomas clínicos são mais indicativos de uma dieta deficiente que de uma doença, propriamente. O cardápio que as pessoas têm sobre a mesa é um conjunto de informações vagas e distorcidas acerca do perigo comunista. Elas tendem a exagerar eventuais conversões de americanos ao comunismo e têm pouca familiaridade ou preocupação com os

---

nhar a execução do projeto participavam, além do próprio Stouffer, Elmo Roper e Paul Lazarsfeld, "feras" da pesquisa quantitativa; Alexander H. Leighton, professor de antropologia em Cornell; Porter R. Chandler, promotor em Nova York; Roscoe Drummond, chefe do bureau de Washington no *New York Herald Tribune*; Frank Stanton, presidente do Columbia Broadcasting System; e Logan Wilson, presidente da Universidade do Texas.

efeitos maléficos que podem resultar de reações (exageradas) a riscos que de fato existem. Há grandes forças sociais, econômicas e tecnológicas trabalhando no sentido de expor uma parcela crescente da população à ideia de que "pessoas diferentes de mim, com valores diferentes dos meus, podem ser boas pessoas também". Esta não é a única condição da tolerância, mas é uma condição necessária. É um primeiro passo para o reconhecimento de que o respeito aos direitos civis de pessoas que pensam diferente de nós é uma coisa boa para o país.

Soberania popular e democracia

No entreguerras, a falta de uma formulação adequada da noção de soberania popular deixou a democracia liberal vulnerável a certos questionamentos por parte das ideologias antiliberais então ascendentes. O próprio Abraham Lincoln soava ingênuo. Depurada de seu contexto retórico, a ideia de um "governo do povo, pelo povo e para o povo"[8] parecia imputar a todos os cidadãos uma capacidade política jamais observada em qualquer país. Pior ainda era a sugestão de que os governos democráticos têm como tornar diretamente aplicável o postulado filosófico do "bem comum".

Tais equívocos haveriam de ser explorados, como efetivamente foram, desde as primeiras décadas do século XX, por ideólogos de esquerda e de direita. Cabe aqui lembrar que as teorias "elitistas" de Pareto, Mosca e outros foram apropriadas e disseminadas *urbi et orbi* pelos movimentos fascistas. Em sua modalidade

---

8. Consistente e valiosa no plano retórico-normativo, tal proposição torna-se obviamente problemática quando entendida no sentido empírico-descritivo. Outra linha importante de questionamento seria a proveniente da sociologia política teoricamente muito mais robusta de Max Weber e de sociólogos influenciados por ele, como Robert Michels.

mais séria, tais teorias apenas afirmavam que a distinção entre governantes e governados, líderes e massas, existia em todos os sistemas políticos conhecidos.[9] O problema é que mesmo essa argumentação rasa transmitia uma imagem mais realista da vida política que o discurso açucarado de muitos autores liberais.

O divisor de águas nessa discussão seria o livro *Capitalismo, socialismo e democracia,* de Joseph Schumpeter, publicado em 1942; uma solução, como veremos, não isenta de problemas.[10] Dono de uma imensa bagagem em teoria econômica, admirador de Marx, esse austríaco de nascimento não disfarçava um conservadorismo por vezes rombudo, certamente absorvido no convívio com a tradição Realpolitik de pensamento. Seu biógrafo, Allen (1995, pp. 681-2), oferece um bom resumo da reflexão schumpeteriana:

> Apesar da persistência das doutrinas filosóficas do século XVIII na mente popular e na retórica política, Schumpeter via o bem comum como um fantasma que assumia significados diferentes para pessoas e grupos diferentes em diferentes épocas. Entendia, pois, que o papel do povo na democracia é o de produzir um governo que funcione, não o de aspirar a algum ideal sublime de bem comum. O que sua teoria tomava como importante era a competição pela liderança política. Dois ou mais líderes declaram-se capazes de representar os interesses dos grupos sociais e de reconciliar as dife-

---

9. Com o twist fascista, os líderes passaram a ser apresentados como *condottieri* heroicos e as massas como aglomerados ignorantes, irracionais e incapazes de agir por iniciativa própria.

10. Em que pese o questionamento que farei a seguir, não acompanho em toda a sua extensão a crítica de autores como Carol Pateman (1970), Bachrach (1967), McPherson (1973) e outros, que propugnaram por uma visão da democracia fundada direta e exclusivamente em valores. McPherson (p. 78), por exemplo, rejeita a própria *démarche* teórico-empírica de Schumpeter, que ao ver dele reduz a democracia de uma aspiração humanista a um sistema de mercado em equilíbrio.

renças. O povo escolhe um deles. Nesse sentido, "o método democrático é aquele sistema institucional em que certos indivíduos, almejando assumir o poder na condição de decisores políticos, adquirem tal poder por meio de uma luta competitiva pelo voto popular". Assim compreendida, a democracia é apenas um meio para a tomada de decisões; uma técnica incruenta e falta em virtude. Nada tem a ver com a substância, a natureza, a qualidade e o mérito (ou falta deles) das decisões políticas ou de decisões de qualquer outro tipo.

Entendamo-nos, primeiro, quanto à distância em que Schumpeter se situa relativamente às especulações antiliberais. As elites que ele postula são dois ou mais grupos de políticos profissionais que disputam o poder através do voto; nada a ver, portanto, com a elucubração fascista a respeito de elites supostamente superiores devido a uma maior aptidão para a chefia ou a atributos fixos, como a raça. Outra diferença básica é que Schumpeter toma a engrenagem eleitoral como um parâmetro, atribuindo-lhe explicitamente a função de transmitir o sentimento popular aos grupos que competem pelo poder e implicitamente a de demarcar o espaço da democracia em relação ao de regimes não democráticos. No entanto, como antecipei, a solução schumpeteriana permanece insatisfatória em certos aspectos. No afã de reduzir a democracia a "um simples método", ele acertadamente descarta a ilusão aristotélica de um "bem comum" objetivamente dado, mas joga fora o bebê com a água do banho ao relegar à categoria de fatores exógenos tudo o que diga respeito a escolhas, objetivos e prioridades na vida política. Assim, ficamos sem saber por que as elites contendoras estabeleceram e mantêm o próprio sistema democrático; por que aceitam as regras do jogo eleitoral e acatam seus resultados; e o que fazem com o poder após havê-lo conquistado. Os objetivos saem de cena, Aristóteles não há mais, mas que diferença há entre o que restou da política e um simples jogo de cabra-cega?

A segunda dificuldade tem a ver com os eleitores. Na perspectiva minimalista em que se situa, Schumpeter acaba vendo-os como um agregado uniforme, incapaz de se manifestar de uma forma inteligente sobre o desempenho do governo que se retira ou sobre objetivos que o próximo deva implementar, e menos ainda, é claro, sobre valores ou ideologias que possivelmente os levam a adotar determinada política e não outra. Mas, se assim é, os analistas dos processos eleitorais perdem seu tempo pesquisando a eventual influência de avaliações econômicas, ideológicas ou morais nas escolhas dos cidadãos? O problema, já se vê, é que Schumpeter resvala para uma visão elitista — não direi equivalente às antes dele propugnadas por teóricos autoritários —, mas elitista *quand même.*

DO VIETNÃ AO ONZE DE SETEMBRO

O marxismo, como já se notou, ganhou certa importância nos anos 1930, devido à Grande Depressão, mas perdeu apoio no meio intelectual à medida que as realidades do totalitarismo soviético se tornavam conhecidas. No segundo pós-guerra, nas universidades, ele se manteve presente de uma forma contínua, mas numericamente pouco expressiva; entre os nomes mais conhecidos incluíam-se os dos economistas Paul Baran e Paul Sweezy (ambos muito divulgados no Brasil). Nos anos 1960, a intensidade dos conflitos raciais e os protestos contra a guerra no Vietnã criam condições para o crescimento da militância de esquerda a partir dos campi universitários. Surgem organizações como a Students for a Democratic Society (SDS), e intelectuais como Chomski e

Angela Davis, ela com um perfil comunista bem definido, ganham renome dentro e fora do país.

Jacoby, como antes registrei, jeremiava a respeito da suposta perda de uma geração intelectual no tempo da guerra no Vietnã; sua hipótese era que a geração jovem teria sido deglutida pelo insosso labirinto da vida universitária. Deixando de lado sua maior apreciação por comunidades intelectuais do tipo intelligentsia que pelo academicamente centrado, creio que uma pesquisa realizada por Kadushin (2006, pp. 30-1) junto a 172 intelectuais fornece uma explicação mais adequada da não renovação da intelectualidade americana. Intrigado, Kadushin também constatou a inexistência de "jovens" ou "novos nomes" entre os setenta intelectuais de maior prestígio; estreantes eram tão raros na direita como na esquerda.[11] Creio caber aqui uma outra linha de argumentação. Numa época de debates tão candentes, é natural que os maiores intelectuais queiram ser ouvidos e que o público esteja ávido pela palavra deles; poderia tal época ser propícia ao surgimento de novos intelectuais? No plano nacional, mesmo um sistema intelectual grande e diversificado como o dos Estados Unidos haveria de estar congestionado, e é isso, a meu juízo, o que a pesquisa de Kadushin de fato evidencia.

De uma forma análoga ao que se tem observado na América Latina, a condutibilidade atmosférica do marxismo aumentou, em vez de diminuir, após a crise do marxismo ortodoxo e a debacle do "socialismo real" a partir da URSS. "O marxismo pode estar

---

11. Daniel Bell capitaneava os setenta mais renomados, vindo a seguir nomes como Noam Chomsky, John Kenneth Galbraith, Mary McCarthy, Norman Mailer, Susan Sontag, Hannah Arendt, Saul Bellow, Richard Hofstadter, Herbert Marcuse, Daniel Patrick Moinihan, David Riesman, Arthur Schlesinger Jr., Eugene Genovese, Michael Harrington, Walter Lippman, Marshall McLuhan, Hans Morgenthau, Isaiah Berlin, Nathan Glazer, George Kennan, Seymour Martin Lipset, Robert K. Merton, Franz Schurmann e outros de igual calibre.

desacreditado na Europa do Leste, mas em Harvard ele parece florescer", escreveu em 1990 o Prêmio Nobel M. F. Perutz (citado por Lipset, 1996, p. 186). Em grande parte, o que explica tal fenômeno parece-me ser a troca do rude casaco leninista por bem cortados ternos italianos e franceses, mais ao gosto de Gramsci e Foulcaut.[12] Aos olhos dessa nova esquerda acadêmica, correntes de pensamento, professores e livros conservadores, ainda que moderados, tornaram-se "politicamente incorretos". Quer tal tendência se limite ou não às universidades e comprometa ou não a qualidade da produção acadêmica, fato é que o "desconstrucionismo" foucaultiano, a onda da "correção política" e uma variedade de radicais livres aparentados ao marxismo parecem ter se agrupado numa forma de pensar com alto potencial de intolerância. Claro, num país intelectualmente diversificado e denso como os Estados Unidos, o contraveneno não tarda a aparecer. Nos anos 1970, na perspectiva da esquerda, um dos primeiros a chamar a atenção para a serpente que começava a chocar seus ovos no âmbito acadêmico foi Noam Chomski:

> Uma herança do liberalismo clássico que precisamos manter com incessante vigilância, dentro e fora das universidades, é o compromisso com o livre intercâmbio de ideias. A partir do momento em que a coerção é reconhecida como legítima, não cabe dúvida contra

12. Numa matéria sobre a convenção anual da Modern Language Association, o jornalista John Leo (citado por Lipset, 1996, p. 186) escreveu que essa grande organização, uma das maiores dos Estados Unidos nas humanidades, com 32 mil membros, agora "vê a literatura ocidental [...] como a expressão ideológica da dominação masculina". A orientação geral da conferência, ele acrescenta, é uma forma vulgar de marxismo para a qual — quer o reconheçamos ou não — tudo o que fazemos ou dizemos reforça nossos interesses ideológicos. "Mostrar que a literatura expressa os interesses da classe dominante é como [essa] esquerda concebe seu trabalho".

quem ela será usada. Legitimar a coerção como princípio equivale a destruir a universidade [...].

Em 1989 foi a vez de Todd Gitlin, um ex-líder estudantil ligado à SDS e então professor de sociologia em Berkeley. "Uma grande parte da esquerda acadêmica exala uma azeda intolerância", ele declarou. Sua posição foi endossada em 1992 por Paul Berman, um intelectual socialista: "se a intolerância está azeda numa parcela do professorado, está muito pior entre seus alunos, sobretudo entre os de esquerda".[13]

Ao mesmo tempo que a estrutura política democrática e o apreço pela ordem delimitam os comportamentos admissíveis e coíbem a violência, os princípios liberais de liberdade, igualdade e justiça favorecem a tolerância e o convívio com as diferenças. Mas é óbvio que nenhum país é imune a complicações de origem interna ou externa. Nos setenta anos decorridos desde a Segunda Guerra, o enorme envolvimento internacional dos Estados Unidos tornou-o muito mais poroso a influências potencialmente disruptivas na esfera doméstica. Não se trata de um problema conjuntural ou cíclico, e sim permanente. Os conteúdos e contextos mudam, mas a política externa americana sempre dará margem a ambiguidades e clivagens ideológicas muito mais intensas que a de qualquer outro país.

A América Latina — embora a política americana tivesse incidido de forma desestabilizadora em várias ocasiões, inclusive fomentando golpes de Estado — só entrou no radar da opinião pública americana a partir do caso chileno de 1973 — um golpe sangrento que resultou na morte do próprio presidente. Não se requer especial argúcia para imaginar quão mais complexo todo esse quadro se tornou a partir do Onze de Setembro e, dez anos

---

13. Chomsky citado por Lipset (1996, p. 207); Gitlin e Berman também (p. 204).

depois, dos episódios Wikileaks e Snowden. Por maior que seja sua eventual simpatia pela causa islâmica, nenhum intelectual sério subestima ou se ilude a respeito do terrorismo e da Al--Qaeda. Mas é também certo que as ações de combate ao terrorismo têm dado margem a apreensões justificadas, devido a excessos cometidos no exterior, como em Abu Graib, e no próprio país, com a implantação de um extenso serviço de monitoramento de atividades e comunicações, com evidente risco para as liberdades civis.

CONCLUSÃO

Neste capítulo me esforcei por traçar o crescimento das comunidades intelectuais americanas ao longo da história. Numa visão de conjunto, parece-me fora de dúvida que o padrão histórico dos Estados Unidos é o de uma verdadeira "revolução cultural"; não uma revolução maoista, trotskista ou bolivariana, evidentemente, mas uma transformação impulsionada pelos traços liberais da sociedade. Nesse sentido, creio ser útil retomar uma das interrogações sugeridas no início: como se explica a vertiginosa expansão da vida cultural americana no século XX, partindo de bases extremamente modestas no século XIX? Penso que tal evolução se explica por três fatores principais.

O primeiro é sem dúvida o caráter liberal da cultura e do sistema político. Graças a ele, e à epistemologia que o fundamenta, qualquer linha de estudo percebida como relevante é rapidamente desenvolvida e aprofundada. As universidades vão à luta: contratam os melhores professores ao alcance de seus recursos e lhes oferecem condições de trabalho adequadas, sem ser tolhidas por restrições corporativistas ou por um emaranhado burocrático semelhante ao que paralisa as instituições de ensino superior em toda a América Latina.

Em segundo lugar, o formidável contingente de pessoal altamente qualificado que se constituiu a partir das primeiras décadas do século XX e se concentrou cada vez mais nas universidades, em *think tanks* e noutros tipos de organização; recorde-se que uma parcela qualitativamente muito importante desse contingente compunha-se de imigrantes europeus fugitivos do nazismo.

Terceiro, o tremendo enriquecimento do país, em particular após a aceleração industrial das últimas décadas do século XIX.

Quero crer, no entanto, que esses três fatores funcionaram tão bem justamente porque ocorreram na sequência indicada. Sem o dinamismo, a flexibilidade e o espírito empresarial que apontei no primeiro ponto, a capacidade de atrair, de fixar e de bem aproveitar um número tão grande de talentos formados em outros países teria sido evidentemente muito menor. O terceiro fator — a riqueza — ratificou, consolidou e possibilitou a expansão da estrutura constituída com base nos dois primeiros elementos.

7. Brasil: Momentos do liberalismo e do autoritarismo

INTRODUÇÃO

A história das ideias políticas brasileiras do século XX pode ser dividida em três etapas, em conformidade com as "conjunturas críticas" que sugeri no capítulo 3: a "construção do Estado", da proclamação da República até a Segunda Guerra; a "industrialização" — coincidindo com a reimplantação do regime liberal--democrático — do segundo pós-guerra até 1964; e a "tematização da democracia", de 1964 a 1988. Recordo que essa periodização se baseia em focos sucessivos de atenção intelectual, devendo por isso ser entendida num sentido mais heurístico que cronológico.[1]

1. Na Alemanha e na Rússia, como vimos, o advento da democracia aconteceu muito tempo após a construção do Estado e a industrialização. Nesse aspecto, o caso brasileiro mantém certa semelhança com o dos Estados Unidos; lá o Estado e o regime representativo começam a se configurar no fim do século XVIII, um século antes da aceleração industrial, o mesmo tendo acontecido no Brasil. Naturalmente, a aproximação com os Estados Unidos precisa ser qualificada por ter o sistema democrático brasileiro sofrido duas rupturas importantes: uma comple-

As questões-chave da primeira etapa são a contestação à Constituição de 1891 e a ascensão de um antiliberalismo aparentado ao fascismo. De fato, ao instituir um Estado federativo e representativo, a primeira Constituição republicana manteve o espírito liberal da Carta Monárquica de 1824; as reações monarquistas foram intelectualmente moderadas, mas as antifederalistas e antiliberais foram exacerbadas. Dessa forma, as próprias bases constitucionais da Primeira República foram colocadas no centro de uma luta ideológica entre correntes liberais e antiliberais que se estenderia até depois da Segunda Guerra.

Na segunda fase, de 1945 ao golpe militar de 1964, os avatares da história das ideias políticas trazem para o primeiro plano, em aguda contraposição, o nacional-desenvolvimentismo e o udenismo. O nacional-desenvolvimentismo não era necessariamente antidemocrático, mas inclinava-se a avaliar o regime representativo-democrático pelo prisma de sua funcionalidade para o crescimento econômico, não como um fim em si mesmo; o udenismo era em tese liberal-democrático, mas sua relutância em reconhecer como legítimos os remanescentes da ditadura varguista de 1937-45 — a começar pelo próprio Getúlio Vargas — tornava-o ambíguo, para dizer o mínimo, em relação às regras do jogo. O convívio entre essas duas correntes seria tenso em qualquer hipótese, mas tornou-se abertamente conflituoso devido aos efeitos internos da Guerra Fria e a outros fatores que mencionarei adiante.

A terceira fase — do golpe de 1964 aos dias de hoje — tem como foco a tematização do regime democrático. Para os fins

---

ta — os nove anos da ditadura getulista (1937-45) — e uma parcial — os 21 anos do regime militar (1964-85). Acrescento que o aspecto predominante neste estudo é o institucional; a qualidade efetiva de uma democracia e mais ainda suas conexões com a estrutura social subjacente são problemas de outra natureza. Sobre esses pontos, ver Lamounier (2005).

deste trabalho, o ângulo de análise mais frutífero parece-me ser a manutenção parcial pelos militares do marco constitucional — em particular das regras, do calendário e da maquinaria atinentes ao processo eleitoral — vigente no pré-1964. Esse quadro de referência ajuda a compreender por que um traço fundamental desta fase viria a ser a concentração de uma ampla aliança num partido de oposição capaz de usar o processo eleitoral como uma alavanca para exigir o retorno ao regime civil. Alcançado tal objetivo, diversas tendências intelectuais e políticas passaram a competir entre si com vistas à especificação dos conteúdos da futura democracia.

A CONSTRUÇÃO DO ESTADO CONTRA A CONSTITUIÇÃO DE 1891

Na primeira etapa, como assinalei, o essencial a destacar é a expansão do antiliberalismo, resultante de uma conjugação de fatores externos e internos. No plano externo, a difusão mundial de ideias protofascistas (precedendo de muito o fascismo propriamente dito, que se configura a partir da marcha de Mussolini sobre Roma em 1922), e do marxismo, cujo prestígio aumentou muito após a Revolução Russa de 1917. No plano interno, a agitação de ideias relacionada à crítica ao modelo constitucional de 1891, propondo substituir a organização federativa e liberal por um modelo centralizado e autoritário.

Um dos componentes mais importantes da mencionada fermentação antiliberal, como já se notou, foi o protofascismo, uma matriz ideológica não só autoritária mas notavelmente fantasiosa. Esquematicamente, podemos compactá-la num template constituído por cinco pontos principais. Trata-se, primeiro, no plano do conhecimento, de um holismo, isto é, uma tendência arbitrária a abordar os objetos que se deseja conhecer como totalidades anteriores e mais consistentes que as partes de que são compostos. Segundo, uma divinização do Estado: eternamente vigilante, cumpre-lhe contrarrestar a intrínseca malignidade das partes individuais ou grupais que pelejam entre si e contra o interesse geral e a nação. Terceiro, o protofascismo implica uma visão organicista e historicista da história: como uma planta ou um animal, o Estado é um ser vivo, não uma máquina, que pode ser desmontada, ter componentes substituídos e remontada. Como organismo histórico, cada Estado contém na origem sua identidade e tudo o que importa a seu futuro desenvolvimento; daí o risco martelado *ad nauseam* pelos teóricos protofascistas do transplante de mecanismos institucionais resultantes de uma longa evolução para uma cultura ou organismo nacional diferente. Trata-se, em quarto lugar, de uma fantasia demiúrgica sobre o poder político; na plenitude de seus atributos (ideológicos, morais etc.), o Estado é um *ab-solutus*: não negocia, não "faz política", não transaciona nem tergiversa com as "parcialidades" sociais. Autônomo e invulnerável, ele cumpre com energia a missão que lhe é própria, a de impor a vontade geral, imediatamente e contra quaisquer resistências. Um Estado bem organizado não se deixa condicionar: é um ente de pura vontade, livre para escolher e agir como lhe apraz. Quinto e último, mas não menos importante: o protofascismo é um anti-institucionalismo. De fato, institucionalizar o demiurgo da nação é uma virtual impossibilidade, um contrassenso conceitual; quando constitucionalistas utópicos resolvem ignorar as realidades práticas da vida política e lhe amarram as mãos, o que invariavelmente fazem é robustecer e multiplicar as parcialidades malignas que habitam seu interior.

Se o Estado republicano de 1891 não funciona, é porque não está bem organizado; se está mal organizado, é porque os constituintes de 1890-1 erraram em suas escolhas, por ignorância das realidades do país, por uma mania de copiar leis estrangeiras ou, sintetizando e piorando tudo isso, por estarem imbuídos da ideologia liberal. Dos primeiros dias da República até os anos 1950, foi esse o diapasão do ataque protofascista ao liberalismo democrático. Apesar da ampla difusão de um pensamento indigente como o sumariado no parágrafo anterior, as ideias políticas desenvolveram-se entre nós com um razoável vigor, merecendo comparação favorável em termos de qualidade e criatividade com as de diversos países mais bem dotados em recursos. Lembremos que a primeira universidade, a do Rio de Janeiro, só veio a ser implantada em 1920; àquela altura o Brasil contava com pensadores políticos do calibre de Joaquim Nabuco, Rui Barbosa e Euclides da Cunha. Do ponto de vista da tradição que começava a se constituir, alguns dos próprios ideólogos antiliberais devem ser considerados precursores relevantes. O fato de um escritor de grande prestígio como Oliveira Vianna se autodenominar sociólogo parece ter facilitado a aceitação da ideia de uma ciência da sociedade, bem como a posterior implantação das ciências sociais nos currículos universitários e a legitimação dos cientistas sociais como protagonistas regulares no debate público. Validando a busca de explicações na estrutura social e não na ordem jurídico-política, o protofascismo casava-se à perfeição com o marxismo e com a embrionária sociologia então existente, insegura de seu status vis-à-vis às escolas de direito. Disso decorria uma consequência negativa, evidentemente: a redução do pensamento liberal e da reflexão democrática à condição de abordagens "meramente formais". Nesta ótica, Rui Barbosa, Assis Brasil, o Santiago Dantas pós-45, Afonso Arinos e Victor Nunes Leal passaram a ser vistos como pensadores de menor categoria.

A intelectualidade dos anos 1950 continuaria naturalmente a contar com muitos letrados individuais — sociólogos, antropólogos, historiadores e juristas, mas também economistas, entre os quais não tardariam a aparecer com grande destaque vários nomes provenientes da engenharia e das ciências exatas. Entre os que começaram a assumir posições docentes de nível superior logo após a Segunda Guerra, o mais comum era haverem concluído o bacharelado em instituições brasileiras de criação recente: caso do historiador Francisco Iglésias, diplomado pela Universidade de Minas Gerais em 1944; do sociólogo Florestan Fernandes, diplomado pela Faculdade de Filosofia, Ciências e Letras da USP, em 1945; da socióloga e historiadora Maria Isaura Pereira de Queiroz, formada também pela USP, em 1949; e do antropólogo Darcy Ribeiro, formado pela Escola de Sociologia e Política de São Paulo em 1946. Nessa época, o professorado universitário incluía autodidatas, muitos dos quais se consagrariam nas áreas a que se dedicaram. Um bom exemplo é o do historiador Caio Prado Jr., bacharel em direito pela Faculdade do Largo de São Francisco de São Paulo em 1928, que viria a se dedicar basicamente à história econômica. Da mesma forma, o engenheiro Eugênio Gudin, autodidata em economia, que se tornou o nosso primeiro grande especialista em economia monetária. Outro grande especialista nessa área, Mário Henrique Simonsen, teve um quê de pitoresco em sua carreira. Engenheiro de formação, ele fez um curso noturno de economia para poder assinar pareceres técnicos sem ser aborrecido pelo órgão fiscalizador. Mais tarde ele fundaria a Escola de Economia da FGV-RJ e se tornaria uma referência fundamental no ensino universitário da ciência econômica.

Autodidatas não foram, no entanto, Otávio Gouveia de Bulhões, Celso Furtado e Maria da Conceição Tavares. Bulhões bacharelou-se em ciências jurídicas e sociais no Rio de Janeiro e em seguida cursou uma especialização em economia na America University, em Washington. Celso estudou direito no Rio de Janeiro e fez pós-graduação em economia em Paris. Conceição Tavares, portuguesa de nascimento, formou-se em matemática em Lisboa, naturalizou-se brasileira em 1957, matriculando-se nesse mesmo ano na Faculdade de Economia da Universidade Federal do Rio de Janeiro, onde estudou com Otávio Bulhões e Roberto Campos.

INDUSTRIALIZAÇÃO, NACIONALISMO E DEMOCRACIA: AMBIGUIDADES DO PENSAMENTO NO PERÍODO 1946-64

No segundo período, o liberalismo político e o nacional--desenvolvimentismo firmam-se como os dois veios ideológicos principais; apresentam-se como dois conjuntos estanques, espelhando com exatidão a rigidez das divisões políticas subjacentes. Há entre ambos uma forte oposição, *ça va sans dire*, mas o que mais impressiona é a desconexão, a inexistência de diálogo ou superposição; os dois *talk past each other*, se posso recorrer aqui à boa expressão inglesa. O primeiro tem como fulcro a democracia, restabelecida pela Constituição liberal de 1946; o segundo, o crescimento econômico e a industrialização.[2] O potencial de expansão dos dois conjuntos é desigual. Inclinado ao liberalismo, o primeiro apresenta-se estático senão declinante no que concerne à quantidade e qualidade de seu embasamento social. O segundo, inclinado em certa medida ao antiliberalismo, embora demonstrasse capacidade de crescimento em termos quantitativos, não chegaria a traduzir tal vantagem numa estratégia política e econômica consistente, como veremos adiante. Entre os dois, uma escolha trágica, sem nenhuma dúvida.

A guerra forçara a elite governamental brasileira a ponderar

2. O nacional-desenvolvimentismo foi um amplo esforço de mobilização ideológica concebido com o objetivo de apoiar a industrialização substitutiva de importações. No Brasil, ele reuniu trabalhistas remanescentes do getulismo, comunistas e a nascente intelligentsia de esquerda, o que lhe valeu o rechaço dos liberais antigetulistas e certa indiferença ou desconfiança por parte de alguns núcleos de cientistas sociais, notadamente os de São Paulo.

os problemas presentes e futuros da economia (Wirth, 1970) e a tomar algumas iniciativas industriais relevantes, como a de implantar a usina siderúrgica de Volta Redonda. Em 1944-5, num debate que se tornaria célebre, o protecionismo industrial de Roberto Simonsen teve mais repercussão que as teses intelectualmente muito mais articuladas de Eugenio Gudin — uma clara evidência de que um nacionalismo autarcista ganhara terreno entre os setores capazes de influenciar a política governamental.

O crescimento deflagrado nos anos 1930 derivou seu dinamismo inicial da integração do espaço econômico interno, antes um arquipélago de regiões econômicas desconectadas entre si, e da incorporação de um grande contingente de mão de obra barata. A etapa subsequente seria a chamada industrialização por substituição de importações (ISI), um modelo que reclamava uma forte intervenção empresarial e regulatória do Estado na economia.

O gradativo predomínio do antiliberalismo sobre o liberalismo decorreu de um fator externo — a Guerra Fria — e de uma forte polarização política no plano interno. Alçados à condição de superpotência, os Estados Unidos logo se viram disputando espaços políticos e militares no mundo inteiro com o também portentoso bloco constituído pela URSS e seus satélites no Leste Europeu. Por toda parte, a Guerra Fria atropelou equilíbrios políticos domésticos e acarretou tensões ideológicas profundas; na América Latina ela agravou as divisões políticas internas de cada país, com especial intensidade a partir da Revolução Cubana de 1959. O Brasil não fugiria à regra; entre nós tal processo enrijeceu ainda mais o antagonismo entre getulistas e antigetulistas e dividiu os principais partidos políticos, com efeitos extremamente perniciosos na vida intelectual e no funcionamento da renascente democracia.

A ditadura Vargas começou a acabar em 1943, quando o Manifesto dos Mineiros quebrou a censura, reclamando o restabelecimento do Estado de Direito e da democracia. Em outubro de

1945, os comandantes militares havia pouco retornados da Itália vão ao ditador e exigem eleições (Brandi, 1985); a nova Constituição é promulgada em setembro de 1946. As tensões políticas imediatas deviam-se sobretudo, como assinalei, às sequelas da ditadura; essas, já de difícil manejo pelos ódios de que eram portadoras, tornar-se-iam explosivas em razão de dois fatores supervenientes: a vitória do ex-ditador nas eleições presidenciais de 1950 e seu suicídio em agosto de 1954. O suicídio produziu um impacto adicional nas tensões políticas, estruturando-as e simbolizando-as em termos de esquerda × direita, progressistas × reacionários, nacionalistas × entreguistas, desenvolvimentistas industrializantes × defensores de um país "essencialmente agrícola" etc. O suicídio causou uma virtual sacralização da figura de Getúlio entre seus milhões de adeptos, reciclando um capital político quiçá fadado ao declínio; desse ponto em diante a polaridade getulismo × antigetulismo passa a demarcar com a mais absoluta clareza duas alianças políticas, dois campos ideológicos e até mesmo — nos estratos menos escolarizados — o que se pode apropriadamente designar como duas "mentalidades".

Pressentindo a eternização de seu status minoritário, a UDN, eixo partidário do antigetulismo, deixa-se cada vez mais comandar por sua ala golpista. Na classe média das cidades grandes, ela parecia ter bastante apoio — na do Rio de Janeiro, com certeza. Nas pequenas cidades do interior e nas áreas rurais, suas bases não se distinguiam das do Partido Social-Democrático (PSD). Pelo ângulo das profissões, um traço característico da UDN era sua associação com a comunidade jurídica; não dispomos de dados para fazer uma avaliação quantitativa, mas tudo faz crer que o udenismo predominava entre os juristas de orientação liberal e nas principais faculdades de direito.

No pós-45, a questão do Estado apresenta-se de uma forma muito diferente da que havia prevalecido no período anterior.

Não se trata mais de "construção do Estado" no sentido genérico que dei anteriormente ao termo; o que se discute é se o poder central dispõe da autonomia e da funcionalidade necessárias para planejar a economia e impulsionar a industrialização. Por este caminho, o pensamento nacional-desenvolvimentista transmutava-se, *malgré soi*, numa mística tecnocrática, avessa e no limite hostil ao jogo democrático.[3] Do ponto de vista do "interesse nacional", o que verdadeiramente importava era uma máquina de Estado imune às demandas e pressões presentes na realidade social. No âmago dessa forma de pensar reluzia, portanto, a velha aspiração de Augusto Comte: a ideia de um sistema político sem política.

Por volta de 1960, um processo de radicalização ganhava corpo na América Latina; no Brasil, um impulso crucial nessa direção foi a renúncia de Jânio Quadros, que levou ao interdito a Jango, à reação do então governador Leonel Brizola no Rio Grande do Sul e à polarização que desembocaria no golpe de 1964. Àquela altura, a palavra "revolução" tornara-se moeda corrente — com uma ambiguidade calculada para também denotar a transformação estrutural da sociedade em função do desenvolvimento econômico. Nas universidades, a esquerda crescia mais que a direita, mas esta mantinha uma presença organizada e vocal. Nas ciências sociais, com a aparente exceção do Rio de Janeiro, o corpo docente universitário ainda não pendia perceptivelmente para a esquerda, como viria a acontecer mais tarde.

---

3. Seria um despropósito generalizar que todos os desenvolvimentistas se opunham à democracia em geral ou ao regime democrático então vigente no Brasil. O que sugiro é que eles não abordavam diretamente a questão do regime e das instituições, alguns porque de fato tendiam a uma visão tecnocrática e antipolítica, outros porque preferiram deixar a questão em segundo plano em vista das prioridades econômicas ou do próprio acirramento da luta política, como explicarei em seguida.

Pilares do nacional-desenvolvimentismo

Celso Furtado, Hélio Jaguaribe, o Instituto Superior de Estudos Brasileiros (Iseb) e a *Revista Civilização Brasileira* são quatro pilares fundamentais para o estudo do nacional-desenvolvimentismo. Discorrer sobre a projeção intelectual de Celso Furtado é chover no molhado. Basta lembrar que sua *Formação econômica do Brasil*, obra de 1958, foi a bíblia de sucessivas gerações universitárias e que, entre os economistas e cientistas sociais brasileiros, ele foi o que alcançou o maior prestígio internacional, ao lado de Fernando Henrique Cardoso. No campo da economia do desenvolvimento, sua produção foi extensa e muito influente. Como ator político, teve dois momentos fundamentais. No final dos anos 1950, foi o artífice da implantação da Superintendência do Desenvolvimento do Nordeste (Sudene). Em 1963-4, como ministro do Planejamento, tentou ser uma voz ponderada, atuando contra a radicalização ideológica em curso — sem êxito. Seu pensamento político só agora começa a ser estudado. Vera Alves Cepêda argumenta que, ao contrário do que muitas vezes se supõe, ele deu muita atenção às variáveis políticas. Por sua vez, Mauro Boianovsky, num minucioso levantamento da obra furtadiana desde a juventude, mostra que a preocupação de Celso Furtado com o desenvolvimento ganhou forma, inicialmente, através do contraste entre o Brasil e os Estados Unidos: o "sucesso" deles e nosso correspondente "fracasso" em nos tornarmos um país desenvolvido. Nos escritos anteriores a 1950, período em que fez seu doutorado em Paris, Celso Furtado mostrava-se vivamente interessado nas instituições e nos valores políticos dos Estados Unidos, isto é, na importância da democracia liberal e do individualismo.

Quanto ao Brasil, é fácil perceber que, à parte os fatores propriamente econômicos, o eixo interpretativo de Furtado concentrou-se cada vez mais nos "grilhões do passado", ou seja, no papel condicionante da estrutura latifundiária e patriarcal, uma formação sociopolítica que ao ver dele teria impedido tanto o desenvolvimento como a democracia. Essa ênfase cresceu *pari passu* com sua visão rigorosamente dualista da economia brasileira. A ótica dualista atribuía um alto peso estratégico à modernização da agricultura voltada para o abastecimento interno. O nó górdio a ser cortado era o alto custo dos bens alimentícios para a população urbana; sem reduzi-lo substancialmente, não haveria como integrar o vasto contingente populacional de baixa renda ao mercado interno. Impunha-se, pois, uma reestruturação do uso ou da propriedade da terra — ou de ambos. No Nordeste, a lavoura canavieira combatia com unhas e dentes qualquer remanejamento que liberasse espaço para a produção de gêneros, e até esquemas de irrigação que escapassem ao controle político dos grandes proprietários. Assim, a superação do subdesenvolvimento só se tornaria viável a partir do momento em que a parte "moderna" do país suplantasse *econômica e politicamente* a parte "tradicional". Este postulado deixou sua marca tanto na ação política quanto nas análises conjunturais de Celso Furtado.[4]

No plano da ação, suas tentativas de se apresentar como um moderado parecem não ter surtido efeito. Apesar de sua estatura intelectual e técnica, ele teve dificuldades para encarnar o papel de um reformista de centro na criação da Sudene e não o conseguiu

---

4. A convicção dualista de Celso Furtado configurou-se, salvo melhor juízo, em parte sob a influência da Comissão Econômica para a América Latina (Cepal), da ONU, e em parte devido a certa tendência a ver todo o Brasil pela ótica do Nordeste. É também oportuno lembrar que ele sucedeu a Roberto Simonsen no papel de profeta da industrialização; nessa capacidade, assumiu por inteiro a perspectiva da industrialização substitutiva de importações preconizada pela Cepal. Penso que tal profetismo — e não só seu entendimento dos requisitos econômicos do crescimento — levou-o a advogar sem os devidos matizes a necessidade de reformas estruturais prévias à aceleração do crescimento industrial.

em nenhum momento como ministro do governo João Goulart. Em ambos os casos, penso que seu diagnóstico econômico exageradamente dualista — implicando a necessidade de reformas estruturais imediatas e profundas — trabalhou contra a linha realista e ponderada pela qual ele explicitamente tentou se pautar. E nem preciso lembrar que os fatos evocados se passaram no contexto da Guerra Fria e da discutida polarização ideológica interna. Furtado, como já se notou, convencera-se de que os percalços econômicos e políticos ao desenvolvimento formavam um feixe compacto: não havia como superar um deles de uma forma isolada. Dessa avaliação seguia-se que um processo sustentado de crescimento exigiria uma prévia e abrangente redistribuição ou no mínimo uma nova regulação quanto ao uso da propriedade fundiária. Quer se lhe desse o nome de reforma, revolução ou qualquer outro, o certo é que tal desconcentração implicaria um importante deslocamento de poder entre setores econômicos, regiões e classes sociais, além de alterações substanciais no plano das ideologias. Para isso acontecer de forma pacífica, havia, no entanto, um obstáculo virtualmente intransponível: a captura do Legislativo e a maioria dos governos estaduais e municipais por interesses diretamente ligados ao arcaísmo agrícola. Essa "extensão" do dualismo econômico à esfera política teve uma incidência claramente negativa na análise de Celso Furtado a respeito do golpe de 1964; quanto a esse ponto, o texto fundamental é o artigo "Obstáculos políticos ao desenvolvimento econômico do Brasil", publicado no primeiro número da *Revista Civilização Brasileira*. A chave de seu argumento era a existência de uma crise latente de governabilidade, decorrente de um impasse entre um Executivo muito sensível às demandas urbanas e um Congresso que derivava seu poder e sua orientação ideológica diretamente das oligarquias rurais.

O referido impasse manifestara-se — ainda segundo Furtado — no transcurso do regime de 1946. A mudança estrutural que se iniciara com a industrialização e a urbanização mostrava-se crescentemente incompatível com as regras constitucionais vigentes no que tocava aos processos eleitorais e políticos. Assim, o resultante descompasso traduzia-se de uma forma imediata e quase automática como um conflito institucional, uma vez que as duas pontas do dilema estavam encarnadas num Executivo e num Legislativo eleitos sob a pressão de expectativas e interesses rigorosamente contrapostos. Os candidatos a cargos executivos, dependendo do voto majoritário, sintonizavam-se com a população carente das capitais e grandes cidades. Nesse sentido, o grande eleitorado urbano que se constituíra sob o regime de 1946 ter-se-ia transformado numa indução estrutural a um populismo esquerdizado ou, nas palavras do próprio Celso, a uma pressão no sentido de reformas estruturais. No Legislativo, a representação igualitária dos estados no Senado e a super-representação dos estados menores na Câmara asseguravam a preponderância de forças conservadoras ligadas à estrutura fundiária. Dessa contraposição resultava, nas palavras de Furtado:

> o conflito profundo que existe entre as massas urbanas, sem estruturação definida e com liderança populista, e a velha estrutura de poder que controla o Estado e permeia todo o processo político do Brasil atual. Os líderes populistas, conscientes do estado psicológico das massas, reivindicam uma rápida modernização do país, mediante "reformas de base", "modificações estruturais". [...] Esse conflito de poder entre os líderes populistas e a classe dirigente tradicional ocupa o centro da luta política e torna impraticável a consecução de qualquer programa coerente por parte daqueles que ocasionalmente dirigem o país [...]. A existência de um conflito fundamental que põe em xeque o próprio funcionamento das instituições básicas em que se apoia o poder cria condições favoráveis à arbitragem militar, conforme ocorreu recentemente no Brasil. (pp. 140 e 143-4)

Essa análise de Celso Furtado — um economista — foi justamente celebrada como uma das melhores daquela época em que o reducionismo econômico engessava as análises políticas e sociológicas. No entanto, decorrido meio século de sua publicação, creio ser necessário questioná-la. No que tange à visão dualista da economia, a generalização da tese do arcaísmo agrário para todo o país era já então insustentável. Furtado não se preocupou em demonstrá-la: tomou-a como um axioma. Mas a pecuária, como é sabido, passara por uma revolução modernizante. Na esfera política, o Congresso Nacional que ele retrata no artigo citado beira a caricatura. Não é fiel sequer ao quadro que se verificou em 1961, quando o próprio Furtado desempenhou um papel crucial na criação da Sudene e na aprovação de seu Plano Diretor; veja-se a respeito o relato em *Journeys Toward Progress* (Hirschmann, pp. 124-9). Evidenciada a debilidade do modelo dualista nesses dois âmbitos — agricultura e Congresso Nacional —, a interpretação do golpe de 1964 perde quase todo o seu poder de convencimento. Observemos, a título complementar, que Furtado sugere uma interpretação no mínimo duvidosa do populismo, descrito como uma pressão de baixo para cima, à qual o Executivo e candidatos a postos no Executivo obrigatoriamente deviam responder. Ora, a "pressão populista" decorreu em grande parte, talvez até mais, da ação exercida de cima para baixo por "empresários" políticos como Jânio Quadros, Adhemar de Barros, Brizola e outros; o próprio Furtado diz isso indiretamente quando descreve as percepções populares como desprovidas de "consciência de classe", "inestruturadas" e desprovidas de canais de articulação partidária ou de outra natureza. Por último, mas não menos importante, Celso Furtado não menciona uma figura-chave no enredo da crise. Ao longo de todo o texto, o presidente João Goulart permanece como um quadro na parede, ou seja, na condição de um fator neutro e exógeno. Voltarei a esse ponto adiante, ao tratar da *Revista Civilização Brasileira*.

Hélio Jaguaribe é outra referência indispensável para a compreensão do pensamento nacional-desenvolvimentista. Suas obras do período pré-1964 podem ser divididas com bastante clareza em três fases.[5] A primeira remonta ao posicionamento surpreendentemente radical que ele assumiu em 1953, quando da criação dos *Cadernos de Nosso Tempo*. Schwartzman (1963) sintetizou-a da seguinte forma:

> [para Jaguaribe], a persistente crise econômica brasileira decorria de ter o nosso subdesenvolvimento ultrapassado o limite tolerável. Carente de um projeto coletivo, com suas elites transformadas em meras classes privilegiadas e o Estado virtualmente inabilitado como órgão da soberania nacional, o Brasil cedo ou tarde veria a crise econômica desbordar numa crise social generalizada. A saída seria a socialização dos meios de produção e o planejamento geral da economia; só nessas condições o país conseguiria substituir sua burocracia cartorial por uma burocracia gerencial e eliminar o poder econômico privado.

Mas Jaguaribe, conquanto enfatizasse a socialização, insistia em distinguir sua proposta dos modelos socialistas existentes à época.

A segunda fase tem início em 1958, com a publicação de *O nacionalismo na atualidade brasileira*. Nesse livro, Jaguaribe opta por uma posição sensivelmente mais moderada que a de 1953. Passa a admitir a hipótese do desenvolvimento no marco do capitalismo, com a condição de ser tal processo norteado por uma

---

5. Sobre Jaguaribe, baseei-me extensamente num estudo crítico de Simon Schwartzman, publicado na *Revista Brasileira de Ciências Sociais*; as citações no texto referem-se a esse estudo.

ideologia nacionalista, liderado de uma forma decidida pela burguesia nacional e gerenciado na área econômica por uma maquinaria burocrática tecnicamente aprimorada. As condições mencionadas balizariam o capitalismo possível nas condições da época e do Brasil. Mas tal oportunidade só existia no curto prazo; a viabilidade do capitalismo estaria portanto condicionada à imediata deflagração do processo de desenvolvimento, à assunção da liderança pela burguesia nacional e à compatibilização no mais alto grau possível da eficácia empresarial com as exigências da democracia social e de massas, com vistas a reduzir os privilégios de classe e a desigualdade de oportunidades.

A diferença, como se vê, é considerável. Se em 1953 Jaguaribe condicionava a superação da crise a uma socialização econômica revolucionária — ainda que não socialista —, em 1958 seu credo é basicamente nacionalista. A discórdia em torno dessa reorientação nas discussões internas do ISEB teria sido a causa principal da decisão de Jaguaribe de se afastar do Instituto.

A terceira fase de suas ideias é inaugurada pela publicação do livro *Desenvolvimento econômico e desenvolvimento político*, de 1962. Nessa obra Jaguaribe reafirma a possibilidade do desenvolvimento capitalista, mas sugere que sua efetivação exigiria um modelo político "neobismarckista"; retomarei esse conceito adiante. A nova proposta parecia-lhe aplicável não só ao Brasil, mas a todos os países latino-americanos que haviam atingido um nível apreciável de desenvolvimento e contavam com um empresariado capacitado e dinâmico. O planejamento deveria ser o menos intervencionista possível e a socialização dos meios de produção, nas condições brasileiras, não deveria ser concebida como um fim em si mesmo nem como um requisito necessário. Jaguaribe agora considerava que a crise brasileira não se devia a impasses de natureza sistêmica, mas à estagnação do setor rural, a desequilíbrios regionais e à inflação — desequilíbrios fortes, evidentemente, mas não o suficiente para estancar o processo que se pusera em marcha. Como em 1958, um fator favorável de suma importância seria a existência de uma burguesia nacional disposta a tomar as rédeas do desenvolvimento não por vias revolucionárias, mas através de uma política de conciliação e compromissos.

A principal novidade na reformulação de 1962 é, como ressaltei, o neobismarckismo, definido por Jaguaribe (1962, p. 68) como um modelo político consistente no exercício, pelo chefe do governo, de uma arbitragem social que assegura o máximo poder de investimento tolerável pela comunidade, regulando o regime de participação de cada estrato de acordo com sua efetiva capacidade política de reivindicação e assegurando aos empresários nacionais a liderança na promoção do desenvolvimento da nação, de acordo com a programação traçada pelo Estado.

Numa breve apreciação crítica, penso, primeiro, que neobismarckismo não foi uma denominação das mais felizes, dado o caráter inequivocamente autoritário do precedente histórico invocado. Em segundo lugar, a definição de neobismarckismo é demasiado genérica, pois arbitrar a distribuição dos recursos econômicos entre os estratos sociais é atribuição de todo Estado. Ao tentar especificá-la, Jaguaribe faz uma emenda pior que o soneto: atribui a função arbitral *privativamente* ao chefe do governo, excluindo os contrapesos que o Legislativo, o Judiciário e a opinião pública de um modo geral representam na sociedade democrática. Uma terceira dificuldade tem a ver com um dos critérios que o chefe do governo levará em conta ao regular o regime de participação: a "efetiva capacidade política de reivindicação" de cada estrato. O enunciado já embute a concessão de um privilégio aos setores mais fortes, apontando para um regime de cooptação. E como procederá o chefe do governo para avaliar comparativamente a capacidade de diferentes estratos? Se o fizer *au jour le jour*, tentando aferir a força de cada setor no calor dos acontecimentos, o neobismarckismo se transformará num "movimentismo" — um regime de permanente mobilização —, com alto potencial de instabilidade. Se, ao contrário, o fizer em termos imperativos — presumivelmente com base em indicadores estatísticos periodicamente estabelecidos —, como poderá evitar uma degeneração burocrática na qual o próprio Estado petrifica e inercializa as desigualdades de força política existentes desde o início entre os diversos setores?

Iseb

Como instituição, o núcleo mais engajado na elaboração e difusão da ideologia nacional-desenvolvimentista era o Iseb, sediado no Rio de Janeiro. Diferentemente das instituições universitárias de ciências sociais, o Iseb tinha o objetivo de influenciar a agenda política do país; mas propunha-se a fazê-lo mediante uma contribuição intelectual sólida. Empenhar-se-ia numa catequese ideológica, respaldando-a, porém, no que de melhor as ciências humanas tivessem para oferecer. Essa proposta foi abandonada em razão de dois fatores: o desentendimento interno de 1958, que provocou a saída de Hélio Jaguaribe e a crise política nacional que se abriu com a renúncia do presidente Jânio Quadros em agosto de 1961. Desse segundo momento em diante, o instituto assumiu uma postura de ostensivo alinhamento com João Goulart, apoiando sua demanda de restabelecimento do presidencialismo e, posteriormente, as chamadas "reformas de base" — descaracterizando-se totalmente como um centro de elaboração intelectual. Sobrevindo o golpe militar, foi imediatamente fechado.

O Iseb não era filiado a um partido — o que, aliás, lhe seria vedado: conquanto fosse estatutariamente uma instituição privada, recebia recursos públicos através do Ministério da Educação. E era notavelmente eclético: tinha de comunistas a ex-integralistas em seu quadro de pesquisadores e absorvia influências filosóficas marxistas, católicas, existencialistas e fenomenológicas, teorias sociológicas de várias procedências e uma doutrina econômica grosso modo keynesiana. De tudo isso resultava um antiliberalismo facilmente perceptível tanto nas reflexões teóricas como em análises mais concretas do papel do Estado na economia e na sociedade. Dou alguns exemplos.

Um dos isebianos mais inventivos e polêmicos era Alberto Guerreiro Ramos, como se pode constatar em *A crise do poder no Brasil*, de 1961, talvez seu melhor livro. *A redução sociológica*, de 1965, foi o mais influente, mas provavelmente o pior. Guerreiro Ramos levava a sério a rudimentar epistemologia positivista de Alberto Torres e Oliveira Vianna, nos quais em parte se inspirava. Como eles, Guerreiro pensava ser possível definir o "interesse nacional" de uma forma totalmente objetiva. É nesse postulado que ele fundamenta o argumento do livro: uma vez definido o interesse nacional, o sociólogo teria em mãos um critério para separar o joio do trigo na produção intelectual estrangeira. Esse é o sentido do termo "redução": a obrigação de submeter as teorias estrangeiras ao crivo do interesse nacional. Esse seria o teste *sine qua non* de sua validade.[6]

Dono de uma respeitável bagagem filosófica, Álvaro Vieira Pinto também lastreava suas ideias em Hegel e Husserl. O primeiro deve tê-lo inspirado a compor um vasto painel, mostrando as

6. O conceito de "redução" provém da fenomenologia de Husserl, mas a formação de Guerreiro Ramos era uma eclética combinação de fenomenologia, existencialismo, marxismo e positivismo. Devido à influência positivista, ele chegava ao ponto de conceber um conceito totalmente neutro e objetivo do interesse nacional, como transparece em sua comunicação ao Congresso Brasileiro de Sociologia, realizado em 1953. Para Schwartzman (1983), Guerreiro Ramos provavelmente ficará na história das ciências sociais brasileiras mais "como debatedor, crítico, motivador e criador de um sentido de compromisso e responsabilidade social" que como autor de uma obra fundada em uma pesquisa substantiva.

etapas através das quais o Brasil progressivamente supera o estágio da consciência alienada e começa a se reconhecer como uma consciência crítica, através do nacionalismo. Esse é o objeto do livro *Consciência e realidade nacional*, de 1960, uma obra em dois volumes, com 1065 páginas e nenhuma citação de outros autores. Assim como Guerreiro Ramos, Vieira Pinto foi buscar em Husserl a ideia da "redução", isto é, de uma decifração crítica das criações teóricas originárias dos países desenvolvidos. Discorrendo sobre a situação dos filósofos do Primeiro e do Terceiro mundos, ele escreve, na página 64 do primeiro volume, que os primeiros

> [podem] entregar-se a toda espécie de elucubrações, das mais razoáveis aos simples devaneios metafísicos, porque sua posição de supremacia histórica está desde logo assegurada por pertencerem ao centro dominante. Ainda que não tenham consciência explícita de tal fato, como em verdade não têm, seu pensamento é necessariamente condicionado pela situação histórica superior na qual se acham [...] Para o pensador de um país da periferia, a perspectiva da realidade é completamente outra. [Ele compreende, portanto,] que a supressão da situação de marginalidade [requer] o ingresso do país nos níveis de pleno desenvolvimento. E compreende, ainda, que essa transformação, verdadeiramente ontológica, pois consiste na transmutação do ser nacional, exige uma formulação ideológica que ele, como filósofo, sente ser sua incumbência pessoal elaborar. Não pode, pois, desviar-se desse fim, não tem o direito de distrair-se na criação de concepções de cunho abstrato, quando a missão de que está existencialmente investido é indubitável, elementar, é uma só, e dela não há como se furtar [...].

É dentro desse espírito que Vieira Pinto faz esta análise crítica da filosofia existencialista:

[entre] todas as doutrinas contemporâneas, é a que mais expõe seus adeptos ao perigo da alienação [...]. O filósofo do país periférico não goza da disponibilidade de interpretar o mundo segundo lhe aprouver; nem tem sentido em relação a ele dizer-se que é sujeito à angústia de uma liberdade que não sabe a que se aplicar. Não sofre a vertigem diante do destino abscôndito, o sentimento de culpa da própria finitude, a náusea em face do Nada, simplesmente porque para ele não há o Nada, há o Tudo. Existencialmente, é um homem em face do Tudo. (p. 65)

Os trechos citados devem ser suficientes para indicar que a ambição sacerdotal de Vieira Pinto ia um pouco longe demais. Munido de um critério supostamente válido a priori, ele pensava poder definir o âmbito legítimo para a reflexão filosófica — ou seja, para a reflexão dos outros filósofos. Noutro trecho ele recomenda moderação aos prefeitos (eleitos pelo povo, lembremos) na defesa dos interesses de seus municípios, dado não disporem de uma visão teórico-filosófica do "todo" nacional. Assumindo-se como um sacerdote platônico-comtiano, ele sonha poder abolir a política e até os conflitos de interesse que em última análise a alimentam e tornam presente.

A RCB e as primeiras interpretações de esquerda do golpe

Em 1965, o editor Enio Silveira criou no Rio de Janeiro a *Revista Civilização Brasileira* (RCB), com o objetivo de nuclear os debates da esquerda nacionalista. No primeiro número, uma dezena de colaboradores discorreu sobre o golpe militar do ano anterior. A revista parece ter cumprido muito bem o papel concebido por Silveira; através dela podemos recuperar de uma forma vívida aquele momento de perplexidade, quando a intelectualidade de esquerda tateava na busca de explicações para o golpe, esforçava-

-se por compreender o recém-implantado regime militar e quebrava o pau em torno da política de frente ampla com a "burguesia nacional" preconizada pelo PCB.

O que mais chama a atenção de quantos façam essa viagem de volta é a extensão em que o economicismo impregnara as análises de esquerda. Falava-se de política como "*a machine that would go of itself*", se posso adaptar aos meus fins o belo título do livro de Kammen (1987) sobre a Constituição norte-americana. Realmente, o universo político que transparece de tais análises assemelha-se a uma máquina pré-programada: um autômato que executa suas tarefas sem necessidade da interferência humana. Os indivíduos e associações que nelas aparecem não são autônomos, são meros figurantes numa grande peça chamada "lógica do capital". Tampouco há organizações ou partidos dedicados a articular e agregar vontades e interesses. Não havendo indivíduos, é claro que não há temperamentos, nem emoções, nem erros, nem acertos, nem incertezas ou acidentes de percurso. Esse tipo de análise jorrou abundantemente nas tentativas de interpretação econômica do golpe de 1964 no Brasil e de seus congêneres argentino e chileno, até ser finalmente posto a descansar por um estudo crítico de José Serra (1979). Mas Serra limitou-se a contestar *in concreto* certas interpretações economicistas em voga. Não se propôs a esclarecer em termos gerais a questão subjacente: como "endogenizar" — incorporar realmente à análise — o comportamento de um Lacerda, um Brizola, um Jango? Na RCB quem o fez, numa curta passagem, foi o jornalista Paulo Francis, com o intuito de justificar (como se fosse necessário!) sua avaliação da liderança individual de João Goulart.

> A eficácia da ação individual na sociedade está, por certo, sujeita a condicionamentos que transcendem a mera vontade humana, mas há gradações nessa inter-relação onde o fator pessoal tem peso

próprio e decisório, embora não consiga, em última análise, prevalecer sobre um todo de circunstâncias. (Francis, 1966, p. 78)

Ao Jango pessoa física Francis se referiu com simpatia, mas ao Jango presidente deposto não poupou críticas:

> A superioridade de Lacerda como líder sobre Goulart parece-me incontestável e considero tão superficial quanto o personalismo fabricado pela direita o desinteresse cínico de facções da esquerda por personalidades. Goulart nunca assumiu a direção da máquina estatal que controlava perto de 50% da economia do país. Suas tentativas de impulsioná-la eram setoriais e limitadas a objetivos menores. Eu próprio, em vários artigos para *Última Hora*, instiguei-o a valer-se do poder na plenitude, a livrar-se da quinta coluna em todo o organismo executivo [...]. Mas o presidente recusou-se a governar. Sua inabilidade com civis e militares não tem paralelo na história do país. (pp. 76-7)

O que aqui me importa, entenda-se, não é se a avaliação de Francis foi justa ou injusta, mas o fato de ele a haver feito — ou seja, de haver considerado o perfil individual de Jango como um dado relevante para a boa compreensão dos fatos observados.[7]

---

7. Stepan (1978, p. 111) também destacou a atuação individual de Jango em seu estudo sobre os antecedentes do golpe: "O papel crítico que a sequência dos acontecimentos e a qualidade do líder político individual podem desempenhar na moldagem de consequências políticas tem sido relativamente negligenciado em recentes estudos de política comparada. [No caso brasileiro,] o que levou o regime ao ponto da ruptura foi a qualidade da liderança política do presidente João Goulart, cujas ações nos últimos meses do regime solaparam de uma maneira crucial os apoios existentes". Assinale-se que uma obra de fôlego projetando uma luz positiva sobre Jango tardou quase meio século a aparecer: Jorge Ferreira, *João Goulart: Uma biografia* (Rio de Janeiro: Civilização Brasileira, 2011).

DO GOLPE MILITAR À TEMATIZAÇÃO DO REGIME DEMOCRÁTICO

Do golpe ao debate intenso que denomino tematização, muita água teria que passar pelo moinho. Não haveria como formar da noite para o dia uma aliança abrangente, com a participação de políticos, intelectuais, clérigos, empresários e outros segmentos sociais. Acrescente-se que muitos dos potenciais integrantes de tal aliança haviam sido exilados, presos ou no mínimo indiciados nos Inquéritos Policial-Militares (IPMs). No caso dos intelectuais, haveria que vencer sua tradicional desconfiança em relação aos políticos.[8]

A situação inicial era de franco atordoamento; ninguém tinha uma noção real dos objetivos e da capacidade governativa dos militares. Mesmo dentro do governo, havia quem acreditasse numa intervenção apenas corretiva: as Forças Armadas poriam "ordem na casa" e retornariam à caserna. Entre os chefes militares, autoconfiança não faltava; o apoio que a sociedade lhes outorgara para o golpe só faria aumentar quando os resultados econômicos começassem a aparecer. E, como é óbvio, estavam seguros de ter em mãos os instrumentos jurídicos e repressivos de que necessitavam para eliminar focos de contestação. No Legislativo, nos partidos políticos e nos governos estaduais e municipais, eventuais problemas seriam resolvidos sem muita cerimônia através da cassação de mandatos e da suspensão de direitos políticos.

Contudo, nos primeiros cinco anos, diversos acontecimentos

---

8. Desconfiança agravada em 1965, acrescente-se, pelo bipartidarismo compulsório, ou seja, a substituição dos partidos políticos do regime anterior por duas "organizações provisórias", decisão tomada pelo governo com base no Ato Institucional nº 2. Que intelectual sério iria se aproximar de um partido criado pelo governo para desempenhar no Congresso o papel de oposição consentida?

irão alterar o quadro inicial e o governo militar, ora de forma reativa, ora por iniciativa própria, assumirá uma posição crescentemente repressiva.

Basta lembrar que, em 1966, o marechal Costa e Silva, com o apoio da chamada linha dura do Exército, impõe sua candidatura à presidência, derrotando a linha moderada do marechal Castelo Branco. No mesmo ano, o ex-governador Carlos Lacerda, descontente com os rumos da Revolução, lança a ideia de uma frente ampla, com a participação dos ex-presidentes Juscelino Kubitscheck e João Goulart, pelo retorno à normalidade democrática; entre um tropeço e outro, Lacerda chegou a realizar uma grande concentração popular em Santo André, mas teve seus direitos políticos suspensos por dez anos em dezembro de 1968. Em 1967, surgem as primeiras operações de guerrilha urbana, cujo feito culminante seria o sequestro do embaixador norte-americano Charles Burke Elbrick, em setembro de 1968. Em meados de 1968, os metalúrgicos de Contagem (MG) e Osasco (SP) entram em greve, desafiando a política salarial do governo e o próprio sistema sindical corporativista; são reprimidos, evidentemente. Esse é também o ano das lutas estudantis contra o governo, iniciadas com o assassinato do estudante Edson Luís por um suboficial da PM no restaurante Calabouço e ponteadas por dezenas de manifestações ao longo do ano, a mais importante das quais foi a Passeata dos Cem Mil, no centro do Rio de Janeiro. Encantoado, o regime recorre ao que se pode apropriadamente denominar um golpe dentro do golpe: em 13 de dezembro, forçado pelos comandantes militares, o presidente Costa e Silva edita o Ato Institucional nº 5. A chegada de tempos sinistros delinear-se-á em cores todavia mais fortes em meados de 1969, com o falecimento de Costa e Silva, o veto militar à posse de seu vice civil, o udenista Pedro Aleixo, e a ascensão do general Emílio Garrastazu Médici à presidência. Estávamos no limiar dos "anos de chumbo".

Natureza do regime

Inquirições mais densas a respeito das tendências econômicas e políticas do Brasil no pós-1964 começam a surgir três anos após o golpe, em textos de Celso Furtado, Hélio Jaguaribe e Cândido Mendes. Fernando Henrique Cardoso resenhou-os em conjunto ao retomar ele mesmo a questão em 1972.[9]

Como funcionava e que chances de permanência poderia ter um sistema político cuja sustentação dependia diretamente da corporação militar? Sob que circunstâncias poderia surgir uma oposição efetiva?

No aspecto econômico, as análises de Furtado e Jaguaribe mostraram-se convergentes: ambos avaliavam como provável um cenário de baixo crescimento, senão de estagnação. Entendiam que a prioridade de um governo burocrático-militar seria a preservação do status quo e a estabilidade social, o que o levaria a diminuir o investimento industrial em benefício da produção agrícola. Disso decorreria uma opção preferencial pelos proprietários rurais, que consideravam ideologicamente atrasados, como base de apoio. Do ponto de vista político, Furtado via uma incompatibilidade potencial entre o controle militar do Estado e as demandas de uma sociedade já bastante complexa como a brasileira. Em tese, esse desajuste de base poderia se expressar de várias formas:

---

9. Cândido Mendes, "Sistemas políticos e modelos de poder no Brasil" (revista *Dados*, v. 1, 1966) e "Elite de poder, democracia e desenvolvimento" (revista *Dados*, v. 6, 1969); Celso Furtado, "De l'Oligarchie à l'État militaire" (*Les Temps Modernes*, nº 257, Paris, 1967), publicado em português em *Brasil: Tempos modernos* (Rio de Janeiro: Paz e Terra, 1968); Hélio Jaguaribe, "Stabilité sociale par le 'colonial-fascisme'" (*Les Temps Modernes*, nº 257, Paris, 1967), publicado em português em *Brasil: Tempos modernos*; Fernando Henrique Cardoso, "O modelo político brasileiro", cap. 3 de seu livro *O modelo político brasileiro e outros ensaios* (São Paulo: Difusão Europeia do Livro, 1972). Todas as minhas citações referem-se às edições brasileiras dessas obras.

pressões pela retomada da democracia, propostas de mobilização popular por parte da juventude, dirigidas principalmente às massas rurais, ou tentativas de atrair as Forças Armadas para um projeto nacionalista de desenvolvimento. Na mesma linha, Jaguaribe prognosticava uma tendência "colonial-fascista", isto é, um modelo político fortemente repressivo, satelitizado pelos Estados Unidos e com uma ampla delegação de prerrogativas ao empresariado para gerir uma economia de mercado.[10]

Cândido Mendes não subestimou o dinamismo econômico do sistema pós-1964, mas com certeza superestimou a quantidade de poder concentrado em sua cúpula. O exagero deveu-se, ao que tudo faz crer, a ele haver feito tábula rasa do caráter conflituoso do regime, do que havia sinais até no interior da corporação militar. Mendes acreditava, com efeito, que a cúpula do regime era uma "elite de poder": um grupo compacto, imune a conflitos internos e capaz de dispensar toda legitimação externa, podendo até mesmo, se lhe aprouvesse, extirpar de vez os mecanismos eleitorais que conservara parcialmente. O enfrentamento entre correntes militares já despontara, como há pouco assinalei, na sucessão de Castelo Branco por Costa e Silva, quando este se fez porta-voz dos interesses da corporação contra a "Sorbonne", como era conhecida a ala castelista. De 1966 em diante, com efeito, a conflituosidade dos momentos sucessórios refletir-se-á numa progressiva concentração do poder decisório na cúpula militar: ouvido na sucessão de Costa e Silva por Médici, o conjunto dos oficiais-generais sairá totalmente de cena nas sucessões de Médici por Geisel e de Geisel por João Figueiredo.

No texto "O modelo político brasileiro", Fernando Henrique

---

10. Nas difíceis circunstâncias daquele momento, Jaguaribe parece ter considerado que um "capitalismo de Estado" seria o mal menor. Com o benefício do retrospecto, podemos dizer que ele prognosticou para o Brasil algo semelhante ao regime que Pinochet implantaria no Chile a partir de 1973.

Cardoso (1982, pp. 58-64) contrapôs-se a Furtado e Jaguaribe. Enfatizou o caráter modernizante e internacionalizado do projeto econômico e contestou o prognóstico de uma tendência prolongada à estagnação. Segundo ele, o golpe de 1964 acabou por ter "consequências revolucionárias" no plano econômico e, mais amplamente, na estrutura de poder (pp. 53-4):

> [A] empresa pública, o Estado e os capitalistas locais [do período pré-1964] continuaram a existir e a atuar. Mas o eixo hegemônico do sistema de poder e a base dinâmica do sistema produtivo modificaram-se. Neste novo contexto, ganharam importância os grupos sociais que expressam o capitalismo internacional, sejam eles compostos por brasileiros ou por estrangeiros, por empresas brasileiras que se associam às estrangeiras ou por estas diretamente. Entretanto, também ganharam influência os setores das Forças Armadas e da tecnocracia que — por serem antipopulistas — estavam excluídos do sistema anterior, mas que em função de suas afinidades ideológicas e programáticas com o novo eixo de ordenação política e econômica constituíram-se em peça importante do regime atual: assumiram tanto funções repressivas no plano social, como modernizadoras no plano administrativo. Simultaneamente, perderam poder e prestígio os setores agrários tradicionais, setores da classe média burocrática tradicional e os representantes políticos do antigo regime, e foram marginalizados os líderes sindicais que faziam a mediação entre os trabalhadores e o Estado.[11]

---

11. Ainda quanto ao modelo econômico, é oportuno lembrar que vários dos mais destacados economistas em atividade no país focalizaram nessa época a questão politicamente sensível da distribuição da renda. Em seminários organizados pelo Cebrap em 1970, a questão foi discutida por Pedro Malan, Edmar Bacha, John Wells e Albert Fishlow, entre outros. Langoni publicou um importante estudo apontando as carências educacionais brasileiras como um dos principais

Em retrospecto, não é difícil perceber que Celso Furtado, Hélio Jaguaribe e Cândido Mendes idealizaram o modelo nacionalista do pré-1964 dando um peso excessivo em suas inquirições a disfunções reais ou imaginárias das mudanças implantadas após o golpe. Quanto à crescente intensidade da repressão, eles acertaram na tendência, mas erraram nas causas. Os anos de chumbo não resultaram de uma tentativa de manter estável uma sociedade complexa e conflituosa, e sim — como o indica a simples cronologia dos acontecimentos — de fatores *path dependent*: embates decorrentes do próprio fechamento do regime, impensável sem um quantum elevado de repressão. Tampouco é possível associar o aumento da repressão a um suposto projeto de liberalização econômica e redução do papel do Estado, pela simples e boa razão de que tal liberalização não aconteceu. Com a parcial exceção do governo Castelo Branco — exceção mais no plano do discurso que no das medidas práticas — o ciclo militar intensificou a presença estatal na economia, inclusive mediante a criação de centenas de empresas públicas (Martins, 1985).

Fernando Henrique Cardoso não precisou conjecturar sobre o aumento da repressão, que já havia ocorrido em 1972, data do trabalho que tomei como referência. O reparo que eu faria à sua análise tem a ver com o suposto alijamento dos setores por ele denominados "tradicionais". A corporação militar não alijou completamente tais setores, nem poderia fazê-lo, dada a arriscada opção para a qual seria arrastada se o fizesse: partidarizar-se, assumindo uma feição populista, a fim de "produzir" ela mesma o apoio popular e os votos de que necessitava para manter ao menos um simulacro de legitimidade, ou abandonar toda veleidade de legitimação externa, assumindo-se por completo como uma ditadura

---

determinantes da má distribuição da renda. Ver informações adicionais nas Referências Bibliográficas.

militar. O retrospecto permite afirmar que os militares não fizeram nem uma coisa nem outra. O que fizeram foi manter a legitimidade eleitoral: distorcida, manipulada, mas sempre presente como uma válvula de escape. Por isso, *inter alia*, adotaram desde o início a diretriz de encaixar os setores tradicionais no sistema, em vez de alijá-los.[12]

Naturalmente, a preocupação em compreender a conjuntura e apontar caminhos não se limitava aos intelectuais de oposição. A Revolução — na linguagem da época — não permitiria o retorno à situação pré-1964, mas tampouco se projetava como um poder arbitrário de duração indefinida. Assim, vez por outra porta-vozes oficiais ou oficiosos do governo traziam à baila a ideia de "institucionalizar" (diferente de redemocratizar) o regime. É razoável especular que tal ideia tenha ocorrido primeiro ao general Golbery, braço direito de Geisel, sabidamente um leitor de Samuel P. Huntington, o aclamado professor de Harvard. Direcionada aos países do Terceiro Mundo, a reflexão de Huntington encontra-se em seu livro *Political Order in Changing Societies*, de 1968. A democracia, ele argumentava, é por certo desejável, mas nem sempre é possível. Antes dela vem a ordem, e ordem não há onde não existam instituições políticas sólidas. O objetivo primordial é, pois, construir instituições. A URSS, por exemplo, não era uma democracia, mas possuía instituições dignas de respeito, a começar pelo próprio Partido Comunista. Estamos em meados dos anos 1970. A URSS levaria mais uma década e meia para contradizer o argumento de Huntington quanto à solidez de suas instituições — e consequen-

---

12. Esta diretriz remonta ao mecanismo das sublegendas, copiado da Ley de Lemas do Uruguai; manifesta-se no Pacote de Abril de 1977, que não só manteve como ampliou a representação governista no Congresso e no Colégio Eleitoral, e teria culminado em outros expedientes cogitados em 1981-2 pelo ministro Leilão de Abreu, sucessor do general Golbery do Couto e Silva na Casa Civil, não fossem tão confusos e despropositados naquele estágio já avançado da transição.

temente a validade de sua receita para o caso brasileiro. Mas outros cientistas políticos já o faziam naquela época. O mais convincente e incisivo foi sem dúvida Juan Linz. Num curto artigo incluído no livro *Authoritarian Brazil*, de 1973, organizado por Alfred Stepan, ele foi direto ao ponto: o que existia no Brasil não era um "regime" autoritário, mas uma "situação" autoritária, potencialmente instável e com várias alternativas de evolução — entre as quais a "institucionalização" parecia muito pouco provável.[13]

Interpretações da transição

O relato feito até aqui ajuda a compreender por que a tematização do regime democrático permaneceu fora de cogitação durante pelo menos dez anos: nesse período, o foco foi o progressivo endurecimento do poder militar, não um hipotético retorno à democracia. Uma alteração substancial desse quadro só acontecerá após a sucessão de Médici por Geisel, em janeiro de 1974, e o surgimento de brechas maiores na estrutura aparentemente granítica em que o poder militar se transformara. Há que lembrar, porém, que as tensões econômicas que haviam aflorado através das greves de 1967 em Contagem e Osasco continuaram a se manifestar na virada da década, sendo a política do governo criticada de modo acerbo por vários setores. Em 1970, em seminários organizados pelo Centro Brasileiro de Análise e Planejamento (Cebrap), alguns dos mais destacados economistas em atividade no país — Edmar Bacha, Pedro Malan, John Wells e Albert Fishlow, entre outros —

---

13. Em suas memórias, *A lanterna na popa* (Rio de Janeiro: Topbooks, 1994, p. 926), nas quais se apresenta como um precoce defensor da "descompressão", Roberto Campos faz referência à admiração de Golbery por Huntington e seus estudos sobre autoritarismo, institucionalização política e descompressão no Terceiro Mundo.

debateram a questão politicamente sensível da distribuição da renda, que dava sinais de piorar. Mas o golpe mais duro contra o triunfalismo econômico do regime viria em 1973, quando a triplicação da taxa internacional de juros e a elevação não menos brutal dos preços do petróleo sinalizam a virtual inviabilidade da política de crescimento acelerado com base no endividamento externo e em energia barata.

Pelo lado político, o ano crítico é 1974: em janeiro, Geisel assume a presidência; em novembro, o MDB impõe uma acachapante derrota à Arena nas eleições para o Senado, conquistando dezesseis das 22 cadeiras em disputa. Em que pesassem as advertências de Geisel no sentido de que a iniciativa seria sempre dele, não é exagero afirmar que a eleição tornou autossustentável a luta pela redemocratização. A capacidade do governo de produzir fatos relevantes era obviamente imensa, mas sua curva de legitimidade é descendente e a da oposição é ascendente, ainda mais tendo-se em conta a dilatação da coalizão oposicionista a partir de 1975. Relembremos os fatos mais importantes. Desde a radicalização autoritária de 1968, a atuação clandestina dos aparelhos repressivos resulta em numerosos casos comprovados de tortura e em pelo menos três assassinatos: do deputado Rubens Paiva em 1971, do jornalista Vladimir Herzog em 1975 e do operário Manuel Fiel Filho em 1976, tendo a última levado o presidente Geisel a afastar o general Ednardo D'Ávila Melo do comando do Segundo Exército. A partir desse ponto, a indignação alastra-se rapidamente na sociedade e a questão dos direitos humanos passa ao primeiro plano. Liderada pelo cardeal Evaristo Arns, a Igreja envolve-se resolutamente na peleja. Nas eleições municipais desse ano, a oposição demonstra capacidade de crescimento no interior, progredindo, grosso modo, tanto mais quanto maiores os núcleos urbanos. Outro momento crítico será 1977 — para o mal e para o bem. Por um lado, Geisel fecha o Congresso e baixa um conjunto de medidas que se tornaria conhecido como Pacote de Abril, adiando as eleições municipais de 1978 para 1982, determinando a eleição indireta de um terço dos senadores (os chamados "biônicos") e manipulando as representações estaduais na Câmara a fim de reforçar a bancada governista. Mas demite o ministro da Guerra, general Sílvio Frota, que se articulava como candidato da linha dura à presidência, como que a repetir o Costa e Silva de 1966. Em 1979, outra faca de dois gumes: através de negociações entabuladas pelo ministro da Justiça, Petrônio Portela, com a OAB, então presidida por Raymundo Faoro, o governo aceita a anistia, mas vale-se de seus remanescentes poderes excepcionais para pôr fim ao bipartidarismo, um lance calculado para fragmentar o MDB e a frente de oposição que nele se aglutinara. De suas costelas saem o PT, o PTB e o PDT. A história não acaba aí. Em 1981, no tumultuado governo de João Figueiredo, uma bomba explode na OAB-RJ, ferindo gravemente uma secretária, e os serviços clandestinos do Exército tentam detonar explosivos durante um show artístico pelo Primeiro de Maio no Rio-Centro. Convencido de que o presidente Figueiredo não bancaria uma investigação séria sobre o fato, o general Golbery demite-se da Casa Civil. É substituído pelo jurista gaúcho Leitão de Abreu, que se põe a excogitar novos casuísmos eleitorais para frear o avanço da oposição, não obstante estar ela agora dividida em vários partidos. Um fato pouco lembrado, o retorno às eleições diretas para os governos estaduais em 1982 será outro marco de grande importância. A vitória das candidaturas de oposição nos três maiores estados — Franco Montoro, em São Paulo, Leonel Brizola, no Rio de Janeiro, e Tancredo Neves, em Minas Gerais — torna o sistema político "aproximadamente diárquico" (Linz, 1973). Essa alteração na estrutura de poder é o pano de fundo *sine qua non* para se compreender o sucesso da campanha das Diretas Já em 1984. O governo consegue derrotar a proposta de emenda constitucional apresentada pela oposição com o objetivo de tornar direta a eleição do sucessor de Figueiredo, mas é uma vitória de Pirro; oito meses depois, Maluf perde para Tancredo no Colégio Eleitoral.

O relato acima fornece a base factual para o entendimento das análises do período. Penso que as "causas" da transição — vale dizer, a instabilidade latente no regime, desde o início, e os fatores que impulsionaram a abertura e finalmente a redemocratização, desde meados dos anos 1970 — foram interpretadas segundo três óticas principais, que não se excluem.

A primeira faz referência à pressão de baixo para cima, ou seja, à longa série de manifestações que começa poucos meses após o golpe e prossegue até o fim do regime, reduzindo-se de uma maneira significativa somente nos anos de chumbo. Em que pese certa tendência a mitificar o movimento de massas, é fato que diversas greves e muitos movimentos de artistas, clérigos, estudantes e intelectuais, entre outros setores, ocorreram durante todo o ciclo militar. É lógico que o impacto de tais ações variou em função de suas modalidades e dos diferentes contextos políticos em que foram encetadas. Num artigo recente, o poeta Ferreira Gullar (2014) lembrou a resistência da classe teatral à censura e de modo geral ao arbítrio do regime; ações desse tipo serviram no mínimo para fustigar, assinalar discordâncias e quebrar a aparência de conformidade que todo regime se empenha em cultivar. A Passeata dos Cem Mil e as greves de Contagem e Osasco foram momentos de grande importância, demonstrando a disposição da sociedade a resistir e ampliando o repúdio ao autoritarismo daqueles anos. Em ambos os casos, os efeitos foram dramáticos, mas é razoável afirmar que o impacto das Diretas Já foi ainda maior por ter a campanha acontecido numa etapa mais avançada, quando a continuidade do regime se afigurava manifestamente inviável.

A segunda linha de interpretação destaca a iniciativa do presidente Ernesto Geisel e do ministro Golbery do Couto e Silva de abrir controladamente o regime. Embora não a elabore conceitualmente, quem melhor personifica esta linha é Elio Gaspari, autor de uma importante tetralogia sobre os 21 anos do regime militar.[14] O papel cumprido por Geisel foi decisivo, sem nenhuma dúvida. Mal comparando, é possível traçar um paralelo entre a situação brasileira de meados dos anos 1970 com a da União Soviética dez anos depois. Sem uma iniciativa poderosa vinda de dentro do Partido Comunista, no caso soviético (Judt, 2005, capítulo 12), e do Exército, em nosso caso, a saída pacífica talvez não tivesse sido encontrada. Em ambos os países, o custo político e social seria elevado.[15]

A terceira perspectiva foi elaborada por diversos políticos eletivos e algumas vezes por cientistas políticos; tomo aqui a liberdade de representá-la por tê-la eu mesmo vocalizado em diversas ocasiões.

Um adepto unilateral de uma das duas ou de ambas as interpretações anteriormente mencionadas — a pressão social e a iniciativa do general Geisel — dificilmente aceitaria ver a tradição institucional e eleitoral brasileira como um fator capaz de restringir as opções de um regime militar, impondo alguma limitação ao recurso

14. Também importantes no sentido da primeira interpretação foram os trabalhos do jornalista Castello Branco e do cientista político Wálder de Góes, entre outros. Góes (1984, pp. 1-2) sintetiza com propriedade essa linha de análise: "No caso brasileiro, o escasso desenvolvimento das classes sociais fez pender a balança do poder para a articulação burocrático-militar que domina o Estado. Os outros grupos sociais são heterogêneos e se caracterizam por baixa capacidade de intervenção política".
15. Quanto ao caso brasileiro, dois fatos já mencionados evidenciam a gravidade da situação que se formara. Em 1977, se o ministro da Guerra, general Sílvio Frota, não tivesse sido afastado, a "abertura" geiselista dificilmente chegaria a bom termo; em 1981, o próprio general Golbery, um homem forte do regime, decide se demitir da chefia da Casa Civil ao se convencer da falta de disposição do presidente Figueiredo para investigar o quase atentado do Rio-Centro.

à força.[16] Além da tradição institucional, vista em conjunto, penso ser essencial destacar a manutenção parcial dos procedimentos, da maquinaria e do calendário eleitorais.[17] Conquanto o arbítrio fosse da índole do regime, sobram evidências de que os governos militares evitaram uma ruptura completa com o precedente regime representativo e com a legitimidade democrática. Suspenderam as eleições diretas para a presidência da República e, durante certo período, para os governos estaduais e principais prefeituras; estenderam o último mandato presidencial de quatro para seis anos através do Pacote de Abril de 1977, mas prefixaram legalmente os mandatos e mantiveram a exigência de legitimação eleitoral para todos eles. Na prática, a escolha dos presidentes ficou inicialmente limitada ao seleto grupo dos generais de quatro estrelas e reduziu-se ainda mais a partir do próprio Geisel, mas não dispensou a liturgia da legitimação pelo Colégio Eleitoral. As eleições legislativas nos níveis federal, estadual e municipal sofreram diversas interferências mutiladoras, mas seguiram no geral os procedimentos tradicionais e não deixaram de ser competitivas. Dessa forma, o processo eleitoral foi preservado durante quase todo o regime como um espaço de luta *recuperável* e *revitalizável*. Mais ainda, ao manter as eleições como um espaço de luta pacífica, o regime possibilitou a convergência de variados grupos de oposição para o MDB. Assim, na reali-

16. Nos apontamentos históricos do início deste capítulo, ousei ressaltar um aspecto que parece encabular alguns dos nossos historiadores e cientistas políticos: a inspiração liberal das constituições de 1824, 1891 e 1946, sem a qual não há como compreender a marcante continuidade entre nós das instituições representativas, interrompida por completo somente durante a ditadura getulista de 1937-45. Noutro trabalho (Lamounier, 2005), argumentei com base em informações históricas e comparativas que a experiência eleitoral brasileira é apreciável não só pelo padrão de países subdesenvolvidos, mas também pelos de alguns dos países adiantados da Europa.
17. Ver os estudos reunidos em Lamounier e Cardoso (1975); Reis (1977); Lamounier (1979); Stepan (1988); Kinzo (1988).

dade, o bipartidarismo compulsório não só possibilitou mas de fato facilitou a referida convergência. Esse conjunto de circunstâncias permite descrever a transição brasileira como um processo de "redemocratização pela via eleitoral". A indagação que se impõe é, pois, por que um regime de evidente índole autoritária não abortou o processo em questão numa das diversas oportunidades em que poderia tê-lo feito a um custo político relativamente baixo. Por que os governos do pós-1964 investiram na manutenção parcial dos mecanismos de representação política — desgastando-se, convém observar, a cada nova intervenção casuística — se supostamente podiam prescindir por completo da legitimação eleitoral? Ou, dito de outro modo: por que mantiveram os mecanismos mencionados, se não precisavam temer um rompimento completo dos vínculos com a democracia representativa e o consequente envolvimento da corporação militar na arena política?

O momento canônico da "abertura pela via eleitoral" foi, como já se notou, a conquista pela oposição de dezesseis das 22 cadeiras renovadas na eleição senatorial de 1974. Para bem compreender o profundo impacto dessa alteração no quadro político, é mister colocar a eleição em seu contexto temporal. Em janeiro de 1974 o general Geisel assume a presidência e começa a sinalizar sua intenção de "descompactar" o buraco negro em que o regime se convertera; por genéricos que fossem os termos utilizados, tal comportamento equivaleu (sendo ou não sua intenção estratégica) a um estímulo inicial no sentido da antes referida revitalização do espaço eleitoral. Vem em seguida a eleição, em 15 de novembro. Poucos meses depois da eleição a coalizão oposicionista se alarga, dado o deslocamento de estratos médios e altos para a oposição. Junto com a indignação de importantes setores sociais contra a brutalidade repressiva, ganha corpo a percepção (respaldada pelos resultados de 1974) de que o regime poderia ser batido nas urnas. Ou seja, de 1974 em diante, a mancha de óleo se espalha, com ganhos expressivos para o MDB nas eleições locais de 1976, nas legislativas de 1978 e nas estaduais de 1982. De ambos os lados, os enxadristas políticos escrutinavam as jogadas seguintes. Um cenário plausível era o de que uma progressão de vitórias oposicionistas acabaria por encantoar o regime em seu último reduto, o Colégio Eleitoral. Atingido tal estágio, de duas, uma: ou os militares aceitavam o restabelecimento do regime civil, ou o recusavam, arcando então com o ônus de impor uma ditadura militar sem rebuços. Prevaleceu, como sabemos, a primeira hipótese.

Um equívoco comum das análises políticas enviesadas por reducionismos econômicos, culturais ou de qualquer outra natureza é a suposição de que os atores do drama político se comportam como autômatos, limitando-se a transmitir ao sistema os "impulsos" gerados pelos diferentes subsistemas: os interesses econômicos, por exemplo, na forma bruta em que surgem no âmbito da economia. Esquecem-se de que os atores políticos se orientam por percepções e expectativas mutuamente encadeadas, e que escolhem seus passos seguintes com certa latitude, por disporem normalmente de um leque de critérios e alternativas. Nesse sentido, ao refletir sobre a transição e frisar a importância da legitimidade e do processo eleitoral para os próprios militares, não estou sugerindo que todos, ou a maioria eles, ou uma minoria entre eles, ou mesmo um protagonista decisivo como o general Geisel, agissem como agiram por acalentar valores políticos liberais, ou apenas em razão de tais valores. Afirmo, isto sim, que pelo menos certo cálculo prudencial eles fizeram em diversas ocasiões. A partir de determinado ponto, os que detinham maior responsabilidade terão com certeza ponderado os benefícios e custos de prosseguir ou estancar a transição. E de como fazê-lo, num caso ou noutro: prossegui-la com o mínimo possível de disrupção social e institucional ou arriscar-se a um prolongamento arrastado das lutas já em curso em várias arenas, e talvez até ao reaparecimento da luta armada, em maior escala e com a legitimidade social que a anterior não teve em nenhum momento?

O parágrafo anterior facilita-me reiterar que a ideia de legitimação eleitoral não deve ser entendida num sentido frouxo, puramente subjetivo, mas como uma mescla de percepções, cálculos e valores em princípio capaz de produzir efeitos institucionais importantes. Trata-se, pois, de um processo gerador de compromissos (de vínculos em certa medida "binding"). Como comprometer dezenas de milhares de agentes políticos — neste contexto incluindo militares e policiais — com uma transição e uma pós-transição realistas? O general Geisel deixou algumas vezes entrever esse tipo de preocupação, e é plausível supor que a tenha expressado a colegas de farda.

O curto intervalo entre a posse de Geisel na presidência e a vitória da oposição em 1974 seguramente fortaleceu o empuxo para a abertura, que assim combinou uma pressão de *cima para baixo* com outra de *baixo para cima:* iniciativa presidencial e demandas sociais e eleitorais. Uma vantagem decisiva da eleição sobre outras formas de legitimação é sua capacidade de impessoalizar o processo, decorrente da generalidade e da incerteza inerentes ao voto individual. Afastada em 1984 a hipótese da redemocratização mediante eleições presidenciais diretas, que permitiriam despetrificar o regime e ao mesmo tempo maximizar a legitimação de seu sucessor, restou o *second best,* o Colégio Eleitoral, que funcionou a contento devido à produção de legitimidade ensejada oito meses antes pela megamanifestação das Diretas Já.

Interpretações e propostas "progressistas"

A transição avançou e contribuiu para a recuperação de perspectivas liberal-democráticas, mas não removeu certas ambiguidades e resistências antiliberais sabidamente enraizadas em algumas instituições e na cultura intelectual brasileiras. O empuxo redemocratizante formou-se, como vimos, na metade dos anos 1970: Geisel assumira a presidência, o MDB vencera a eleição senatorial de 1974 e a coalizão oposicionista crescera de uma forma acentuada. A Igreja pressionava o governo e guiava o protesto da sociedade contra as violações dos direitos humanos. Esse, no entanto, foi também o momento da conferência episcopal realizada em Medellín em 1976, que deu força ao que podemos chamar — a expressão é imprecisa, sem dúvida — de esquerdização do clero, sob a égide do que se convencionou chamar de Teologia da Libertação. Com o benefício do retrospecto, é possível afirmar que a Igreja se norteou por duas diretrizes contraditórias. Ao lançar o peso de sua influência na luta contra o arbítrio, ela corporificava um pluralismo social básico que o regime tinha de respeitar. Mas pluralista no sentido liberal ela nunca foi, e nada havia na Teologia da Libertação que a levasse em tal direção — antes o contrário.

Nesse período — meados dos anos 1970 —, vários intelectuais de peso publicaram reflexões decididamente antiliberais. Um deles foi Roberto Mangabeira Unger. Nos textos que escreve para a imprensa brasileira, Mangabeira Unger geralmente se situa na perspectiva de um cesarismo *soi-disant* progressista, "antioligárquico" e "transformador" — endêmico entre nós desde a era getulista. Em seus trabalhos em inglês, vazados num holismo radical, ele se apresenta como um predestinado a "destruir" intelectualmente o liberalismo em nome de uma utopia comunitária, posição que também considera "progressista". O holismo de Mangabeira Unger não precisa ser demonstrado: ele faz questão de o assumir de fio a pavio. Proclama que o "erro" insanável do liberalismo é postular que grupos são menos reais que os indivíduos que os compõem. Esse é o diapasão de seu livro *Knowledge and Politics*, publicado em 1972 e excelentemente discutido por Stephen Holmes no livro *Anatomy of Antiliberalism*. Holmes (p. 144) ressalta que o antiliberalismo ungeriano combina a velha rejeição reacionária da modernidade com um utopismo *à outrance*, evocativo do movimento da "contracultura"; essa união de *strange bedfellows* leva-o a dar de ombros para o próprio Marx:

> A fidelidade de Unger ao costume antiliberal transparece desde logo em sua atitude em relação a Marx. Ele denuncia a dominação de classe, declarando que a humanidade só poderá ser salva se houver "uma vitória da esquerda sobre a direita". Flerta vagamente com uma série de ideias e sentimentos marxistas, mas afinal decide que essa ideologia é radicalmente deficiente. O marxismo é deficiente porque não é suficientemente antiliberal. Nas obras de Marx, diz Unger, "a crítica do pensamento liberal não é levada às suas últimas conclusões".

Num trabalho publicado em 1978, Wanderley Guilherme dos Santos faz uma enfática defesa da visão antiliberal de Oliveira Vianna. Sintetiza-a dizendo que um sistema político liberal pressupõe uma sociedade liberal. Dado não ter a sociedade brasileira tal caráter, é mister que um Estado autoritário a reestruture até torná-la liberal. Dito de outra forma, no Brasil a democracia só será viável se um Estado autoritário se empenhar em construir seus fundamentos ao longo de um dilatado período histórico. Retomarei essa discussão no capítulo 9.

A fundação do Partido dos Trabalhadores (1979) é o fato a destacar na virada dos anos 1970 para os 1980.[18] Reunindo egres-

---

18. O PT se constituiu — assim como o PTB de Ivete Vargas e o PDT de Leonel Brizola — no contexto da reforma partidária de 1979, uma manobra estratégica do governo para dividir a oposição à época concentrada no MDB. Cinco anos depois,

174

sos da luta armada, setores do sindicalismo, uma parte do clero, católicos de esquerda e, naturalmente, um grande número de estudantes e intelectuais, o PT apresentava-se como o "novo": uma forma de fazer política sem precedente na história brasileira. Orientar-se-ia por uma rigorosa pureza ética, combatendo a corrupção e o clientelismo; em seu funcionamento interno, observaria à risca o ideal romântico da democracia direta, consubstanciado no assembleísmo e num discurso evocativo do mandato imperativo. Seria um partido socialista, mas um socialismo "diferente", "a ser construído". Talvez por não ter ainda "construído" sua teoria socialista, a visão petista da sociedade logo se configurou como um maniqueísmo *à outrance*, contrapondo o "povo" (por definição bom e oprimido) às "elites" (por definição más e gananciosas). Dessa imagem a um contínuo reescrever da história segundo os cânones do partido e ao que se tem chamado de *historicídio*,[19] não havia evidentemente mais que um passo.

Esse perfil do partido é um bico de pena; como tal, poderá não fazer justiça ao PT num ou noutro aspecto, mas deve ser suficiente para evidenciar suas reticências em relação ao modelo de democracia tradicionalmente acolhido pelo Brasil. Desde a fundação do partido, seus intelectuais e porta-vozes são geralmente enfáticos ao defender a ideia de que ele mantenha um pé dentro e o outro fora da democracia "formal"; e nem poderia ser diferente, dado o caráter manifestamente anti-institucional de sua ideologia.[20]

---

na reta final para o Colégio, uma dissidência se abriria na cúpula da Arena, o partido do governo, vindo a formar o Partido da Frente Liberal (PFL).
19. "Historicídio" é um neologismo criado pelo jornalista Josias de Souza, da *Folha de S.Paulo*. No plano da teoria, ele parece decorrer sobretudo do marxismo reelaborado à imagem e semelhança de Antonio Gramsci: a mãe de todas as batalhas ganha-se no campo da cultura, não no das armas.
20. A literatura sobre o PT em geral se esquiva de criticar as implicações antidemocráticas de seu discurso. Justamente por isso, é oportuno registrar que

CONCLUSÃO

Ao explorar neste capítulo o caso brasileiro, acredito ter, não direi comprovado, mas substanciado as hipóteses comparativas a seguir resumidas.

Quanto ao conteúdo, a história republicana brasileira caracteriza-se por um claro paralelismo entre dois veios. De um lado, o liberalismo, do outro, o antiliberalismo, este com uma bifurcação básica entre o protofascismo e o marxismo; o primeiro configura-se desde as primeiras décadas da República, o segundo a partir dos anos 1930 e com maior força no segundo pós-guerra.

Em linhas gerais — e fazendo abstração de seu nível muito mais baixo de desenvolvimento —, a história intelectual brasileira é muito mais liberal que a da Rússia e a da Alemanha — e obviamente muito menos liberal que a dos Estados Unidos.

Na medida em que se envolveram profundamente no debate da *construção do Estado*, os intelectuais (os antiliberais inclusive) da primeira metade do século contribuíram para a formação de um estilo de pensamento e, no médio prazo, para a legitimação das ciências humanas. Na atualidade, é possível afirmar que a comunidade intelectual brasileira é bastante robusta relativamente ao PIB do país.

O período de 1946-64 também se caracteriza por uma acentuada diferenciação entre liberalismo e antiliberalismo, mas o enlace entre ideias e política ganha uma enorme complexidade em comparação com o das primeiras décadas da República. O liberalismo associa-se de uma forma demasiado estreita e sem dúvida

---

foi um intelectual petista o primeiro a ressaltar sem meias palavras o caráter anti-institucional do petismo: Bueno de Azevedo (1995, p. 191). Outras obras a consultar incluem Meneguello (1989), Keck (1992), Ricci (2010) e Hunter (2010).

perversa com o antigetulismo; no lado oposto, o antiliberalismo conserva traços do getulismo, mas há nele um crescente predomínio do nacional-desenvolvimentismo e do marxismo.

Sob o regime militar, o liberalismo não sofreu a extensa debilitação que se poderia ter vaticinado. Ao contrário, é possível que tenha se fortalecido, por três razões, pelo menos. Primeiro, o descrédito dos regimes militares implantados na América Latina durante os anos 1960 e 1970, não obstante a *revival* populista-autoritária das duas últimas décadas, notadamente a da Venezuela. Segundo, o balizamento eminentemente institucional da transição brasileira, caracterizado pela existência de uma oposição legal e pela continuidade do processo eleitoral. E, em terceiro lugar, o descrédito do próprio marxismo, que tem início na crítica dos anos 1970 ao "socialismo realmente existente" e culmina no colapso da URSS e dos demais regimes de partido único do Leste Europeu.

No Brasil, ainda durante o regime militar e contrariamente a determinadas conjecturas, verifica-se um vigoroso desenvolvimento das ciências sociais, com um acentuado incremento do intercâmbio internacional e uma salutar diversificação de perspectivas teóricas e filosóficas. Apesar disso, e de outros motivos de otimismo ressaltados no texto, não creio que a democracia brasileira esteja assentada numa cultura intelectual congruente, vale dizer, majoritariamente inclinada ao liberalismo político. Homogeneidade não existe em país algum, mas, no Brasil, as representações antiliberais descritas neste capítulo conservam certa robustez.

8. Oliveira Vianna e a crítica

Oliveira Vianna foi um dos principais, senão o principal protagonista da vida intelectual brasileira da primeira metade do século XX. Não é exagero afirmar que ele reinou sozinho como o intelectual mais importante do país durante os primeiros vinte anos de sua carreira, só começando a encontrar competidores à altura em meados dos anos 1930, com a entrada em cena de Gilberto Freyre e Sérgio Buarque de Holanda. Seu prestígio manteve-se elevado durante bastante tempo após sua morte, em março de 1951.

O sentido antiliberal de seu pensamento não comporta dúvida. Mesmo um admirador enfático e um crítico amistoso como Wilson Martins descreve-o como o ideólogo "quase oficial" do Estado Novo, e acrescenta: "do que, aliás, vangloriava-se". Mas é por todos os títulos notável a deferência que intelectuais, políticos e jornalistas de A a Z no espectro ideológico sempre mantiveram em relação a esse pensador confessadamente autoritário e aparentado ideologicamente ao integralismo, a versão brasileira do fascismo.[1]

1. Wilson Martins, *História da inteligência brasileira* (Ponta Grossa: UEPG; v. VI,

Nos termos de minha tipologia de intelectuais (ver capítulo 1), Oliveira Vianna não foi tribuno nem profeta: foi (ou pretendeu ser) um sacerdote. Wilson Martins (p. 223) afirma que ele quis ser "o diretor de consciência da nacionalidade". A ambição sacerdotal parece-me explicar a relação de amor e ódio que Oliveira Vianna nutriu durante toda a sua carreira em relação aos dois gigantes do início do século: Rui Barbosa e Alberto Torres.[2] Contra Rui Barbosa, Oliveira Vianna não poupava munição. É fácil ver por quê. Rui não foi só um jurista consagrado, foi também um ator político de primeira grandeza, status a que Oliveira Vianna não poderia aspirar. Sua escada para o sacerdócio só poderia ser a das ideias: sua condição de intérprete supostamente "objetivo" da história social brasileira. Seu lugar, portanto, só poderia ser na antípoda daquele ocupado pelos juristas e políticos liberais, aos quais se referia desdenhosamente como "idealistas utópicos": gente que ao ver dele dava as costas para o Brasil e só tinha olhos para a Europa. Natural, pois, que batesse duro em Rui Barbosa, pintando-o como a encarnação por excelência do saber livresco e formalista da elite brasileira daquela época.

A relação de Oliveira Vianna com Alberto Torres deve ter sido complexa, mas devo confessar que resvalo para uma psicologia barata sempre que tento entendê-la. Torres era o pai que Oliveira Vianna invejava e precisava matar. A presença de Torres na vida pública não foi marcante como a de Rui Barbosa, mas ele foi deputado federal, governador do Rio de Janeiro e ministro do Supremo Tribunal Federal. Como intelectual, foi um profeta. Suas reflexões sobre o Brasil foram mais audaciosas e

---

p. 293); Hélgio Trindade, *Integralismo: O fascismo brasileiro dos anos 30* (São Paulo: Difel, 1974). O melhor estudo disponível sobre Oliveira Vianna é o de Medeiros (1978).

2. Ver os capítulos I-III de *Instituições políticas brasileiras*, doravante IPB (São Paulo: Edusp e Itatiaia, 1987).

originais que as de Oliveira Vianna, a quem este algumas vezes se referiu como seu "mestre", e, com efeito, são de Alberto Torres certas fórmulas que Oliveira Vianna repetiu *ad nauseam*, a começar pela própria antinomia realismo nacionalista × idealismo alienado.

Mas, enfim, qualquer que seja o valor de minhas especulações psicológicas, fato é que as referências de Oliveira Vianna a Alberto Torres tinham algo de ambíguo. Torres teria sido um visionário cheio de boas intenções, mas sem contato com a realidade; um "filósofo social", não um cientista social como o que ele, Oliveira Vianna, se adestrara para ser.

Não subestimo a importância histórica de Oliveira Vianna e o valor de sua obra, mas intriga-me a indulgência com que ela sempre foi examinada. Esta é a hipótese que me proponho a demonstrar neste capítulo.

Começo por Wilson Martins, que enfatiza a estatura de Oliveira Vianna como um renovador da ensaística social brasileira; prossigo com Antônio Paim, autor de um substancioso texto de avaliação da sociologia oliveiriana, e concluo com Wanderley Guilherme dos Santos, que lhe atribui um projeto original e consistente para a construção da democracia no Brasil.

WILSON MARTINS: OLIVEIRA VIANNA E A RENOVAÇÃO DA ENSAÍSTICA SOCIAL BRASILEIRA

Em sua *História da inteligência brasileira*, uma obra em seis volumes, Wilson Martins homenageia Oliveira Vianna, atribuindo-lhe uma visão "progressista" em tudo e por tudo discrepante das posições e avaliações que o sociólogo fluminense sustentou ao longo de sua extensa carreira.[3] Suas obras teriam tirado o homem do campo do esquecimento, trazendo-o para o centro do palco. A partir de *Populações meridionais*, "o *mundo rural* pela primeira vez passou a 'fazer história', a ver-lhe considerada a influência na dinâmica social" (v. VI, p. 221; aspas e grifos do original). A tônica de "progressismo" adotada por Wilson Martins contrasta, desde logo, com o aristocratismo onírico presente na obra citada. Realmente, Oliveira Vianna dava rédea solta à imaginação, como nesta descrição da "nobreza rural" de Pernambuco e São Paulo na era colonial: "Dir-se-ia um recanto de corte europeia transplantada para o meio da selvageria americana — tamanhas as galas e as louçanias da sociedade, o seu maravilhoso luxo, o seu fausto espantoso, as graças e os requintes do bom-tom e da elegância".[4]

Já suas referências aos destituídos da sorte são transbordantemente preconceituosas, como em sua curta alusão aos beatos do Antônio Conselheiro, e devo lembrar que se trata de um trecho escrito cerca de cinquenta anos após a publicação de *Os sertões*, de Euclides da Cunha. O que nele vemos é nada mais e nada menos que um extravagante superdimensionamento da ameaça que movimentos daquela natureza teriam representado e poderiam ainda representar para a ordem pública:

> [O fanatismo religioso] prende-se a um estado de espírito permanente da psique das nossas populações sertanejas. Dele têm-se ori-

---

3. Os trechos de maior relevância para a presente discussão encontram-se no v. VI, pp. 222-3 e 286-9.
4. *Populações meridionais do Brasil*, v. 1, pp. 27-8 (Rio de Janeiro: José Olympio, 1952). Ao compor este relato, o escritor fiou-se *Nobiliarquia paulistana*, de Pedro Tacques, o que lhe valeu duras críticas. No "Addendum" às edições seguintes, ele escreveu: "De mim para mim, não acredito que Tacques mentisse integralmente. Houve, embora episodicamente, riqueza e esplendor naquela época e entre aqueles intrépidos devassadores de florestas e campos" (5. ed., p. 439).

ginado movimentos populares de larga envergadura, de pura inspiração religiosa, sem dúvida; mas que têm inquietado muitas vezes a ordem pública daquelas populações e mesmo provocado larga movimentação das nossas Forças Armadas. É o caso da rebelião de Canudos. No Norte, nos seus altos sertões, este fanatismo constitui uma condenação temerosa de potencialidades e possibilidades revolucionárias. Tão temerosa que sempre põe uma sombra de inquietação no espírito dos governos, não só das metrópoles estaduais como mesmo da metrópole nacional.[5]

Populações meridionais do Brasil é, com efeito, um monumento ao racismo. Os comentaristas geralmente deixam de lado esse pecadilho de juventude e passam a ressaltar o que lhes parece ser uma clara evolução de Oliveira Vianna no sentido de uma sociologia científica — ponto que retomarei na segunda parte —, norteada pelo conceito de cultura.[6] Wilson Martins não se contentou com esse procedimento-padrão, o que num primeiro momento me pareceu ótimo; pensei que ia ler um arrazoado incisivo sobre as concepções raciais de Oliveira Vianna. Ledo engano. O que o ilustre historiador e crítico literário quis fazer foi livrar Oliveira Vianna de tal mácula. Para isso — pasme-se! —, foi procurar conforto na *eugenia*, a pseudociência do aprimoramento das raças

---

5. IPB, v. 1, pp. 154-5. Sobre Canudos, ver também, *Populações meridionais*, v. 2, pp. 221-3.
6. Wilson Martins reconhece que as principais obras de Oliveira Vianna foram escritas sob a influência "das teorias racistas de Lapouge e outros defensores da superioridade ariana", e que "a raça é uma das suas explicações prediletas para a superioridade dos grupos e dos indivíduos" (p. 222). No entanto, ele prossegue, "essa posição não tem, no conjunto da obra, a importância fundamental que as discussões polêmicas lhe quiseram atribuir, sendo igualmente exato que o próprio Oliveira Vianna esforçou-se por abandoná-la — chegando mesmo a afirmar expressamente, no prefácio à segunda edição de *Evolução do povo brasileiro* (1933), que sempre considerara esse tema 'um aspecto secundário e insignificante'".

que se desmoralizara de vez ao ser adotada pelo regime de Hitler. As preocupações de Oliveira Vianna, ele escreve, teriam sido "apenas" eugênicas, não raciais:[7]

> Os mestiços superiores, mulatos e mamelucos, não ascendem socialmente enquanto *mestiços*, mas, ao contrário, quando deixam de sê-lo *psicologicamente* — porque se arianizaram [... Portanto] o "arianismo" de Oliveira Vianna era apenas a metáfora idealizante de uma aspiração eugênica largamente partilhada naquele momento, e nada tinha, no fundo, de particularmente racista, nem no seu espírito nem no espírito do grupo intelectual a que pertencia. (v. VI, p. 295; grifos do original)

---

7. Ver Wilson Martins, v. VI, pp. 294-6; e Oliveira Vianna, *Populações meridionais*, v. 1, cap. 6, especialmente pp. 163-5, em que interpreta a conservação pela raça branca de sua posição dominante no fim do período colonial: "[Ao] encerrar-se o terceiro século da colonização [...] a seleção da classe superior se faz, para nossa felicidade, no sentido ariano. Mesmo nas Minas são os emboabas que tomam a dianteira à plebe rural e ocupam o lugar que [se abre], de súbito, no seio da aristocracia paulista. Esse caráter ariano da classe superior é tão valentemente preservado na sua pureza pelos nossos antepassados dos três primeiros séculos que nos salva de uma regressão lamentável [...]. Os mestiços superiores, os mulatos ou mamelucos que vencem ou ascendem em nosso meio durante o largo período da nossa formação nacional, não vencem nem ascendem como tais, isto é, como mestiços, por uma afirmação da mentalidade mestiça. [Ao contrário], só ascendem quando se transformam e perdem [os] característicos [híbridos de seu tipo], quando deixam de ser psicologicamente mestiços, porque se arianizam. [A função superior de síntese, coordenação e direção] cabe aos arianos puros, com o concurso dos mestiços superiores e já arianizados. São estes os que, de posse dos aparelhos de disciplina e de educação, dominam essa turba informe e pululante de mestiços inferiores e, mantendo-a, pela compressão social e jurídica, dentro das normas da moral ariana, a vão afeiçoando, lentamente, à mentalidade da raça branca".

No substancioso posfácio que escreveu para a edição USP--Itatiaia de *Instituições políticas brasileiras*, publicada em 1987, o filósofo Antonio Paim põe em relevo as influências de Alberto Torres e Silvio Romero entre os antecedentes intelectuais de Oliveira Vianna. Em Sílvio Romero, Paim ensina, Oliveira Vianna foi buscar a abordagem "culturológica" e a metodologia de pesquisa monográfica desenvolvida pela escola francesa da "geografia social", cujo nome mais conhecido era Le Play.[8] No que concerne à metodologia, cabe ressaltar que Oliveira Vianna se deslumbrava com as técnicas de pesquisa modernas — com as da geografia social francesa e com outras que surgiam nos Estados Unidos, às quais se referia como invenções quase miraculosas. Mas era só isso: deslumbramento. De pesquisa empírica, é muito pouco ou quase nada o que encontramos em sua obra, e sua reflexão metodológica não foi além de um empirismo ingênuo, ou seja, de um positivismo na acepção mais pobre deste termo.[9]

O contato com o culturalismo deve ter facilitado o aprendizado de Alberto Torres por Oliveira Vianna. De fato, a reflexão de Torres, anterior à Primeira Guerra, destacara a importância do fator cultural no desenvolvimento do Estado e da Nação. Tributá-

8. IPB, v. 2, p. 174. "Oliveira Vianna dava a impressão de entender mais de Le Play que do Brasil", teria dito certa vez Capistrano de Abreu (citado por Wilson Martins, v. VI, p. 222).
9. Ver a propósito esse pitoresco autorretrato epistemológico: "[Ao contrário de Torres,] eu partia do fato local para o fato nacional; da célula para o tecido; do tecido para o órgão; do órgão para o organismo nacional; do 'grande domínio' para o 'clã' e do 'clã' para o 'partido'; do governo dominical para o governo municipal; do governo municipal para o governo provincial; deste para o governo nacional, para o centro, para o vice-rei, para o rei, para o imperador. [Em] toda esta longa marcha, nunca deixei de remontar [...] aos mananciais da serra, aos olhos d'água da formação nacional". (IPB, v. 2, p. 65; grifado no original.)

ria do positivismo de Augusto Comte, mas com algumas tintas românticas, sua visão tendia ao organicismo, postulando uma semelhança entre a evolução das nações e a dos organismos vivos. Torres não foi um defensor em toda a linha de um Estado autoritário, mas era um adversário enfático do federalista. Assim, sua doutrinação nacionalista e centralizadora — entre outros elementos que não vêm ao caso neste momento — haveria de levá-lo para as cercanias de um pensamento antidemocrático.

Surpreende-me que Paim, com sua formação filosófica e seu conhecimento do positivismo, não tenha se aprofundado nesse aspecto do pensamento de Oliveira Vianna. Mantendo-se rente aos textos, ele me parece ter levado demasiado a sério a cientificidade do "culturalismo sociológico" e o pretenso realismo político do pensador fluminense, cujo "culturalismo sociológico" na verdade não vai muito além das velhas especulações históricas baseadas na ideia de "caráter nacional". Daí a sem-cerimônia com que ele discorre sobre a psicologia política "do" inglês, "do" francês, ou "do" mineiro, "do" paulista etc.

O entusiasmo com que Oliveira Vianna abraçou a teoria culturológica é, porém, compreensível. Nela ele encontrou o respaldo de que necessitava para atacar o pensamento jurídico liberal. A inexistência de uma correlação perfeita entre a lei e o fato social parecia-lhe uma descoberta revolucionária. Não chega a tanto, mas é uma tese correta: o efeito condicionante das normas estatais sobre a vida social é uma questão para a inquirição empírica, não para dedução a partir dos códigos legais.[10]

10. Wilson Martins (v. vi, p. 221) também faz essa observação, num tom mais positivo que o meu: "Assinalando com argúcia a diferença das 'idades culturais' entre as diversas regiões do Brasil, [Oliveira Vianna] soube reconhecer a impossibilidade de fazer-lhes a história simplesmente por meio dos papéis e documentos oficiais produzidos pelo núcleo mais adiantado, o das grandes cidades e capitais".

É também fora de dúvida que o culturalismo ajudou-o a formatar sua visão extremamente reacionária da história brasileira. Atinar com a "estabilidade dos complexos culturais" deve ter tido para ele o valor de uma revelação. Era a comprovação "científica" de que o mundo não muda da noite para o dia; de que existe uma ordem; de que a cultura (ou o sistema das relações sociais — expressões que em "oliveirês" se equivalem) pode se manter inalterável por longos períodos, por séculos até.[11] Essa percepção do tempo social é o coelho que mais frequentemente se entremostra nas dobras da cartola sociológica de Oliveira Vianna, sempre estimulando nosso autor a especulações inusitadas, por exemplo quando recorre à cultura polonesa de vários séculos atrás para explicar o que lhe parecia ser uma persistente incapacidade de organização política entre os poloneses na era stalinista (IPB, v. 2, pp. 98-9)!

Para um sociólogo que se apresentava como o grande conhecedor da história social das regiões brasileiras, Oliveira Vianna parece ter tido hábitos curiosos. Ao contrário de um Caio Prado Jr., por exemplo, que andou pelo país inteiro, ele raramente viajava; sua vida se passava entre o Rio de Janeiro e Niterói, onde residia; em minhas pesquisas, encontrei apenas uma viagem a Belo Horizonte para tratamento de saúde. Em 1933, quando da inauguração da Escola de Sociologia e Política de São Paulo, ele declinou do convite para ministrar a aula magna, limitando-se a enviar alguns parágrafos em forma de entrevista. Por si só, esse aspecto de sua personalidade sugere terem sido modestos os conhecimentos que ele chegou a adquirir em primeira mão a respeito do interior brasileiro. E, com efeito, quem estudar seus textos com aten-

11. Uma questão intrigante: o culturalismo reforçava sua percepção quase estática da sociedade brasileira, mas a opção autoritária devia-se supostamente a um anseio de mudança de dimensões revolucionárias, infactível por meios democráticos. Retomo este ponto na terceira parte.

ção convencer-se-á de que suas descrições da vida rural brotaram, por um lado, de sua imaginação privilegiada e, por outro, da leitura das obras técnicas disponíveis em sua época, que não deviam ser numerosas, e de relatos de viajantes, estes citados com frequência.

UM VIÉS ANTIRRURAL

Para a imagem do interior na obra de Oliveira Vianna e o fascínio que ela exerceu sobre seus leitores das grandes cidades deve ter também contribuído o viés antirrural que permeava a opinião letrada e o romance regional, como ocorreria mais tarde com certas criações cinematográficas e televisivas e com a própria ciência social acadêmica.

Um traço conspícuo de tal viés, para dizê-lo na linguagem jornalística atual, era uma indisposição a *ouvir o outro lado*: como de fato viviam, o que pensavam e sob que condições trabalhavam os proprietários de terra, grandes ou pequenos, pelo Brasil afora. Já observei a falta de pesquisa primária nos livros de Oliveira Vianna, e é óbvio que ele não poderia ter *entrevistado* os chefes rurais dos quatro primeiros séculos que se propunha a retratar em seus livros. Mas se é certo, como sugeriu Max Weber, que a compreensão da realidade social depende de um *verstehen*, uma capacidade subjetiva de imaginar e compreender o outro, por que presumir que todo fazendeiro pensa somente em si e em sua família (em seu "clã")? Por que supor que fossem menos patriotas e menos interessados no destino do país que o enxame de escritores cortesãos que os retratavam e ainda hoje retratam em tons quase sempre negativos?

De fato, no Brasil e creio que em toda a América Latina, os ideólogos ditos progressistas parecem atribuir ao capital investido em atividades urbanas uma ética e uma funcionalidade social que não reconhecem no capital aplicado na agricultura ou na pecuária.[12] Assim era em relação aos latifúndios de outrora e assim permanece em larga medida no que toca ao agronegócio contemporâneo. Em relação à indústria, sabemos que no segundo pós-guerra a esquerda nacionalista passou a incensar o empresariado nacional como uma espécie de farol do avanço histórico.

Os estudos de Oliveira Vianna levaram-no a crer que os fazendeiros, mesmo em tempos recentes, seriam portadores de uma aversão por assim dizer atávica a qualquer forma de associação e colaboração. Haveria neles, insculpido em sua psique (expressão que lhe era cara), um individualismo empedernido, fruto de séculos de adaptação ao isolamento nos latifúndios autossuficientes de outrora: "Nossa formação se processou segundo um desenvolvimento que se caracteriza por um nítido, rude, vigoroso individualismo, em antagonismo patente com qualquer tradição de solidariedade social e menos ainda de espírito comunitário" (IPB, v. 2, p. 106).

Desconfiados de tudo e de todos, esses bugres do interior precisariam ser compelidos por decreto a se associarem — e foi justamente isso o que Oliveira Vianna, em sua condição de consultor jurídico do Ministério do Trabalho, parece ter tentado fazer, recomendando ao governo do Estado Novo a fórmula da sindicalização compulsória (IPB, v. 2, pp. 104-5). Este é um claro indício de que a ótica antirrural afetou estruturalmente o pensamento do nosso autor, impedindo-o de registrar certos fatos, por importantes que fossem ao tema de sua inquirição. Sobre a pecuária relati-

12. Compendiar as manifestações sociológicas e literárias do viés antirrural, inclusive certos temas religiosos e escatológicos que o permeiam, seria um trabalho certamente útil, mas volumoso, convindo empreendê-lo como um estudo à parte. Neste particular, o catolicismo esquerdizado de nossos dias parece ecoar o bordão integralista dos "dois alqueires e uma vaca", como se toda propriedade maior que o módulo familiar devesse ser mantida *sub judice*.

188

vamente avançada que surge no sul de Minas Gerais na fase de decadência da mineração do ouro, por exemplo, ele nada teve a dizer. Sobre a cafeicultura paulista, sim, fez várias observações, mas nenhuma sobre a elite empresarial moderna e arrojada que a criou e organizou, controlando-lhe todas as fases, do plantio à colocação do produto no mercado internacional. O mais espantoso, no entanto, é ele não ter se dado conta de que a pecuária brasileira foi simplesmente revolucionada na primeira metade do século — recobrindo todo o período de sua atividade como sociólogo e integrante do alto escalão governamental. Do empreendimento exclusivamente privado que teve início na associação (sim, associação) de fazendeiros do Triângulo Mineiro e do oeste paulista para a importação de raças indianas, lançando as bases da pecuária brasileira moderna, ele não deve ter tido notícia. Preocupado com os clãs rurais, não parece ter percebido a diferença entre o mirrado gado açoriano do período colonial, dominante até o final do século XIX, e o novo, importado para substituí-lo, nem entre as tecnologias utilizadas, rudimentar no primeiro caso, moderna e rapidamente evolutiva no segundo.[13]

Somos pois forçados a concluir que a serventia maior da sociologia científica de Oliveira Vianna foi ajudá-lo a compor sua interpretação da história rural brasileira como um combate sem remissão entre chefes ignorantes e belicosos. Sua devoção a essa tese foi notável: durante mais de trinta anos, sob conjunturas tão variadas, em uma dúzia de livros, ele pintou um poder central

---

13. Sobre a pecuária sul-mineira, ver Caio Prado Jr., *Formação do Brasil contemporâneo: Colônia* (São Paulo: Brasiliense, 1963, 7. ed., pp. 193-8); sobre a elite cafeicultora, ver Celso Furtado, *Formação econômica do Brasil* (Rio de Janeiro: Fundo de Cultura, 1963, 5. ed., pp. 137-9. Ver também Schwartzman, *Bases do autoritarismo brasileiro* (Rio de Janeiro: Campos, 1982, 2. ed.), sobre a emergência de padrões políticos e econômicos modernos em São Paulo, em comparação com as práticas patrimonialistas dominantes no resto do país.

(portanto a própria unidade do país) assediado, para não dizer sitiado, pelos clãs rurais. A primeira e mais grave inflexão nessa história de quatro séculos e meio ter-se-ia dado com a Independência. Originalmente positivos para a ocupação da terra e a defesa do território, os clãs teriam se transformado em partidos, termo que na semântica oliveiriana se pode traduzir de forma aproximada como organizações de combate pseudoeleitoral, na verdade armadas e a serviço dos interesses estritamente privados de seus chefes. Tudo isso por obra e graça do liberalismo, evidentemente. Colocando o carro adiante dos bois — a representação antes da autoridade vertical do Estado —, o "idealismo utópico" dos juristas os teria inoculado com o vírus maligno do particularismo e da desafeição à nascente nacionalidade.

Clãs poderosos? Acaso estaria o sociólogo se referindo à miríade de fazendeiros espalhados pelo imenso território, a grandes distâncias dos mercados consumidores, transportando sua produção em estradas e meios de locomoção primitivos, ilhados na estação chuvosa e sem acesso rápido a nenhum tipo de assistência médica? Terá ele talvez pensado no cafeicultor e no novo pecuarista a que já fiz menção? Estes, sim, eram poderosos; mas seriam os bugres violentos e primitivos que povoam a quase totalidade de sua obra? Beligerância havia, sim, no Rio Grande do Sul; o morticínio ensejado pela guerra civil de 1893-5 é de conhecimento geral. Mas haveria algum traço de "liberalismo utópico" na facção positivista que lá empalmara o poder e desafiara abertamente o governo nacional ao adotar uma Constituição autoritária?

UM DESENVOLVIMENTISTA *AVANT LA LETTRE*?

Wanderley Guilherme dos Santos argumenta que o autoritarismo de Oliveira Vianna seria "instrumental", isto é, pragmático e transitório. Um sistema político liberal não pode existir onde não exista uma sociedade liberal; o Brasil — ele escreve, propondo uma síntese de Oliveira Vianna, "não possui uma sociedade liberal, mas, ao contrário, parental, clânica e autoritária".[14] O que se requer é então um Estado autoritário-instrumental que a reconfigure estruturalmente até torná-la liberal; só após a consecução de tal objetivo é que a democracia poderá atingir entre nós o nível desejado de desempenho. O que Santos sugere é, pois, que Oliveira Vianna buscou o nascente da democracia pelo poente de uma ditadura. Objetivando criar a infraestrutura social de um regime democrático, ele teria tido a notável antevisão de um Estado empenhado em constituir entre nós uma "ordem liberal-burguesa" — vale dizer, uma moderna sociedade capitalista —, não se limitando a um mero plano de crescimento econômico.

É uma interpretação engenhosa, mas não isenta de problemas. Indicarei alguns deles.

Começo pela sociedade "clânica, parental e autoritária", o que me obriga a repetir alguns dos pontos tratados na seção anterior. Nessa matéria, como assinalei, Oliveira Vianna singra um mar de contradições e fantasias. Ao ver dele, a chave para o conhecimento da história social brasileira seriam as incessantes violências que os clãs rurais contratavam ou perpetravam diretamente. Presente em quase todo o espaço geográfico, tal beligerância teria percorrido incólume todo o arco de nossa formação histórica e se arraigado em nossa vida política como uma verdadeira *physis*, a fonte última de nossas mazelas; estas, no entanto, ter-se-iam agigantado como fator de perturbação por obra e graça "do democracismo excessivo" (IPB, v. 2, p. 142), "das constituições cenográficas, lantejoulantes, de aparato e bambinela" (IPB, v. 2, p. 148) que juristas e políticos sonhadores insistiam em impor ao país. Assim, repetindo, os clãs

---

14. *Ordem burguesa e liberalismo político* (São Paulo: Duas Cidades, 1978), p. 92.

constituíam uma ameaça real para a própria unidade nacional. Um exagero completamente descabido, mas logicamente necessário, como veremos, à estruturação de seu pensamento.

De fato, um risco dessa ordem para o Estado e o país só seria concebível se o primitivismo rural fosse geograficamente onipresente e extraordinariamente persistente ao longo dos séculos. Se estivesse em extinção, em função de mudanças sociais, que sentido haveria em propor uma ditadura com o fim precípuo de erradicá-lo? O problema — *hélas*! — é que Oliveira Vianna declarou exatamente isso, com todas as letras e em mais de uma ocasião: o primitivismo rural estaria em vias de extinção. Fadados ao desaparecimento, os clãs teriam já atingido um estágio irreversível de debilitação. Peço licença para fazer aqui uma citação mais longa que o habitual. Eis o que nosso autor escreve (pp. 93-4; grifos do original) no capítulo IV do segundo volume de *Instituições políticas brasileiras*:

> É claro que estes complexos retardatários, vindos do período colonial, terão que se desintegrar futuramente; mas, só se desintegrarão com o avanço, para o interior, da *civilização do litoral*, que [as] elites exprimem. Esta desintegração, porém, será obra do tempo — e não de golpes "revolucionários" ou da ação catalítica de Constituições [liberais]. Obra lenta, de muitos decênios, senão de séculos, obedecendo a processos evolucionais que a ciência social já estudou e definiu com precisão. [Esta] transformação de mentalidade terá que se processar naturalmente, não há dúvida; mas isto com o correr dos tempos e a sua lentidão conhecida. Nossa história, aliás, justifica esta expectativa. Basta notar que este mesmo regime de lutas de famílias e de lutas intervicinais, acompanhadas de assassínios dos adversários, vinditas e assaltos às fazendas e cidades [...] já dominou vastas extensões do Brasil meridional, em regiões que hoje são consideradas modelos de ordem social, tranquilidade pú-

blica e respeito aos direitos alheios: — como o estado do Rio, o estado de São Paulo e o sul do estado de Minas, onde era geral — até mesmo aos fins do terceiro século — o regime das "assuadas" e "saltadas" de desordeiros e capangas aos serviços dos senhores feudais. [Essa e outras regiões de Minas] em nada diferiam do Nordeste do Brasil Central, que vemos ainda devastada pela vindita dos "cabras" alugados aos chefes políticos. Hoje, entretanto, nessas regiões, outrora assim tumultuadas — nada destas velhas tradições existe mais, nenhum resquício de lutas, de violências, de ilegalidades, nem dos régulos onipotentes dos velhos tempos. Mesmo ao Norte, a anarquia sertaneja está se retraindo cada vez mais para o alto sertão... Logo, a nossa sociedade se tem transformado, e melhorado, e progredido: os seus antigos "complexos culturais" se estão desintegrando e evoluindo. O nosso mal, a causa de todos os nossos erros, e também de nossos desesperos, é [nossa] incapacidade de compreendermos isto, de aceitarmos ou nos conformarmos com esta fatalidade da história, que é *a lentidão da evolução das realidades sociais*. Queremos atingir logo — a golpes de leis e de programas políticos — um estágio cultural que os povos europeus mais civilizados levaram séculos, e mesmo milênios, para atingir.

Reapresento, pois, minha dúvida: se a estrutura da sociedade "clânica, parental e autoritária" já mudou tanto, e se nenhuma lei ou programa político, incremental ou revolucionário, pode reverter ou acelerar seu curso, por que haveria o Brasil de admitir a implantação do assim denominado "autoritarismo instrumental"?

PRECONDIÇÕES DA DEMOCRACIA

Santos afirma que uma democracia liberal não pode existir *sem* uma sociedade liberal, e o Brasil *não possui* uma sociedade liberal. Os termos que destaquei indicam claramente que a sociedade liberal precisa existir *antes* da democracia, sendo essa a razão de se atribuir a um Estado autoritário a responsabilidade de impulsionar sua criação. Trata-se aqui, portanto, de uma inquirição na linha que meio século atrás os cientistas políticos designavam como precondições da democracia. Lipset, por exemplo, em seu clássico *Political Man*, de 1958, postulou que o desenvolvimento democrático dificilmente ocorreria em países que não houvessem atingido níveis relativamente altos de renda per capita e escolarização. Outros autores entenderam que a democracia precisa ser precedida por uma máquina de Estado neutra, profissional e forte o suficiente para compelir os contendores à observação das regras do jogo. Numa versão mais requintada da mesma ideia, Huntington (1968) cravou que só países dotados de verdadeiras instituições podem aspirar ao status de politicamente desenvolvidos.

Na leitura de Santos, Oliveira Vianna teria postulado que os princípios operantes da realidade social e os do sistema político precisam ser congruentes entre si. Criar democracias "lantejoulantes" é fácil, nisso os nossos liberais seriam craques. Mas uma democracia liberal (verdadeira, digna do nome) requer uma sociedade liberal previamente configurada, donde a necessidade de o Estado chamar a si a tarefa histórica de tornar congruentes aquelas duas esferas. Minha dúvida é se faz sentido postular uma sequência causal entre conjuntos de variáveis definidos num nível tão genérico. Visto por esse ângulo, a *démarche* de Oliveira Vianna poderia ser analisada como dois estágios — o primeiro como causa e o segundo como efeito — entre dois megaprocessos sistêmicos, elevando as deficiências comuns da teoria das precondições à enésima potência. No primeiro estágio o Estado ditatorial sacode a sociedade clânica até transformá-la numa sociedade burguesa; no segundo, a recém-configurada sociedade burguesa exerce uma ação condicionante sobre o sistema político, moldando (e ao mesmo tempo sustentando) uma democracia liberal. *A tall bill*, como dizem os ingleses.

O ESTADO DEFINHA E FENECE?

Chegamos assim à questão do caráter "transitório" do autoritarismo oliveiriano. Vale a pena evocar aqui a teoria marxista-leninista do desaparecimento do Estado. Bem ou mal, o marxismo-leninismo dispunha de uma teoria. Em *O Estado e a Revolução* (1917), Lênin nos diz que, uma vez instaurada a ditadura revolucionária e assimiladas pelo proletariado as técnicas básicas de planejamento e administração, o Estado "desaparece", entendendo-se por tal que ele perde as funções de organização e o caráter repressor que são de sua essência na sociedade capitalista. Desaparece por isso — por ter se tornado desnecessário.[15]

Entre o suposto desaparecimento do Estado da concepção leninista e o "depois" democrático da ditadura instrumental oliveiriana, inexiste, entretanto, qualquer ponto de contato. Lênin afiançava a futura desnecessidade do Estado porque a teoria marxista o levara a acreditar nisso: *to the best of his knowledge*, é o que ia acontecer. Hoje, sim, sabemos que uma ditadura "fenecer" é uma das várias quimeras leninistas, mas convenhamos que, comparado a Oliveira Vianna, Lênin sai relativamente bem na foto. Não dispondo de uma teoria minimamente articulada, Oliveira Vianna nos pede um cheque em branco. A missão de transformar a sociedade que ele atribui ao poder central — atribuição de resto discutível à luz das tendências de mudança social por ele mesmo relatadas, como indiquei — é uma teologia solta no ar, carente

15. Em português, em geral dizemos que o Estado "desaparece". Em inglês, o verbo usado é "*to wither away*", mais bem traduzido como fenecer, ou murchar e cair.

de lastro teórico ou histórico-empírico. Admitamos, para argumentar: a) que ele tivesse de fato identificado, no melhor espírito do positivismo de Augusto Comte, "a" lei de desenvolvimento de nossa evolução sociopolítica; e b) que tivéssemos, como ele, uma elástica complacência normativa no tocante à implantação de uma ditadura. Nem assim a conta fecharia, pois não há em sua obra indicação alguma sobre quando finalmente tal ditadura terá concluído sua tarefa de fazer desabrochar a ordem burguesa.

O problema, como é óbvio, é que em algum momento após a instauração da ditadura instrumental haverá necessidade de uma avaliação (o objetivo foi atingido?) e de uma decisão (retemos ou dispensamos os serviços do ditador instrumental?). Que alternativas devemos supor que se descortinassem nesse momento? Santos não se detém nesta questão; afirma, apenas, que o autoritarismo instrumental "poderá" ser "questionado e abolido" (p. 103). Poderá... ou não, como coloquialmente se costuma dizer. É também plausível que ele não seja nem questionado nem abolido, ou que seja questionado, mas não abolido — tudo dependendo do poder de fogo dos interessados em sua abolição ou em sua permanência.

A AGENDA OLIVEIRIANA

O ponto-chave da teoria do Estado autoritário-instrumental é, como vimos, a necessidade de liquidar a sociedade clânica a fim de abrir espaço para a ordem liberal-burguesa. Mas o que, concretamente, esse Estado pode, precisa ou vai fazer para chegar a tal resultado? Embora o modelo oliveiriano lhe pareça "original e consistente", Wanderley Guilherme dos Santos acertadamente observa que Oliveira Vianna não elaborou uma agenda ou programa capaz de lhe conferir sentido prático. Ainda assim, penso ser útil examinar alguns pontos em que ele tocou, mesmo que de forma oblíqua ou incompleta.[16]

OS CLÃS E A QUESTÃO AGRÁRIA

Na sociologia oliveiriana, os clãs rurais e os latifúndios sob seu controle teriam sido entre nós o impedimento principal ou quase único à democracia. Desintegrá-los seria por conseguinte a condição *sine qua non* para a criação da sociedade liberal. Uma reforma agrária abrangente seria a medida lógica para atingir tal objetivo. Mas esta hipótese o próprio Santos se encarrega de descartar, contrapondo ao suposto progressismo de Oliveira Vianna o fato de ele jamais ter uma medida desse tipo. Essa é também a minha avaliação: se a visão radicalmente modernizadora que se lhe tem atribuído tivesse fundamento, Oliveira Vianna teria que tê-la atacado explicitamente e lhe outorgado um espaço fundamental em seus trabalhos, o que absolutamente não é o caso. Nada há em sua obra que se possa interpretar como uma proposta minimamente consistente de reforma agrária.[17]

16. Wilson Martins parece-me ter exagerado ao descrever Oliveira Vianna como um "ideólogo quase oficial do Estado Novo". Minha avaliação é que a participação dele na feitura e na propaganda do sistema sindical corporativista marcou o limite de sua influência. Por outro lado, ele parece ter sido hábil em não se entusiasmar com a representação corporativista no âmbito do Legislativo; a devoção de Azevedo Amaral e outros a tal fórmula foi uma evidente *journée de dupes*, uma jornada de otários. Getúlio Vargas nunca levou essa ideia a sério.
17. São três, salvo melhor juízo, as alusões ao tema agrário: uma extremamente vaga, lamentando não termos possuído "um sistema de pequena propriedade largamente difundido" (IPB, v. 2, p. 147, incluindo a n. 18); e duas que tratam a questão de modo oblíquo, referindo-se à impraticabilidade de uma reforma agrária abrangente, mas sem empregar esta expressão ou algum equivalente. Cito uma delas (IPB, V. 2, p. 129): "Quanto ao espírito de clã — que é o mal que envenena a nossa existência e

Contra a tendência a retratá-lo como um intelectual modernizador conspiram também certas manifestações do ilustre sociólogo sobre áreas específicas da política pública. Quanto às prioridades educacionais, por exemplo: teria ele defendido um montante de recursos materiais e humanos muito maior para a educação básica? Não. O que ele defende é exatamente o contrário. Ao ver do celebrado sociólogo, descurado estaria o ensino secundário e, principalmente, o superior. Na passagem citada a seguir ele critica:

a despreocupação [brasileira] pela formação intelectual das classes dirigentes, [em razão da qual] temos voltado todas as nossas atenções para o ensino primário, para o ensino do povo; na sua organização e difusão trabalham as nossas mais apuradas competências e as nossas mais acabadas vocações pedagógicas.[18]

Se não cogitou uma reforma agrária e tampouco uma ação enérgica do poder público com vistas à educação básica, teria Oliveira Vianna pensado na industrialização como uma estratégia para solapar indiretamente a sociedade familística? Se o tivesse feito, mereceria ser homenageado como um desenvolvimentista *avant la lettre*. Aqui, dois pontos parecem-me especialmente importantes. Primeiro, como já se notou, ele tinha consciência de que o avanço da urbanização e das comunicações pusera em

---

cria este estado de impaciência, exasperação e agressividade, característico de nossa vida política, impedindo o funcionamento normal e eficiente dos órgãos do Estado e do governo — não creio que possamos mover contra ele uma política de eliminação completa, de expurgo integral, que nos permita colocar o nosso povo em paridade com o povo inglês. E não creio — porque acredito na vigorosa tenacidade deste nosso complexo político, na sua capacidade de resistência a qualquer inovação ou reforma — que o contrarie ou o desconheça".
18. *Problemas de organização e problemas de direção* (Rio de Janeiro: José Olympio, 1952, p. 171).

marcha uma série de importantes transformações na sociedade rural. Segundo, entre os trabalhos que deixou inconclusos, há um que trata especificamente da industrialização.[19] Esse seria um de seus melhores trabalhos, e com certeza o melhor do ponto de vista da fundamentação empírica. Em sua primeira parte, Oliveira Vianna discorre sobre "o supercapitalismo industrial e sua inviabilidade no Brasil". Cito a seguir um dos primeiros parágrafos e a síntese final:

O grande papel da política social da Revolução de 30 foi justamente este: atalhar os males desta brusca evolução supercapitalista da nossa estrutura econômica. Com isto, impediu que a injustiça social — existente sempre em qualquer sociedade onde haja pobres e ricos, capitalistas e proletários — aqui acabasse explodindo numa revolução social. Revolução que teria forçosamente que vir revestida de formas estranhas ao nosso meio; queremos dizer, de uma virulência, cujos efeitos não poderíamos prever, inspirada como seria pelo ódio, pela violência, pelo radicalismo sanguinário com que se manifestou e se manifesta ainda no velho continente. [...] Desta rápida análise das grandes organizações supercapitalistas existentes entre nós, mantidas e sustentadas financeiramente por holdings poderosas, vemos que será grande ilusão da nossa parte supormos que estas organizações produtoras resultam de imperativos vindos do nosso meio econômico. Na verdade, as realidades do nosso meio econômico não nos poderiam levar — por falta de clima adequado — a estas vastas e complexas organizações inteiramente estranhas pelos seus objetivos e pelo espírito que as anima, à nossa velha tradição cultural, que é a da economia do status, de tipo pré-capitalista [que estudamos perfunctoriamente ao descrever a formação e os

---

19. Uma cópia do manuscrito foi-me presenteada em julho de 1972 por Marcos Almir Madeira, um íntimo amigo de Oliveira Vianna. Dele, ver Madeira (1952).

modos de vida da nossa quadrissecular nobreza territorial]. Constituídas, evidentemente, com um espírito puramente mercantil — para fins exclusivos de lucro pelo lucro —, estas gigantescas organizações supercapitalistas exprimem, entre nós, presentemente, antes criações do puro capitalismo financeiro e do capitalismo internacional do que do capitalismo propriamente industrial,[20] que é peculiar aos nossos empreendimentos industriais e dos povos, como o nosso, ainda mal saídos da fase colonial.

As passagens citadas são de uma meridiana clareza. Oliveira Vianna admitia uma industrialização estritamente autárquica, limitada a empresas de pequeno porte e sem prolongamentos financeiros relevantes. O problema, naturalmente, é como impedir que as empresas industriais extravasassem tal molde. O autor não aborda essa questão na parte do estudo que chegou ao meu conhecimento, mas não se requer especial argúcia para compreender que o Estado teria que vigiá-las e controlá-las de forma estrita, subtraindo cada uma delas aos processos propriamente econômicos do capitalismo. Ou seja, o sistema visualizado por Oliveira Vianna continua em tese capitalista, mas é um capitalismo *sui generis*, que só admite pequenas unidades produtivas e em que o Estado, não contente com encerrá-las num espaço econômico fechado, teria de assumir uma feição praticamente totalitária para as impedir de crescer.[21]

Não era por acaso, já se vê, que os integralistas invocavam

---

20. Oliveira Vianna contrapõe o "capitalismo propriamente industrial" ao supercapitalismo; o primeiro compõe-se basicamente de pequenas empresas de transformação, ao passo que o segundo seria ao ver dele predominantemente financeiro.
21. Um aspecto importante em que Azevedo Amaral estava indubitavelmente à frente de Oliveira Vianna, escreve Wilson Martins em sua *História da inteligência*, p. 536, era no de preconizar a industrialização do país, contra a tendência a vê-lo e mantê-lo como "essencialmente agrícola".

Alberto Torres como seu Deus e Oliveira Vianna como seu profeta. Seu pensamento econômico assemelha-se ao de Alberto Torres, e ambos mantêm uma ligação estreita com as pieguices integralistas. Para encurtar uma longa história, o intelectual que supostamente propugnava pela preparação do Brasil para a modernidade burguesa fremia de horror só de pensar no "grande industrialismo" — no grande capitalismo norte-americano e alemão, desde logo, mas também (!) no grande capitalismo paulista anterior a 1950.

O MODELO POLÍTICO-INSTITUCIONAL

Com a queda do Estado Novo em 1945, a pregação ditatorial de Oliveira Vianna prescreveu. Este é o fato que o forçou a nuançar e até a repensar algumas de suas posições, como se pode facilmente verificar nos quatro últimos capítulos de *Instituições políticas brasileiras*.

Na discussão do sistema político, Oliveira Vianna começa martelando suas teclas prediletas: ataques ao democracismo livresco de Rui Barbosa, o caráter clânico da sociedade brasileira e nossa equivocada pretensão de aqui introduzir um regime que só os ingleses são capazes de praticar. Mas o próprio texto logo exclama: paciência, se democracia há de haver, tenhamos o bom senso de torná-la o menos democrática possível! É nesse espírito que ele recomenda os princípios que a seguir apresento de forma resumida e que não me parecem requerer comentário.

1) O sufrágio universal e igual é um equívoco; como critério geral, o processo eleitoral deve ser indireto: não deve ser "elegível quem quer que seja eleitor"; "o sufrágio universal e o sufrágio igual [são] anticientíficos quando aplicados sistematicamente ao nosso povo; pela pluralidade de sua estrutura cultural e pela di-

versidade de sua estrutura ecológica, o nosso povo está exigindo uma pluralidade [...] de eleitorados" (IPB, v. 2, p. 142);

2) "O presidente da República devia ser escolhido por um corpo eleitoral próprio, privativo, selecionado de conformidade com certos critérios de competência e responsabilidade" (p. 142);

3) O sufrágio deveria ser mais um privilégio que um direito; como direito, de qualquer modo, não deveria ser estritamente individual: "eu só concederia o direito de sufrágio ao cidadão sindicalizado, ao homem do povo que fosse molécula de qualquer associação de interesses extrapessoal [... àquele que fosse] partícipe e integrado numa comunidade de finalidade coletiva extraindividual — embebido, envolvido, impregnado de uma aura qualquer de socialidade; nunca ao homem desagregado da comunidade, ao homem desmolecularizado, ao homem puramente indivíduo, ao homem átomo; exibir [alguma prova] de socialidade — eis a condição que devíamos exigir, preliminarmente, a qualquer cidadão para sua entrada no 'país legal' — como eleitor" (p. 145);[22]

4) A federação é outro equívoco: certo grau de descentralização territorial é indispensável, mas por razões administrativas, não políticas; os governadores estaduais devem pois ser livremente nomeados pelo centro, com atribuições que poderão variar de um estado a outro e mesmo entre eles — a depender seja de sua competência, seja da confiança que mereçam por parte da autoridade central; os núcleos locais não devem ser tratados como iguais "como se todos tivessem a mesma cultura política ou a mesma

22. Em 1950, o Brasil tinha 5 milhões de eleitores, 16% da população total; em 2014, tinha cerca de 145 milhões, mais de 70% da população. É curioso imaginar o que Oliveira Vianna diria disso. Ver pp. 140-8 para uma apreciação em conjunto do pensamento do autor.

estrutura social"; o padrão meramente teórico da igualdade deve ser substituído por uma orientação semelhante àquela "realista e objetiva" dos administradores do período colonial, época em que "as atribuições conferidas aos governadores de capitanias não guardavam uniformidade, ao contrário, eram, ora ampliadas, ora restringidas, conforme a situação econômica, social ou política de cada capitania ou mesmo o grau de confiança ou capacidade do delegado"(p. 136);[23]

5) Métodos indiretos e diferenciados devem ser igualmente aplicados no preenchimento de todos os cargos administrativos que dependam de eleição: se não podemos aceitar, como fazem os ingleses, "o monopólio tradicional dos cargos públicos pela classe aristocrática (*gentry*)" — devemos pelo menos adotar métodos diferenciados "para a seleção de todos os ocupantes dos cargos públicos do país", chegando mesmo a instituir, "para os mesmos cargos, corpos eleitorais *específicos*, variando de composição *conforme os grupos regionais*, levando em conta, para cada um destes grupos, o atraso ou o progresso da sua *cultura local* e a maior ou menor diferenciação de sua *estrutura social*, ou *econômica*, ou *ecológica*" (pp. 142-3).

VOLTEMOS A RUI!

Nesta altura, Oliveira Vianna passou a considerar que a evolução da sociedade brasileira no sentido de uma ordem democrá-

23. As desigualdades que ainda hoje existem na representação dos estados na Câmara Federal são absurdas, mas baseiam-se, mal ou bem, em critérios constitucionais objetivos. No trecho citado, tomando a Colônia como modelo, Oliveira Vianna nos diz que o poder central deveria poder designar e controlar a seu exclusivo arbítrio os governadores.

tica não dependia do sistema político, qualquer que fosse sua organização institucional, e sim de um adequado sistema de justiça (p. 149). Ter compreendido isso, ele escreve, "é a maior glória de Rui", que, nesse ponto, "estava adiante da mentalidade dos homens de seu tempo" (pp. 161-2). Voltemos, pois, a Rui, ele proclama.

Certos filósofos alemães modernos sustentam que "voltar a Hegel é progredir". Podemos dizer, parafraseando-os, que — em matéria de funções e garantias do Poder Judiciário — voltar à doutrinação de Rui e à pureza do espírito da Constituição de 91 é progredir, porque é salvar os destinos das liberdades civis do nosso povo-massa — e portanto, da verdadeira democracia no Brasil. (p. 162)

Mas, como seria de esperar, as ideias de Oliveira Vianna para o desenvolvimento da justiça passam ao largo de qualquer visão sistêmica, situando-se muito mais no campo do idealismo jurídico que no da sociologia. Alheio a toda a complexa questão das relações centro-periferia na construção do Estado (Cintra, 1974), ele se reinstala no conforto epistemológico de um sacerdote *ex machina* e põe o carro à frente dos bois, como se uma máquina judiciária impecável, neutra e eficiente, aí incluída uma polícia profissional e centralizada em nível nacional, pudesse surgir num estalar de dedos, já no quilômetro zero de tal processo. Escancara, assim, uma de suas principais deficiências como sociólogo: a incapacidade de conceituar com um mínimo de rigor o combustível que põe seu modelo em movimento. Nessa forma de pensar, a figura lógica do "bem" desce do céu na roupagem de um demiurgo infenso às injunções, pequenas e grandes, inevitáveis em qualquer tipo de sistema político. Mais uma vez, pode-se aqui perceber uma tendência a divinizar o Estado que não é só de Oliveira Vianna, é de todo o antiliberalismo protofascista que se formou em contraposição à Constituição liberal de 1891.

Descartadas a reforma agrária, a educação básica e a industrialização — três armas que poderiam em tese solapar a sociedade clânica —, a modernidade burguesa passa aparentemente a depender desses três elementos: um Judiciário impecável, uma polícia idem e a saudável atmosfera do sindicalismo corporativo do Estado Novo, na qual o cidadão presumivelmente encontrará a "socialidade" dos sonhos anti-individualistas do sociólogo. Tudo devidamente ponderado, o que resta, convenhamos, é uma versão um tanto singela da teoria das "precondições" da democracia.

9. Sérgio Buarque de Holanda e os grilhões do passado

Quase todos os ensaístas políticos brasileiros da primeira metade do século XX buscaram algum tipo de fundamentação histórica para suas análises. Influenciados por diversas correntes protofascistas e pelo positivismo, muitos apregoavam haver descoberto por que o Brasil jamais poderia se tornar uma democracia. Invocavam o passado, ou se iludiam com ele, tão somente como escora para suas posições ideológicas obscurantistas. O pressuposto geral era de que a sociedade e a nação se desenvolveriam, digamos assim, a partir de uma substância preexistente, um DNA histórico que urgia conhecer. Cotejar o presente brasileiro com o de outros países poderia ser um complemento útil, mas não seria o essencial. Como tantos, Sérgio Buarque de Holanda também sentiu essa atração fatal pela história — por esse uso da história, melhor dizendo: a crença em que o presente e quiçá o futuro aquiesceriam em revelar seus segredos, mas só ao pesquisador que se dispusesse a procurar suas raízes no passado longínquo. Simplificadamente, esse é também o impulso cognitivo de seu *Raízes do Brasil*, obra de 1936, mas aí acaba a semelhança. Na voga autoritária daquele período, Sérgio despontou como uma fulgurante exceção. Ele não foi um conservador, muito menos um reacionário ou direitista. Foi um liberal; um liberal cético, sem dúvida, mas foi. Não se identificava como tal, e talvez nem apreciasse ser descrito nesses termos, mas essa é a designação apropriada ao seu modo de pensar — ao seu ceticismo, inclusive. O ceticismo decorria de sua convicção, como historiador, de que os grilhões da formação colonial não cederiam facilmente aos desejos e às fantasias ideológicas das forças políticas em pugna naquela antevéspera de uma ditadura anunciada. Podemos, pois, dizer que ele foi mais um antiprofeta que um profeta ou sacerdote. O que nele havia de profético era apenas — apenas? — a visão weberiana, ou seja, a convicção de que o mundo moderno tende à racionalização e à secularização — processos que para ele tinham valência positiva. E, claro, seu ceticismo tinha muito a ver com a incipiência de tais processos na sociedade brasileira.[1]

Do início até a metade do século XX, os melhores intelectuais brasileiros sentiram-se convocados a decifrar uma grande esfinge. Por que afinal o Brasil, decorridos mais de quatrocentos anos do Descobrimento, independente havia mais de um século, não conseguia trilhar de maneira efetiva os caminhos do desenvolvimento? Por que não conseguia mobilizar seus imensos recursos em proveito de seu povo? Por que outras nações novas, desde logo os Estados Unidos, disparavam à nossa frente, realizando maravilhas na vida prática, no domínio da natureza e em todos os campos do conhecimento?

A busca de respostas para tais indagações ensejou a constituição do que se poderia chamar uma verdadeira família espiritual,

---

1. Sérgio Buarque de Holanda, *Raízes do Brasil* (Rio de Janeiro: José Olympio, 1971; todas as citações feitas neste capítulo referem-se a essa edição).

remontando a Euclides da Cunha e Alberto Torres na virada do século, passando por Oliveira Vianna, Gilberto Freyre, Sérgio Buarque de Holanda e Nestor Duarte na conjuntura da Revolução de 1930 e chegando a Victor Nunes Leal, Hélio Jaguaribe e Guerreiro Ramos, estes já após a Segunda Guerra. Durante mais de meio século, essa elite de historiadores, cientistas sociais e escritores dedicou-se concentrada e apaixonadamente a uma mesma linha de reflexão sobre o país, compartilhando um núcleo temático e um entendimento quanto ao método que reputavam capaz de gerar as respostas que buscavam.

Nas primeiras décadas do século, o ponto de partida foi a frustração dos intelectuais diante dos resultados práticos ao ver deles parcos e até negativos da Constituição liberal de 1891. Digo "até negativos" porque esse foi claramente um tempo de Pandora. Além de não produzir mudanças relevantes, o novo regime parecia-lhes haver desencadeado mazelas políticas profundamente arraigadas, cuja etiologia somente a análise histórico--sociológica poderia desvendar. Este ponto é chave para se interpretar o projeto intelectual da referida geração: a ânsia de compreender a nascente "identidade nacional", os modos de viver e sentir dos brasileiros, a dúvida sobre se a composição racial seria um fator positivo ou negativo na evolução futura do país, o contraste entre uma sociabilidade relativamente igualitária e a rígida estratificação social decorrente da escravidão e do preconceito contra o trabalho manual, e sobretudo a dimensão política, no sentido mais amplo do termo: uma aguda percepção de fragilidade e de aprisionamento num arcabouço ainda pouco experimentado, mas percebido como inviável.

Com a Abolição, a República e a crise da agricultura, no fim do século XX, as forças sociais decadentes haviam aumentado de forma substancial sua presença no aparelho do Estado e nas profissões liberais. Agora, o mandonismo, o espírito oligárquico e beletrista, enfim, todo o vasto elenco de nossas sobrevivências coloniais haviam se postado em pontos estratégicos, bem próximos às alavancas do poder, tornando verdadeiramente dramático o contraste entre as formas jurídicas do Estado e o tecido real dos interesses, atitudes e formas de vida. Daí em diante o anêmico Estado dos primórdios da República tornar-se-ia cada vez mais o "Estado cartorial" de que falava Hélio Jaguaribe, expressão retardada e perniciosa da tradicional indistinção entre as ordens públicas e privada.

O LIVRO EM SUA ÉPOCA

Identificar as causas do desajuste entre o Estado e a sociedade era portanto o grande tema, apropriado e elaborado como obra pessoal pelos grandes intelectuais, obviamente com as naturais diferenças de formação e temperamento. Entre tantos que se se propuseram tal objetivo, *Raízes do Brasil* singulariza-se não apenas pela erudição e pela nunca assaz louvada elegância de estilo, mas sobretudo pela clareza do diagnóstico. Sinteticamente, o argumento de Sérgio Buarque de Holanda é que não pode haver democracia e cidadania onde não existe um verdadeiro Estado. No modelo político republicano-liberal, tomado em abstrato, Estado, democracia e cidadania devem interpenetrar-se e se reforçar mutuamente, catalisados pela efetiva vigência da lei e por outras normas impessoais de conduta. Onde não existe um Estado verdadeiramente legal e impessoal, não pode haver democracia nem cidadania. Mas como poderá tal Estado surgir num país com características opostas, no qual o poder público não consegue se desprender realmente do poder privado, e cuja cultura traz ainda bem nítidas as imagens do indivíduo e da família, com a peculiar dilatação que lhes imprimiu o agrarismo português?

O problema de fundo, diria então Sérgio Buarque, é que entre nós não se deu ainda a constituição de uma ordem realmente "pública", capaz de transcender e subjugar as antigas lealdades particularistas fundadas em laços familiares. "O Estado não é uma ampliação do círculo familiar", afirmava ele, contestando frontalmente certos mitos românticos cultivados pela direita europeia durante o século XIX:

Só pela transgressão da ordem doméstica e familiar é que nasce o Estado e que o simples indivíduo se faz cidadão, contribuinte, eleitor, elegível, recrutável e responsável ante as leis da Cidade. Há nesse fato um triunfo do geral sobre o particular, do intelectual sobre o material, do abstrato sobre o corpóreo e não uma depuração sucessiva, uma espiritualização de formas mais naturais e rudimentares. (p. 101)

E aí, precisamente, é onde se encontra um dos obstáculos mais poderosos à constituição, no Brasil, da ordem pública necessária à democracia, pois toda a nossa formação histórica se fez na direção oposta; numa forma de estruturação social em que o círculo familiar é que se expande e impõe seus interesses aos cidadãos individualmente considerados.

"Toda a nossa conduta ordinária denuncia um apego singular aos valores da personalidade configurada pelo recinto doméstico" (p. 113). Este traço de nossa formação social teria dificultado não somente a constituição de uma ordem "pública", mas também o desenvolvimento do hábito de associação. Tal como entre os espanhóis e portugueses, a solidariedade coletiva, entre nós, "existe somente onde há vinculação de sentimentos mais do que relações de interesse — no recinto doméstico ou entre amigos (p. 10). Em terra onde todos são barões, não é possível acordo coletivo durável, a não ser por uma força exterior respeitável e temida" (p. 4).

210

Aqui o argumento de Sérgio Buarque lembra o de Alexis de Tocqueville em *A democracia na América*, hodiernamente adotado pela generalidade dos cientistas políticos. Para que a crescente "igualdade de condições" característica da sociedade urbano--industrial trabalhe a favor da democracia política, faz-se também mister um vigoroso desenvolvimento da "arte de associação". A abrangência e a vivacidade das práticas associativas complementam de maneira substancial as instituições democráticas e reforçam as garantias tradicionais do indivíduo contra o Estado (hoje diríamos também contra as corporações econômicas e grandes organizações em geral). Mas, assim como o Estado não é "uma ampliação do círculo familiar", tampouco devemos ver "arte de associação" na mera proliferação de lealdades vinculadas a relações de família ou de amizade; elas na realidade se situam no domínio do clientelismo, conceito a ser examinado mais para a frente. No que se refere à emergência histórica de uma verdadeira vida associativa, o acento deve recair sobre o elemento de *arte*, artifício, artefato: criação deliberada. Também da estrutura associativa pode-se dizer, como Sérgio Buarque sobre o Estado, que é "um triunfo do geral sobre o particular, do intelectual sobre o material e do abstrato sobre o corpóreo".

A indiferenciação da ordem "pública" e a atrofia da arte de associação teriam portanto origens longínquas em nossa história. Deitariam raízes na própria estrutura social portuguesa anterior aos descobrimentos, que teria impregnado com seus valores e traços peculiares todo o empreendimento da colonização. A exorbitância do indivíduo e o caráter expansivo do círculo familiar são marcas do agrarismo português. Assim como o feudalismo português não gerou as hierarquias rígidas, as obrigações fixas e os ritualismos encontrados em outras partes da Europa, tampouco se constituiu na península a disciplina do capitalismo moderno. Sobreviveu, aí, e se alastrou por todas as camadas sociais, o desprezo aristocrático pelo trabalho intenso e metódico, que invariavelmente implica sujeição do indivíduo a uma disciplina imposta pelos próprios objetos ou pelo imperativo da divisão do trabalho entre várias pessoas.

Em realidade, não é pela maior temperança no gosto das riquezas que se separam espanhóis ou portugueses de outros povos, entre os quais viria a florescer essa criação tipicamente burguesa que é a chamada mentalidade capitalista. Não o é sequer por sua menor parvificência, pecado que os moralistas medievais apresentavam como uma das modalidades mais funestas da avareza. O que principalmente os distingue é, isto sim, certa incapacidade, que se diria congênita, de fazer prevalecer qualquer forma de ordenação impessoal e mecânica sobre as relações de caráter orgânico e comunal, como o são as que se fundam no parentesco, na vizinhança e na amizade. (p. 99)

A colonização brasileira criou bases materiais e culturais capazes de reproduzir essas antigas características ibéricas praticamente em sua inteireza. O agrarismo das sesmarias, dos engenhos e dos latifúndios, produzindo o isolamento e a dispersão das comunidades, e engendrando o fenômeno das parentelas e dos exércitos privados em torno do chefe patriarcal, não poderia senão reforçar e tornar quase sagradas aquelas relações fundadas "no parentesco, na vizinhança, e na amizade". Domínios fechados sobre si mesmos, que se gabavam de produzir tudo menos o sal, o ferro, a pólvora e o chumbo, que erguiam sua própria capela e que não raro elaboravam sua própria lei, dariam à estrutura social da colônia e do Império uma gravitação marcadamente antiurbana. No Brasil, durante séculos, o campo dominou a cidade, reduzindo--a a mero sítio de festejos dominicais e permeando as classes urbanas de hábitos e modos de vida tipicamente rurais.

Mais importante ainda, a escravidão na qual se ia basear a empresa agrícola colonial, se de um lado acentuava-lhe a característica mercantil ou capitalista de empreendimento voltado para a exportação, de outro garantia a perpetuação da velha aversão pelo trabalho manual e até pelo trabalho regular, de modo geral. Pode-se, portanto, afirmar que a organização agrária brasileira reproduziu e possivelmente até acentuou certos traços da matriz social ibérica que necessariamente haveriam de dificultar a formação, entre nós, da "ordem pública" e da "arte de associação". Contudo, esse transplante de instituições e modos de vida nada teve de deliberado. Ao contrário, a ausência de plano e de deliberação, a prudência chã, o apego à rotina e ao improviso, são o que explica, segundo Sérgio Buarque, o êxito dos portugueses em reproduzir aqui os seus modos de vida e de organização. Nisto, diga-se de passagem, eles se distinguiam de seus contemporâneos espanhóis. Refratários, ambos os povos, a qualquer ordenação impessoal da vida, eram não obstante os espanhóis capazes de prever e planejar, às vezes com surpreendente minúcia. O contraste entre tais atitudes evidencia-se nas vilas e cidades que edificavam em suas respectivas colônias. A atitude portuguesa reflete-se no improviso da localização e no desleixo dos traçados. Construíam em colinas de difícil acesso, como quem dá maior valor à paisagem do que à futura facilidade dos serviços. Ruas tortas, que parecem obedecer tão somente ao capricho; e uma silhueta urbana cuja expansão parece reger-se muito mais por uma lei de adaptação orgânica do que ao desígnio de ocupação racional do espaço. Na América espanhola, ao contrário, discerne-se prontamente a projeção de uma vontade política no plano urbano. A fundação de cidades, consoante à lição de Max Weber, lembrada por Sérgio Buarque, representou nos grandes impérios da antiguidade "o meio específico de criação de órgãos locais de poder" (p. 61). A colonização espanhola, ao contrário da portuguesa, aspirava à permanência, e não simplesmente ao enriquecimento aventureiro e predatório. Por isso, escreve Sérgio Buarque:

> já à primeira vista, o próprio traçado dos centros urbanos na América espanhola denuncia o esforço determinado de vencer e retificar a fantasia caprichosa da paisagem agreste: é um ato definido da vontade humana. As ruas não se deixam modelar pela sinuosidade e pelas asperezas do solo: impõem-lhes antes o acento voluntário da linha reta.

Advirta-se, contudo, que o espírito de planejamento e regulamentação burocrática nem sempre significa êxito, nem o improviso redunda em fracasso. No que diz respeito às práticas agrícolas, é certo que a mentalidade colonial portuguesa deu origem à agricultura predatória que perdurou até a era republicana. No tocante à conformação dos modos de convivência social, ao contrário, acredita Sérgio Buarque que o modo de ser dos portugueses apresentava vantagens bem nítidas, tanto assim que conseguiram se adaptar ao Nordeste e aí reproduzir as bases de sua sociedade, feito que os holandeses não lograram. Da mesma forma, sem negar que a escravidão associou a imagem do negro ao estigma dos trabalhos vis, o autor entendia que a rigor não houve, entre nós, orgulho racial propriamente dito (p. 36). Tal ponto de vista pode talvez ser considerado otimista, mas nada há no texto que nos faça lembrar das conhecidas apologias da "democracia racial" de meados do século XX. Sérgio menciona, sim, mas isso é coisa muito diferente, a "relativa inconsistência dos preconceitos da raça e de cor" como uma das "zonas de confluência e de simpatia" (pp. 138--9) entre nossa formação histórica e os ideais democráticos da República. Seria este, portanto, um traço favorável ao processo de democratização da sociedade, juntamente com a repulsa a hierarquias exageradas e a toda fixação ritualística de diferenças sociais.

APRECIAÇÕES CRÍTICAS

Democracia, "cordialidade" e relações raciais

Como vimos, o maior dos obstáculos à constituição de um verdadeiro Estado e da democracia era para Sérgio Buarque a hipertrofia dos "grupos primários", expressa sobretudo na tendência expansiva do círculo familiar e dos laços afetivos que lhes são próprios. Dizer que ele concebia os componentes culturais como essências imutáveis seria um grande exagero. Em termos gerais, não vejo equívoco em atribuir certo peso causal à cultura, ou a algum traço cultural específico. Equivocado é concentrar-se num traço apenas, como se fosse o único relevante, ou supor que o peso de qualquer traço particular se mantenha constante ao longo do tempo. Parece-me, por exemplo, razoável tanto a hipótese de que, na primeira metade do século XX, a cultura brasileira vinha desenvolvendo certa propensão ao ajustamento pacífico de disputas como a hipótese complementar de que inclinações à violência passaram a pesar relativamente mais a partir de algum momento posterior.

A apreciação de *Raízes do Brasil* foi sempre prejudicada pela polêmica em torno do "homem cordial" — ou seja, por um equívoco inaugurado por Cassiano Ricardo num opúsculo publicado por volta de 1944 com o título "O homem cordial". Não há dúvida de que o celebrado autor de *Marcha para o Oeste* distorceu bastante o sentido do termo cordial, ao ignorar a significação etimológica que Sérgio Buarque lhe conferiu e ao insistir em tomá-lo exclusivamente como sinônimo de bondoso ou pacífico. Assim reelaborado, imputar ao povo brasileiro uma "cordialidade" cultural passou a conotar praticamente o oposto do pretendido por Sérgio Buarque; e não descabe conjecturar que Cassiano, à época diretor do jornal oficial do Estado Novo, tenha feito tal inversão influenciado pelo clima de apologia à ditadura — ou mesmo com o intuito de fazer-

-lhe também a apologia. O argumento ideológico é bem conhecido: não sendo o povo brasileiro dividido por conflitos de raça ou de classe, o modelo político que lhe corresponde não pode ser o liberal, porque o liberalismo é próprio de sociedades individualistas, utilitárias, nas quais os interesses econômicos têm precedência sobre outros valores. Não poderia ser sequer o fascismo, uma vez que tal ideologia se caracteriza por uma pretensão de integrar totalmente (de onde o adjetivo "totalitário") a sociedade, seja incutindo-lhe uma ideologia comum, seja pela arregimentação e pela força. O modelo socialista evidentemente não era cogitado.

Ora, "O homem cordial" é o título de um dos capítulos de *Raízes do Brasil*, aquele, precisamente, onde Sérgio Buarque conceitua o Estado como uma esfera que se desprende da ordem privada e a ela se contrapõe como uma ordem impessoal. Como ia mais tarde esclarecer na polêmica (não muito cordial) com Cassiano Ricardo, Sérgio Buarque empregou o adjetivo em sentido muito mais amplo, rente à raiz etimológica: cordial como o que vem do coração, quer seja o amor ou o ódio, o perdão ou a vingança, a concórdia ou a discórdia. No texto, cordial designa aquele para quem os vínculos familiares e afetivos contam mais que a lealdade ao Estado.

Admita-se que o termo prestava-se a tal distorção, dada a enorme distância existente entre o sentido etimológico e o mais corrente na linguagem atual; e mais ainda na expressão "cordiais saudações", na qual ele tem a função de delimitar a manifestação de apreço adicionando-lhe certo quê de distância e formalidade. É também verdade que se podem pinçar em Sérgio Buarque algumas passagens evocativas do brasileiro cordato, bondoso, pacífico. Entre nós, ele diz a certa altura, o Estado "não precisa e não deve ser despótico [porque] o despotismo condiz mal com a doçura do nosso gênio" (p. 131).

Noutra passagem, tentando atenuar o pessimismo que sua

análise da cultura pudesse despertar quanto ao futuro da democracia no Brasil, Sérgio Buarque mostra-se outra vez inconsistente quanto à noção de cordialidade: "A noção da bondade natural [de Rousseau] combina-se singularmente com o nosso já assinalado cordialismo. A tese de uma humanidade má por natureza e de um combate de todos contra todos há de parecer-nos, ao contrário, extremamente antipática e incômoda" (p. 139). Conciliar a bondade natural com a cordialidade, que inclui todas as malquerenças de que o coração é capaz? Como? Sérgio Buarque obviamente não ignorava que a doutrina liberal, ela sim, é o avesso do idílio cassiano-ricardense da bondade; aceitando a onipresença do conflito como um dado permanente da vida em sociedade, ela propugna por ordená-lo institucionalmente, não por reprimi-lo, como fazem as ditaduras, e muito menos por tentar erradicá-lo em definitivo, como é norma nos regimes totalitários. Dando-se conta da contradição potencial dessa passagem, Sérgio encontra uma saída consistente com sua teoria das "raízes" brasileiras, enfatizando que a cordialidade (os sentimentos bons ou maus que se escondem no coração) é necessariamente particularista, portanto incompatível com a generalidade universalista de que a ordem normativa do Estado por definição se reveste. O liberalismo, ele diz, "é uma teoria neutra, despida de emotividade". A fórmula liberal "a maior felicidade para o maior número está em contraste direto com qualquer forma de convívio baseada nos valores cordiais" (p. 139). É aliás nesta passagem, ao comentar a doutrina utilitarista de Bentham, que Sérgio Buarque oferece sua melhor síntese do antagonismo entre cordialidade e democracia:

> O ideal humanitário [do liberalismo democrático] é paradoxalmente impessoal; sustenta-se na ideia de que o maior grau de amor está por força no amor ao maior número de homens, subordinando, assim, a qualidade à quantidade. É claro que um amor humano

sujeito à asfixia e à morte [quando se distancia] de seu círculo restrito não pode servir de cimento a nenhuma organização humana concebida em escala mais ampla. Com a simples cordialidade não se criam os bons princípios. É necessário algum elemento normativo sólido, inato na alma do povo, ou mesmo implantado pela tirania, para que possa haver cristalização social. (p. 140)

Eis aí, portanto, a visão de Sérgio Buarque a respeito do grande dilema brasileiro. Os laços particularísticos e afetivos de nossa cultura talvez pudessem ajudar a construir o Estado e a convivência democrática na escala nacional, mas não seriam suficientes para cimentá-los adequadamente.

Fato é que nenhuma sociedade é só consenso ou só conflito: todas são as duas coisas, em graus que variam no tempo e no espaço. No Brasil de hoje, a "cordialidade" sobrevive em alguns aspectos da interação social, mas convive com outros traços culturais que a ela se contrapõem diametralmente, responsáveis por comportamentos ferozmente agressivos, impermeáveis a vínculos afetivos e familiares do tipo tradicional, como é perceptível numa grande parte da atual criminalidade.

Um excurso sobre a "democracia racial"

Outro ponto de contato aventado por Sérgio Buarque entre a cultura tradicional e uma futura cultura democrática seria o campo das relações raciais. Sua hipótese era de que a cultura brasileira tenderia a preservar traços afetivos favoráveis ao bom convívio entre brancos e negros, com reflexos positivos no campo político. Neste aspecto a herança cultural portuguesa não seria incompatível com as premissas de uma ordem política desenvolvida nem maléfica para os grupos raciais como integrantes da cidadania. Na consciência popular, pelo menos, não parecia e não parece haver conflito entre a defesa de interesses individuais ou de grupo e as inclinações afetivas de concórdia ou de discórdia que regem a existência privada de cada um. Tampouco vejo acerto em certa releitura que se tem feito desta questão à luz seja da experiência norte-americana e sul-africana, seja de pesquisas recentes que indicam a persistência de diferenciais de remuneração e de oportunidades ocupacionais entre brancos e negros, com desvantagem para estes. Seis ou sete décadas atrás, o ataque à "democracia racial" era compreensível, uma vez que tal conceito fora ideologicamente apropriado pela ditadura; a democracia era pois inexistente para negros e brancos igualmente. Extrair, porém, das experiências e pesquisas mencionadas uma orientação ideológica voltada exclusivamente para o conflito e o confronto parece-me uma empreitada no mínimo discutível. Uma coisa é constatar que a evolução econômica ocorrida e os programas sociais empreendidos desde os anos 1930 não foram suficientes para homogeneizar as oportunidades e recompensas, outra, muito diferente, é mimetizar teses e estratégias políticas que os movimentos negros adotaram em situações que não lhes deixavam muita escolha.

Do caudilhismo ao Estado autoritário

O culturalismo de Sérgio Buarque não decorre apenas da influência de Max Weber e da "sociologia da cultura" alemã, ou da "história social" francesa. Deve-se também a fatores domésticos. Faltava-nos naquela época a percepção de que a própria atuação do Estado tende a reforçar certos traços socioculturais em detrimento de outros; no médio prazo, fica difícil distinguir quanto de determinado padrão de comportamento foi moldado pelo Estado, de cima para baixo, e quanto veio da sociedade, de baixo para cima. Por irônica coincidência, logo após a publicação de *Raízes do Brasil* tinha início a montagem do sistema corporativista, etapa inicial do projeto pelo qual a ditadura getulista trataria de barrar organizações representativas de um sindicalismo independente, antecipando-se à criação delas e controlando-as *ab ovo*.

Nos anos 1930, Sérgio Buarque declarava-se esperançoso de que os "grilhões do passado" acabariam por se dobrar à força de influências novas, notadamente o primado da vida urbana, esse tradicional aliado do ideário liberal-democrático. Essa era, porém, uma visão sociológica abrangente, insuficiente para desfazer seu ceticismo quanto ao efetivo enraizamento de instituições liberais em nosso país, como de resto em toda a área cultural de formação ibérica: "A ideia de uma entidade imaterial e impessoal, pairando sobre os indivíduos e presidindo seus destinos é dificilmente imaginável para os povos da América Latina" (p. 138). Pretender o oposto é deixar o flanco permanentemente aberto ao caudilhismo, ou a alguma forma pior de tirania. O persistente desajuste entre o país "legal" e o país "real" levava-o a supor que a instável democracia dos anos 1930 não resistiria a entrechoques mais fortes. Atento aos acontecimentos europeus, Sérgio percebeu com razoável clareza que a inconsistência das elites liberais e o apoio popular granjeado por Getúlio na esteira da repressão aos comunistas poderia levar a algum regime de exceção.

O que ele não percebeu, nem seria razoável cobrar-lhe isso, foi o surgimento, na Europa, do tipo de Estado que hoje denominamos "autoritário", distintos dos propriamente totalitários, o nazifascismo e o socialismo estalinista. A figura do Estado autoritário delineia-se pela primeira vez na Áustria a partir da ascensão de Dolfuss, em 1932; vem logo após Portugal, com o Estado Novo salazarista, implantado em 1933. Na Espanha, o regime franquista surgiria nos escombros deixados pela guerra civil de 1936-9. A ditadura getulista, fruto do autogolpe de 10 de novembro de 1937, pertence também a essa variante burocrática e relativamente pouco ideológica das ditaduras de direita. A esse respeito, ver Linz (1975).

O capítulo final de *Raízes do Brasil* mostra que Sérgio Buarque não se impressionou muito com o potencial revolucionário dos movimentos integralista e comunista. Refere-se a ambos em tom irônico, como se os visse como aventuras inconsequentes, fadadas ao fracasso. Esse ponto merece registro, pois afinal a época era de turbulência e as ideologias extremistas estavam em evidente ascensão por toda parte. No Brasil, descontadas as limitações educacionais e culturais da época, a acolhida que receberam das elites pensantes pode ser considerada expressiva. Ao contrário do fascismo europeu, que bem ou mal se apresentava, em 1936, como "uma tentativa enérgica para mudar o rumo da sociedade" (p. 141), a variante brasileira comandada por Plínio Salgado parecia-lhe uma doutrina "acomodatícia", com "a agravante de poder passar por uma teoria meramente conservadora, tendendo a tornar-se inofensiva aos poderosos, quando não apenas o seu instrumento" (p. 141). No "incipiente mussolinismo indígena", prossegue Sérgio Buarque, "quase mais nada existe de agressivo; [falta-lhe] aquela truculência desabrida e exasperada, quase apocalíptica, que tanto colorido emprestou aos seus modelos da Itália e da Alemanha. A energia sobranceira destes transformou-se, aqui, em pobres lamentações de intelectuais neurastênicos" (p. 141).

Não é mais amena a passagem dedicada aos comunistas. Sobre o partido, Sérgio escrevera em 1934 que recrutava os quadros "menos aptos a realizar [seus] princípios", ao ver dele mais afeitos à mentalidade anarquista dos brasileiros que ao rigor das diretrizes de Moscou. Ao preparar o texto definitivo, em 1936, ele fez a seguinte observação: "estas palavras já não parecem corresponder à realidade presente. Restaria saber se o zelo principalmente sentimental com que inúmeros dos nossos comunistas seguem hoje um chefe 'que nunca erra' não seria a causa de tal mudança, muito mais do que a adesão consciente e refletida aos princípios marxistas" (p. 141, n. 190).

Dois tipos de clientelismo

Em retrospecto, o que mais chama a atenção em *Raízes do Brasil*, como também noutros grandes livros da época, é a ótica exageradamente culturalista pela qual se fazia a reconstrução histórica. Por mais que Sérgio Buarque tomasse cuidados metodológicos para não se fechar num mundo de essências imutáveis, a imagem central do livro é sem dúvida a de "grilhões" que virtualmente bloqueiam a evolução econômica e política do país. Para aquilatar a validade atual desse diagnóstico, o ponto ideal parece-me ser o fenômeno do clientelismo, parente próximo do nepotismo, do filhotismo, do bacharelismo — de todo aquele conjunto de práticas, enfim, que imediatamente nos arremetem de volta aos tempos da família extensa, do latifúndio e dos currais eleitorais.

Na ótica da historiografia culturalista, o clientelismo do século XX é essencialmente um "arcaísmo", um conjunto de práticas que não mais se coaduna com a etapa evolutiva alcançada pela sociedade, mas que sobrevive e se reproduz por força de alguma inércia cultural; um morto-vivo, digamos assim, ao qual o país até agora não conseguiu proporcionar o devido sepultamento. Seria no máximo uma teratopagia temporariamente realentada pela transição do regime monárquico ao republicano-representativo, mas fadada de qualquer modo a desaparecer por entre os trilhos do "progresso". Ora, progresso, transformação estrutural, é o que não faltou no Brasil de 1930 até o último quartel do século XX. Em tese, não se vê por que o clientelismo haveria de medrar numa sociedade como a brasileira atual: altamente urbanizada, demograficamente agigantada, completamente integrada por um sofisticado sistema de comunicações, pouquíssimo sujeita ao tipo de controle normativo outrora exercido pela família e pela religião, esgarçada e violenta. O ambiente das últimas décadas com certeza não lhe é propício, se por clientelismos entendermos ainda aquele conjunto de práticas enraizado nos mais remotos tempos coloniais. Se fosse *única e essencialmente* uma sobrevivência, no sentido indicado, o clientelismo já teria murchado, se liquefeito e finalmente desaparecido da política brasileira.

Até os anos 1950, o emprego público era o porto seguro sonhado por muitos prováveis desempregados de classe média; grande parte dessa camada social encontrou abrigo sob os seios generosos do Estado, e teve assim neutralizado seu potencial de demandar e fiscalizar. Na segunda metade do século, a crescente presença do Estado na economia transformou milhares de funções públicas em alavancas de poder e de enriquecimento. A máquina pública atingiu novos patamares, em termos de gigantismo e voracidade tributária. Transformou-se em grande comprador de bens e serviços, do mais simples material de limpeza a complexos serviços de infraestrutura, da mera manutenção de equipamentos a requintados e dispendiosos serviços publicitários. Rápidos no gatilho, centenas de "empresários clientelistas" logo se habilitaram para explorar as oportunidades geradas por tal processo, intrometendo-se em todo o vasto labirinto das licitações e da contratação de serviços.

Mesmo assim, práticas clientelistas continuam à vista, até porque ele nunca teve origem exclusiva na sociedade, de baixo para cima; parte dele sempre foi produzida pela própria ação estatal, como ainda hoje acontece, através de certos programas sociais do governo, nos três níveis da federação. Este, entretanto, não é o ponto que desejo destacar neste comentário final. Mais importante é, a meu ver, a necessidade de distinguir dois tipos de clientelismo. Se o primeiro, tradicional, evoca o parentesco e a pequena comunidade, o segundo, eminentemente moderno, tem como horizonte o conjunto do espaço econômico. Se aquele é uma extensão natural de vínculos primários, este se baseia em cálculos racionais de ganho e de poder político. Se o clientelismo tradicional declina, e é cabível admitir que isso esteja de fato ocorrendo, o moderno demonstra notável vigor e parece aumentar exponencialmente.

Declinou, sem dúvida, desde o segundo pós-guerra, o clientelismo folclórico do "voto de cabresto", da nomeação de apadrinhados para o serviço público, da utilização de máquinas municipais no interior das fazendas e dos empréstimos camaradas em bancos oficiais. Evidência cristalina da força de que então dispunham os grandes proprietários rurais, esse tipo de clientelismo refletia a *mise en valeur* político-eleitoral de um capital amealhado através de relações de trabalho paternalistas no meio rural e em pequenas cidades, e do reinvestimento feito inicialmente em bolsões interioranos das cidades grandes e mais tarde em todo o país. Esse de fato parece desvitalizado; firmou-se, porém, e se agigantou, o segundo tipo de clientelismo, que não depende da estufa eleitoral e muito menos da rural. Seu *locus nascendi* é o próprio processo decisório; ele tende a aparecer onde quer que existam incertezas e chances de arbitragem na vasta engrenagem governamental, com seus três níveis federativos, e em suas múltiplas interfaces com o setor privado; onde quer que uma alocação específica deva ou possa ser feita, em vez da aplicação de uma regra geral. Sua lógica é valer-se de qualquer dificuldade para vender ou comprar facilidades. É o que ocorre com frequência na contratação de obras públicas, no extenso leque de licitações, em contratos de publicidade, tendo naturalmente o clientelismo preferência por operações que envolvam altos valores e custos insuscetíveis de estimação precisa. Esse clientelismo se assemelha superficialmente ao tradicional na medida em que seu cerne é também a troca de benefícios oficiais por apoio político. As diferenças são, porém, fundamentais. Desde logo, como se notou acima, o apoio não se manifesta necessariamente na contagem de cabeças para fins eleitorais. Segundo, a maior complexidade e o vulto das operações. Terceiro e último, mas não menos importante, a "modernidade".

Trata-se aqui de um "mercado" despojadamente utilitário, isento de qualquer viscosidade afetiva ou ligada a marcas de honra ou de status, no sentido que estes termos possuíam no universo das famílias patrícias. O fornecedor de apoios e serviços é aqui um peculiar "empresariado", uma miríade de personagens cujas identidades ou origens sociais se tornaram rigorosamente irrelevantes.

À GUISA DE CONCLUSÃO: ATUALIDADE *DE RAÍZES DO BRASIL*

Não obstante as ressalvas que fiz ao enfoque culturalista de *Raízes do Brasil* no tocante ao clientelismo, penso que o livro não perdeu atualidade. A tese central, como vimos, era de que, entre nós, o Estado democrático-republicano só se afirmaria quando se "desprendesse" efetivamente dos particularismos sociais e do precedente Estado patrimonialista, e a eles se contrapusesse como uma esfera pública impessoal.

A força dos particularismos ligados à família patriarcal e ao latifúndio com certeza não é a causa, mas a democracia brasileira parece padecer realmente de um déficit de legitimidade — e não descabe supor que tal deficiência remonte à cultura ibérica. Refiro-me aqui a um sentimento no mínimo ambivalente em relação ao regime democrático representativo, por vezes até hostil a ele, que tipicamente se expressa na concepção da democracia como um bem "dispensável", e não como um valor em si mesmo. Comum em toda a América Latina, esse discurso refere-se à democracia política como um meio para algo mais valioso — presumivelmente a concretização de algum paraíso social terreno. Ora, na conceituação mais comum, e na de Sérgio Buarque, a democracia é um subsistema (político) que se torna relativamente autônomo dentro de um sistema (social, econômico) maior; um subsistema que recebe as demandas e pressões da sociedade e as transforma paulatinamente em decisões de sentido igualitário, consolidando a cidadania. Não há e nunca houve democracia que nascesse pronta e acabada, igualitária no nível político e também no social e no econômico. O pacto prévio concebido por Rousseau é uma bela imagem, mas todas as democracias existentes, mesmo a dos Estados Unidos, começaram dentro de sociedades que pouco ou nada tinham de igualitárias. Como então explicar a ambivalência, para não dizer a hostilidade, da cultura política brasileira e em geral da latino-americana em relação ao regime democrático-representativo? Por que tendem tão fortemente os nossos povos a menosprezar um regime sem dúvida imperfeito, mas possível, e a sonhar com outro quiçá admirável, mas que só existe no mundo das ideias? Esclarecer esse vezo utópico é um dos muitos desafios que Sérgio Buarque de Holanda deixou para quantos o queiram suceder intelectualmente.

Referências bibliográficas

ACTON, Edward. "Revolutionaries and Dissidents: The Role of the Russian Intellectual in the Downfall of Tsarism and Communism". In: JENNINGS, Jeremy; KEMP-WELCH, Tony (Orgs.). *Intellectuals in Politics: From the Dreyfus Affair to Salman Rushdie*. Londres: Routledge, 1997.
ADLER, Laure. *Nos passos de Hanna Arendt*. Rio de Janeiro: Record, 2007.
ADORNO, Theodor W. *Tres estudios sobre Hegel*. Madri: Taurus, 1969.
ALCÂNTARA, Aspásia Brasileiro. "A teoria política de Azevedo Amaral". *Revista Dados*, n. 2/3. Rio de Janeiro: 1967.
ALLEN, Robert Loring. *Joseph Schumpeter: Su vida y su obra*. Valência: Alfons el Magnànim, 1995.
ALMEIDA, Cândido Mendes de. "Sistema político e modelos de poder no Brasil". In: *Revista Dados*, n. 1. Rio de Janeiro, 1966.
_____. *O Legislativo e a tecnocracia*. Rio de Janeiro: Imago, 1974.
ALMEIDA, Maria Hermínia Tavares de. "O sindicalismo brasileiro entre a conservação e a mudança". In: SORJ, Bernardo; Almeida, Maria Hermínia, Tavares de (Orgs.). *Sociedade e política no Brasil pós-64*. São Paulo: Brasiliense, 1983.
_____. "Oliveira Vianna: Instituições Políticas Brasileiras". In: MOTA, Lourenço Dantas (Org.). *Introdução ao Brasil: Um banquete nos trópicos*. São Paulo: Senac, 1999.
AMARAL, Azevedo. *O Estado autoritário e a realidade nacional*. Rio de Janeiro: José Olympio, 1938.
APTER, David (Org.). *Ideology and Discontent*. Nova York: The Free Press, 1964.

ARON, Raymond. *L'Opium des intellectuels.* Paris: Calmann-Lévy, 1955.

_____. *Essai sur les libertés.* Paris: Calman-Lévy, 1965.

_____. *Mémoires: Cinquante ans de réflexion politique.* Paris: Julliard, 1983.

ARTZ, Frederick B. *Reaction and Revolution: 1814-1832.* Nova York: Harper Torchbooks, 1963.

AUDARD, Catherine. *Qu'est-ce que le libéralisme?: Éthique, politique, société.* Paris: Gallimard, 2009.

AVINERI, Shlomo. *Hegel's Theory of the Modern State.* Cambridge, Inglaterra: Cambridge University Press, 1974.

AZEVEDO, Clóvis Bueno de. *A estrela partida ao meio: Ambiguidades do pensamento petista.* São Paulo: Entrelinhas, 1995.

BACHA, Edmar. *Belíndia 2.0: Fábulas e ensaios do país dos contrastes.* Rio de Janeiro: Civilização Brasileira, 2012.

BACHRACH, Peter. *The Theory of Democratic Elitism: A Critique.* Boston: Little, Brown, 1967.

BARBOSA, Rui. *Escritos e discursos seletos.* Rio de Janeiro: Nova Aguilar, 1995.

BECKER, Carl L. *The Declaration of Independence: A Study in the History of Ideas.* Nova York: Vintage, 1922.

BELL, Daniel. *The Radical Right.* Nova York: Anchor, 1964.

BENDA, Julien. *La Trahison des Clercs* (1927). Paris: Bernard Grasset, 1975.

BENSEL, Richard F. *The Political Economy of American Industrialization: 1877-1900.* Cambridge, Inglaterra: Cambridge University Press, 2000.

BERLIN, Isaiah. *Russian Thinkers.* Nova York: Pelican Books, 1979.

BERNUCCI, Leopoldo. *A imitação dos sentidos: Prógonos, contemporâneos e epígonos de Euclides da Cunha.* São Paulo: Edusp, 1995.

BIEL, Steven. "Freedom, Commitment and Marxism: The Predicament of Independent Intellectuals in the United States, 1910-41". In: JENNINGS, Jeremy; KEMP-WELCH, Tony (Orgs.). *Intellectuals in Politics: From the Dreyfus Affair to Salman Rushdie.* Londres: Routledge, 1997.

BOIANOVSKY, Mauro. "A formação política de Celso Furtado". *Revista de Economia Política*, v. 34, n. 2. São Paulo: Ed. 34, 2014.

BOORSTIN, Daniel J. *The Americans: The National Experience.* Nova York: Vintage, 1965.

_____. *The Americans: The Democratic Experience.* Nova York: Vintage, 1974.

BOURDIEU, Pierre. *Acts of Resistance: Against the Tyranny of the Market.* Nova York: New Press, 1998.

BRACHER, Karl Dietrich. *The German Dictatorship.* Nova York: Praeger, 1970.

BRANCO, Carlos Castello. *Os Militares no Poder.* Rio de Janeiro: Nova Fronteira, 1979. v.3.

BRANDI, Paulo. *Vargas: Da vida para a história*. Rio de Janeiro: Zahar, 1985.
BRASIL, J. F. Assis. *A República Federal*. Rio de Janeiro: B. B., 1881.
_____. *Dictadura, parlamentarismo, democracia*. Rio de Janeiro: Leite Ribeiro, 1927.
_____. *Democracia representativa: Do voto e do modo de votar*. Rio de Janeiro: Imprensa Nacional, 1931.
BRODERSEN, Momme. *Walter Benjamin: A Biography*. Nova York: Verso, 1996.
BULLOCK, Alan. *Hitler, a Study in Tyranny*. Nova York: Harper & Row, 1964.
BURKE, Edmund. *Reflections on the Revolution in France*. Nova York: Doubleday, 1961.
BUTLER, William E. "The Rule of Law and the Legal System". In: WHITE, Stephen; PRAVDA, Alex; GITELMAN, Zvi. (Orgs.). *Developments in Soviet & Post-Soviet Politics*. Durham: Duke University Press, 1992.
CAMARGO, Aspásia; TEIXEIRA, Maria Tereza Lopes; MARIANI, Maria Clara. *O intelectual e o político: Encontros com Afonso Arinos*. Rio de Janeiro: CPDOC/FGV, 1983.
CARDOSO, Fernando Henrique. *Empresário industrial e desenvolvimento econômico no Brasil*. São Paulo: Difel, 1963.
_____. "Dependent-associated Development: Theoretical and Practical Implications". In: STEPAN, Alfred (Org.). *Authoritarian Brazil*. New Haven: Yale University Press, 1973. [Ed. bras.: *O modelo político brasileiro*. São Paulo: Difel, 1972.]
_____. *A arte da política: A história que eu vivi*. Rio de Janeiro: Civilização Brasileira, 2006.
_____. *Pensadores que inventaram o Brasil*. São Paulo: Companhia das Letras, 2013.
CARVALHO, José Murilo de. *Teatro de Sombras*. São Paulo: Vértice, 1988.
CARVALHO, Orlando de. *Ensaios de sociologia eleitoral*. Belo Horizonte: RBEP, 1958.
CASSIRER, Ernst. *The Myth of the State*. New Haven: Yale University Press, 1946.
CEPÊDA, Vera Alves. "O pensamento político de Celso Furtado". In: PEREIRA, Luiz Carlos Bresser; REGO, José Márcio (Orgs.). *A grande esperança em Celso Furtado*. São Paulo: Ed. 34, 2001.
CERQUEIRA, Eli Diniz; LIMA, Maria Regina Soares de. "O modelo político de Oliveira Vianna". *Revista Brasileira de Estudos Políticos*, Belo Horizonte, n. 30, 1971.
CHARFI, Mohamed. *Islam et liberté: Le malentendu historique*. Paris: Albin Michel, 1998.
CHILCOTE, Ronald H. *The Brazilian Communist Party, 1922-1972*. Nova York: Oxford University Press, 1974.

CINTRA, Antônio Octávio. "A função política no Brasil colonial". *Revista Brasileira de Estudos Políticos*, Belo Horizonte, n. 18, 1965.

_____. "Os partidos políticos em Belo Horizonte: Um estudo do eleitorado". *Revista Dados*, n. 5. Rio de Janeiro, 1968.

_____. "A política tradicional brasileira: Uma interpretação das relações entre o centro e a periferia". In: BALÁN, Jorge (Org.). *Centro e periferia no desenvolvimento brasileiro*. São Paulo: Difel, 1974.

COELHO, Edmundo Campos. *Em busca da identidade: O exército e a política na sociedade brasileira*. Rio de Janeiro: Forense-Universitária, 1976.

_____. *As profissões imperiais: Medicina, engenharia e advocacia no Rio de Janeiro, 1822-1930*. Rio de Janeiro: Record, 1999.

CORBISIER, Roland. *Formação e problema da cultura brasileira*. Rio de Janeiro: Iseb, 1958.

_____. "O problema nacional brasileiro: Pressupostos, existência e definição". *Revista Civilização Brasileira*, ano 1, n. 7. Rio de Janeiro: Civilização Brasileira, 1966.

COTKIN, George. "The Tragic Predicament: Post-war American Intellectuals, Acceptance and Mass Culture". In: JENNINGS, Jeremy; KEMP-WELCH, Tony (Orgs). *Intellectuals in Politics: From the Dreyfus Affair to Salman Rushdie*. Londres: Routledge, 1997.

COUTO, Ronaldo Costa. *Brasil, 1964-1985: História indiscreta da ditadura e da abertura*. Rio de Janeiro: Record, 1998.

CRAIG, Gordon A. *The Politics of the Prussian Army*. Nova York: Oxford University Press, 1975.

_____. *Germany, 1866-1945*. Nova York: Oxford University Press, 1978.

CRUZ, Sebastião V.; MARTINS, Carlos Estevam. "De Castello a Figueiredo: Uma incursão na pré-história da abertura". In: ALMEIDA, Maria Hermínia Tavares de; SORJ, Bernardo. (Orgs.). *Sociedade e política no Brasil pós-64*. São Paulo: Brasiliense, 1983.

CUNHA, Euclides Rodrigues da. *Os sertões: A terra, o homem, a luta*. 26. ed. Rio de Janeiro: Francisco Alves, 1963.

CUNHA, Pedro Otávio Carneiro da. "A fundação de um império liberal". In: HOLANDA, Sérgio Buarque de. *História geral da civilização brasileira: O Brasil monárquico*. São Paulo: Difel, 1982. t. 2, v. 1.

DAHRENDORF, Ralph. "Law Faculties and the German Upper Class". In: AUBERT, Vilhelm. *Sociology of Law*. Baltimore, MD: Penguin.

_____. *Society and Democracy in Germany*. Nova York: Anchor, 1965.

DANTAS, Francisco Clementino Santiago. "Rui Barbosa e a renovação da Sociedade". In: *Rui Barbosa: Escritos e discursos seletos*. Rio de Janeiro: Nova Aguilar, 1995.

_____. *D. Quixote: Um apólogo da alma ocidental*. Brasília: UnB, 1997.

DEUTSCH, Karl. *Nationalism and Social Communications*. Cambridge, Mass.: The MIT Press, 1953.

DIAS, José Carlos. "O discurso petista de Marilena Chauí". *Folha de S.Paulo*, seção Tendências/Debates, São Paulo, 19 set. 2005.

DÍEZ ESPINOSA, José Ramón. *El laberinto alemán: Democracias y dictaduras, 1918--2000*. Valladolid, Espanha: Universidad de Valladolid, 2002.

DJILAS, Milovan. *The New Class: An Analysis of the Communist System*. Nova York: Frederick Praeger, 1957.

DORFMAN, Joseph. "Introduction". In: VEBLEN, Thorstein. *Imperial Germany and the Industrial Revolution*. Ann Arbor, MI: Michigan University Press, 1966.

ECK, Hélène. "Médias audiovisuels et intellectuels". In: LEYMARIE, Michel; SIRINELLI, Jean-François. *L'Histoire des intellectuels aujourd'hui*. Paris: Presses Universitaires de France, 2003.

ENGELS, Friedrich. "Letter to Friedrich A. Sorge: Why There is No Large Socialist Party in the United States". In: FEUER, Lewis. *Marx and Engels: Basic Writings in Politics and Philosophy*. Nova York: Anchor, 1959.

EVANS, Richard J. *The Third Reich in Power*. Nova York: Penguin, 2005.

FAORO, Raymundo. *Os donos do poder*. Porto Alegre: Globo, 1958.

FARÍAS, Víctor. *Heidegger e o nazismo: Moral e política*. Rio de Janeiro: Paz e Terra, 1988.

FAUSTO, Boris (Org.). *O Brasil Republicano, 1930-1964*. São Paulo: Difel, 1981. t. 3, v. 3.

_____. *Negócios e ócios: Histórias da imigração*. São Paulo: Companhia das Letras, 1997.

_____. *Getúlio Vargas: O poder e o sorriso*. São Paulo: Companhia das Letras, 2006.

FERNANDES, Florestan. *Que tipo de República?* São Paulo: Brasiliense, 1986.

FERREIRA, Jorge. *João Goulart: Uma biografia*. Rio de Janeiro: Civilização Brasileira, 2011.

FERREIRA, Oliveira S. *Vida e morte do partido fardado*. São Paulo: Saraiva, 2000.

FICHTE, J. G. *Addresses to the German Nation*. Nova York: Harper & Row, 1968.

FILALI-ANSARI, Abdon. "Muslins and Democracy". *Journal of Democracy*, v. 10, n. 3, 1999.

FLEMING, Donald; BAILYN, Bernard (Orgs.). *The Intellectual Migration, Europe and America, 1930-1960*. Cambridge, Mass.: Harvard University Press, 1969.

FRANCIS, Paulo. "Tempos de Goulart". *Revista Civilização Brasileira*, ano 1, n. 7. Rio de Janeiro: Civilização Brasileira, 1966.

FRANCO, Afonso Arinos de Melo. *O índio brasileiro e a teoria da bondade natural*. Rio de Janeiro: José Olympio, 1937.

_____. *História e teoria do partido político no direito constitucional brasileiro*. São Paulo: Alfa-Ômega, 1974.

_____. *Um estadista da República*. Rio de Janeiro: Nova Aguilar, 1977.

_____. *Rodrigues Alves: Apogeu e declínio do presidencialismo*. Brasília: Senado Federal, 2001. 2 v.

FRIEDMAN, Lawrence M. *A History of American Law*. Nova York: Simon and Schuster, 1985. 2. ed.

FUKUYAMA, Francis. *The End of History and the Last Man*. Nova York: Avon Books, 1985.

FURTADO, Celso. *Perspectiva da economia brasileira*. Série Ensaios de Administração, n. 15. Rio de Janeiro: DASP-FGV, 1958.

_____. *Formação econômica do Brasil*. Rio de Janeiro: Fundo de Cultura, 1959.

_____. "Obstáculos políticos ao crescimento econômico do Brasil". *Revista Civilização Brasileira*, ano 1, n. 1. Rio de Janeiro: Civilização Brasileira, 1965.

_____. "De l'Oligarchie à l'État militaire". *Temps Modernes*, n. 257. Paris: 1967.

GARCÍA LORCA, Federico. *Obras completas*. Madri: Aguilar, 1966.

GELLNER, Ernest. *Encounters with Nationalism*. Oxford, Inglaterra: Blackwell, 1994.

GERTH, Hans; MILLS, Wright. *From Max Weber*. Nova York: Oxford University Press, 1958.

GRAMSCI, Antonio. *The Modern Prince and Other Writings*. Londres: Lawrence and Wishart, 1957.

_____. *Concepção dialética da história*. Rio de Janeiro: Civilização Brasileira, 1966.

GREGOR, A. James. *The Ideology of Fascism: The Rationale of Totalitarianism*. Nova York: The Free Press, 1969.

GULLAR, Ferreira. "Resistência à ditadura". *Folha de S.Paulo*, Ilustrada, p. C9, 2 mar. 2014.

HARDING, Neil. "Intellectuals and socialism: Making and breaking the proletariat". In: JENNINGS, Jeremy; KEMP-WELCH, Tony (Org.). *Intellectuals in Politics: From the Dreyfus affair to Salman Rushdie*. Londres: Routledge, 1997.

HARTZ, Louis. *The Liberal Tradition in America*. Nova York: Harcourt, Brace & World, 1955.

HEGEL, Georg W. F. *The Philosophy of History*. Nova York: Dover, 1956.

HEGEL, Georg W. F. *Hegel's Political Writings*. Org. de T. M. Knox e Z. A. Pelczynsky. Nova York: Oxford University Press, 1969.

_____. *Philosophy of Right*. Nova York: Oxford University Press, 1971.

HELLER, Hermann. *Teoria do Estado*. São Paulo: Mestre Jou, 1968.

HERNÁNDEZ, José. *Martín Fierro*. Porto Alegre: Martins Livreiro, 1987.

HINTZE, Otto. "Las condiciones histórico-universales de la Constitución representativa". In: *Historia de las formas políticas*. Madri: Revista de Occidente, 1987. [Original em alemão, 1938.]

HIPÓLITO, Lúcia. *PSD: De raposas e reformistas*. Rio de Janeiro: Paz e Terra, 1985.

HIRSCHMANN, Albert O. *Journeys toward Progress*. Nova York: Anchor Books, 1965.

HOFSTADTER, Richard. *Anti-intellectualism in American History*. Nova York: Vintage Books, 1963.

_____. *The Idea of a Party System: The Rise of Legitimate Opposition in the United States, 1780-1840*. Los Angeles: University of California Press, 1969.

HOLANDA, Sérgio Buarque de. *Raízes do Brasil*. 6. ed. Rio de Janeiro: José Olympio, 1971.

_____. *Raízes do Brasil: Edição comemorativa 70 anos (1936-2006)*. Org. de Ricardo Benzaquen de Araújo e Lilia Moritz Schwarcz. São Paulo: Companhia das Letras, 2006.

HOLMES, Stephen. *The Anatomy of Antiliberalism*. Cambridge, Mass: Harvard University Press, 1996.

HUGHES, H. Stuart. "Franz Neumann between Marxism and Liberal Democracy". In: FLEMING, Donald; BAILYN, Bernard. *The Intellectual Migration: Europe and America, 1930-1960*. Cambridge, Mass. Belknap Press, 1969.

HUNTER, Wendy. *The Transformation of the Workers' Party in Brazil, 1989-2009*. Cambridge, Inglaterra: Cambridge University Press, 2010.

HUNTINGTON, S. P. "Conservatism as an Ideology". *American Political Science Review*, v. LI, junho, 1957, pp. 454-73.

_____. *Political Order in Changing Societies*. New Haven: Yale University Press, 1968.

IGLESIAS, Francisco. "Estudo sobre o pensamento reacionário: Jackson de Figueiredo". *Revista Brasileira de Ciências Sociais*, Belo Horizonte, 1962.

INSTITUTO DE ESTUDOS AVANÇADOS. *Dossiê Cuba*. São Paulo: *Revista de Estudos Avançados*, n. 72, USP, 2011.

_____. "50 anos do golpe de 1964". *Revista de Estudos Avançados*, n. 80, USP, 2014.

JACOBY, Russell. *The Last Intellectuals: American Culture in the Age of Academe*. Nova York: Basic Books, 2000.

JAGUARIBE, Hélio. *O nacionalismo na atualidade brasileira*. Rio de Janeiro: Iseb, 1958.

JAGUARIBE, Hélio. *Desenvolvimento econômico e desenvolvimento político*. Rio de Janeiro: Zahar, 1962.

_____. "Stabilité sociale par le colonial-fascisme". *Temps Modernes*, n. 257, 1967.

_____. "ISEB: Um breve depoimento e uma reapreciação crítica". *Cadernos de Opinião*, n. 14, out./nov. São Paulo: Paz e Terra, 1979.

JENNINGS, Jeremy; KEMP-WELCH, Tony (Orgs.). *Intellectuals in Politics: From the Dreyfus Affair to Salman Rushdie*. Londres: Routledge, 1997.

JOLL, James. *Anarquistas e anarquismo*. Lisboa: Dom Quixote, 1964.

JUDT, Tony. *Pós-Guerra: uma história da Europa desde 1945*. Rio de Janeiro: Objetiva, 2007.

_____. *Reflexões sobre um século esquecido: 1901-2000*. Rio de Janeiro: Objetiva, 2008.

KADUSHIN, Charles. *The American Intellectual Elite*. New Brunswick: Transaction Publishers, 1974.

KAMMEN, Michael. *A Machine That Would Go of Itself*. Nova York: Alfred Knopf, 1987.

KARPAT, Kemal A. "The Turkish Left". In: LAQUEUR, Walter; MOSSE, George L. *The Left-Wing Intellectuals Between the Wars, 1919-1939*. *Journal of Contemporary History*, n. 2. Nova York: Harper & Row, 1987.

KAUFMANN, Walter (Org.). *Hegel's Political Philosophy*. Nova York: Atherton Press, 1970.

KECK, Margaret E. *The Workers' Party and Democratization in Brazil*. New Haven: Yale University Press, 1992.

KEY, JR., V. O., *Politics, Parties and Interest Groups*. 5. ed. Nova York: Thomas Y. Crowell, 1965.

KINZO, Maria D'Alva. *Oposição e autoritarismo: Gênese e trajetória do MDB, 1966--1979*. São Paulo: IDESP/Vértice, 1988.

KOCH, H. W. *A Constitutional History of Germany*. Londres: Longman, 1988.

KOHN, Hans. *The Mind of Germany: The Education of a Nation*. Nova York: Harper Torchbooks, 1960.

KORSCH, Karl. *Marxism and Philosophy*. Nova York: Monthly Review Press, 1970.

KRIEGER, Leonard. *The German Idea of Freedom*. Boston: Beacon Press, 1957.

KUNTZ, Rolph. "Alberto Torres: A Organização Nacional". In: MOTA, Lourenço Dantas (Org.). *Introdução ao Brasil: Um banquete no trópico*. São Paulo: Senac, 2000. v. 2.

LADURIE, Emmanuel Le Roy. *Histoire des paysans français: De la peste noire à la Révolution*. Paris: Seuil, 2002.

LAFER, Celso. *A reconstrução dos Direitos Humanos: Um diálogo com o pensamento de Hannah Arendt*. São Paulo: Companhia das Letras, 1988.

LAHUERTA, Milton. *Intelectuais e transição: Entre a política e a profissão*. Tese de doutorado da Faculdade de Filosofia, Letras e Ciências Humanas da Universidade de São Paulo (FFLCH-USP), 1999.

LAMOUNIER, Bolívar. "Formação de um pensamento político autoritário na Primeira República: Uma interpretação". In: FAUSTO, Boris (Org.). *História geral da civilização brasileira*. São Paulo: Difel, 1974. t. 3, v. 2.

_____. (Org.). *A ciência política nos anos 80*. Brasília: UnB, 1982.

_____. "*Brasil Autoritário* revisitado: O impacto das eleições sobre a abertura". In: STEPAN, Alfred (Org.). *Democratizando o Brasil*. Rio de Janeiro: Paz e Terra, 1988.

_____. *Rui Barbosa e a construção institucional da democracia Brasileira*. Rio de Janeiro: Nova Fronteira/Fundação Casa de Rui Barbosa, 1999.

_____. *Da Independência a Lula: Dois séculos de história política brasileira*. São Paulo: Augurium, 2005.

LAMOUNIER, Bolívar; CARDOSO, Fernando Henrique (Orgs.). *Os partidos e as eleições no Brasil*. Rio de Janeiro: Paz e Terra. 1975.

LEAL, Victor Nunes. *Coronelismo, enxada e voto* (1948). 5. ed. São Paulo: Alfa--Ômega, 1986.

LEBRUN, Gérard. *Passeios ao léu: Ensaios*. São Paulo: Civilização Brasileira, 1983.

LENIN, V. I. *The State and the Revolution*. Nova York: International Publishers, 1971.

LEWIS, Bernard. "Islam and Liberal Democracy". *Atlantic Monthly*, n. 271. Boston: 1993.

LEYMARIE, Michel; SIRINELLI, Jean-François. *L'Histoire des intellectuels aujourd'hui*. Paris: Presses Universitaires de France, 2003.

LICHTHEIM, George. *The Concept of Ideology and Other Essays*. Nova York: Vintage Books, 1967.

_____. *George Lukács*. Nova York: Viking Press, 1970.

LILLA, Mark. *The Reckless Mind: Intellectuals in Politics*. Nova York: New York Review of Books, 2001.

LINS, Mário. "A integração da teoria e pesquisa na sociologia". *Anais do 1º Congresso Brasileiro de Sociologia*. São Paulo: Sociedade Brasileira de Sociologia, 1954.

LINZ, Juan. "An Authoritarian Regime: Spain". In: ALLARDT, E.; LITTUNEN, Y. *Cleavages, Ideologies and Party Systems*. Helsinque: Westermark Society, 1964.

_____. "The Future of an Authoritarian Situation or the Institutionalization of an Authoritarian Regime: The Case of Brazil". In: STEPAN, Alfred (Org.). *Authoritarian Brazil*. New Haven: Yale University Press, 1973.

_____. "Totalitarian and Authoritarian Regimes". In: GREENSTEIN, Fred; POLSBY,

Nelson (Orgs.). *Handbook of Political Science*. Reading, Mass.: Addison-Wesley Publishing Company, 1975. v. 3.

LINZ, Juan; STEPAN, Alfred (Orgs.). *The Breakdown of Democratic Regimes*. Baltimore: The Johns Hopkins University Press, 1978.

LIPSET, Seymour M. *Political Man: The Social Bases of Politics*. Ed. atualizada e ampliada. Baltimore: The Johns Hopkins University Press, 1994.

_____. *American Exceptionalism: A Double-Edged Sword*. Nova York: Norton & Company, 1996.

LISBOA, João Francisco. *Crônica política do Império*. Rio de Janeiro: Francisco Alves, 1996.

LUKÁCS, George. *Histoire et Conscience de Classe*. Paris: Les Éditions de Minuit, 1960.

_____. *Lénine*. Paris: Études et Documentation Internationales, 1965.

LUXEMBURG, Rosa. *Selected Political Writings*. Nova York: Monthly Review Press, 1971.

MADEIRA, Marcos Almir. "Oliveira Viana e o espírito de sua obra". *Revista Educação*. Rio de Janeiro: 1952.

MALIA, Martin. *The Soviet Tragedy: A History of Socialism in Russia, 1917-1991*. Nova York: The Free Press, 1994.

MANNHEIM, Karl. *Ideology and Utopia* (1929). Nova York: Harvest Books, 2005.

_____. *Libertad, poder y planificación democrática*. Cidade do México: Fondo da Cultura Econômica, 1950.

_____. "El pensamiento conservador". In: MANNHEIM, Karl. *Ensayos sobre Sociología y Psicología Social*. Cidade do México: Fondo de Cultura Económica, 1963.

MANSILLA, H. C. F. "Intelectuais e política na América Latina: Uma breve abordagem a uma ambivalência fundamental". *Cadernos Adenauer: Os intelectuais e a política na América Latina*, ano 4, n. 5, 2003.

MARKUN, Paulo. *O sapo e o príncipe*. Rio de Janeiro: Objetiva, 2004.

MARLETTI, Carlo. "Intelectuais". In: BOBBIO, Norberto; MATTEUCCI, Nicola; PASQUINO, Gianfranco. *Dicionário de Política*. Brasília: UnB, 2000. pp. 637-40.

MARTIN, Kingsley. *French Liberal Thought in the Eighteenth Century*. Nova York: Harper Torchbooks, 1962.

MARTINS, Luciano. *Estado capitalista e burocracia no Brasil pós-64*. Rio de Janeiro: Paz e Terra, 1985.

MARX, Karl; ENGELS, Frederick. *Letters to Americans, 1848-1895*. Nova York: International Publishers, 1953.

_____. *On Colonialism and Modernization*. Org. de Shlomo Avineri. Nova York: Doubleday-Anchor Books, 1969.

MARX, Karl; ENGELS, Frederick. *The Civil War in the United States*. Nova York: The Citadel Press/International Publishers, 1961.
_____. *The German Ideology*. Org. de C. J. Arthur. Nova York: International Publishers, 1970.
_____. *The Revolution of 1848-49: Articles from the Neue Rheinische Zeitung*. Nova York: International Publishers, 1972.
_____. *Anarchism & Anarcho-Syndicalism: Selected Writings by Marx-Engels- -Lenin*. Nova York: International Publishers, 1972.
MCCLOSKEY, Robert G. "American Political Thought and the Study of Politics". *American Political Science Review*, v. LI, março, 1957.
MCPHERSON, C.B. *The Life and Times of Liberal Democracy*. Oxford, Inglaterra: Oxford University Press, 1976.
_____. *Democratic Theory: Essays in Retrieval*. Oxford: Clarendon Press, 1973.
MEDEIROS, Jarbas. *Ideologia autoritária no Brasil: 1930-1945*. Rio de Janeiro: FGV, 1978.
MEDVEDEV, Roy. *On Socialist Democracy*. Nova York: Alfred Knopf, 1976.
MEINECKE, Frederik. *Cosmopolitanism and the National State*. Princeton, NJ: Princeton University Press, 1970.
MENEGUELO, Rachel. *PT: A formação de um partido, 1979-1982*. Rio de Janeiro: Paz e Terra, 1989.
MERQUIOR, José Guilherme. "Patterns of state-building in Brazil and Argentina". In: HALL, John A. (Org.). *States in History*. Londres: Blackwell, 1986.
_____. *Foucault, ou o niilismo de cátedra*. Rio de Janeiro: Nova Fronteira, 1985.
MERTON, Robert K. *Social Theory and Social Structure*. Nova York: The Free Press, 1958.
MICELI, Sérgio. *A Fundação Ford, a Finep e as Ciências Sociais no Brasil*. São Paulo: Fapesp/ Sumaré, 1993.
MYRDAL, Gunnar. *An American Dilemma: The Negro Problem and American Democracy*. New Brunswick: Transaction Publishers, 2009.
MOMMSEN, Wolfgang J. *Max Weber and German Politics, 1890-1920*. Chicago: Chicago University Press, 1984.
MOSCA, Gaetano. *The Ruling Class: Elementi di Scienza Politica*. Nova York: McGraw-Hill, 1939.
MOSSE, George L. *The Crisis of German Ideology: Intellectual Origins of the Third Reich*. Nova York: Grosset & Dunlap, 1960.
MOTA, Lourenço Dantas (Org.). *Introdução ao Brasil: Um banquete nos trópicos*. São Paulo: Senac, 2000.
MOURA, Alkimar R. "Rumo à entropia: A política econômica de Geisel a Collor". In: LAMOUNIER, Bolívar. *De Geisel a Collor*. São Paulo: Sumaré, 1990.

MÜLLER, Jan-Werner. *Another Country: German Intellectuals, Unification and National Identity*. New Haven: Yale University Press, 2000.

NEUMANN, Franz. *Estado Democrático e Estado Autoritário*. Rio de Janeiro: Zahar, 1969.

NOHLEN, Dieter. *Wahlrecht und Parteiensystem*. Opladen: UTB-Leske, 1990.

NOZIK, Robert. "Why do Intellectuals Oppose Capitalism?". *CATO Online Policy Report*, v. XX, n.1, 1998.

ORTEGA Y GASSET, José. *A rebelião das massas*. Rio de Janeiro: Livro Ibero-Americano, 1959.

ORY, Pascal; SIRINELLI, Jean-François. *Les Intellectuels en France: De l'Affaire Dreyfus à nos jours*. Paris: Perrin, 2002.

OSTROM, Vincent. *The Political Theory of a Compound Republic: Designing the American Experiment*. Londres: University of Nebraska Press, 1971.

OTT, Hugo. *Martin Heidegger: A caminho de sua biografia*. Lisboa: Instituto Piaget, 1988.

PARSONS, Talcott. *The Structure of Social Action*. Nova York: The Free Press, 1938.

PATEMAN, Carol. *Political Participation and Democracy*. Cambridge, Inglaterra: Cambridge University Press, 1970.

PÉCAUT, Daniel. *Os intelectuais e a política no Brasil: Entre o povo e a nação*. São Paulo: Ática, 1989.

PEREIRA, Luiz Carlos Bresser; REGO, José Márcio. *A grande esperança em Celso Furtado*. São Paulo: Ed. 34, 2001.

PEUKERT, Detlev J. K. *The Weimar Republic and the Crisis of Classical Modernity*. Nova York: Hill and Wang, 1987.

PFLANZE, Otto. *Bismarck and the Development of Germany*. Princeton, NJ: Princeton University Press, 1963.

PINTO, Álvaro Vieira. *Consciência e realidade nacional*. Rio de Janeiro: Iseb, 1960. 2 v.

POLSNER, Richard A. *Public Intellectuals: A Study of Decline*. Cambridge, Mass.: Harvard University Press, 2003.

POPPER, Karl. *A sociedade aberta e seus inimigos*. São Paulo: Edusp, 1974. 2 v.

_____. *La miseria del historicismo*. Madri: Taurus/Alianza Editorial, 1984.

PRADO JÚNIOR, Caio. *A revolução brasileira*. São Paulo: Brasiliense, 1966.

PURYEAR, Jeffrey M. *Thinking Politics: Intellectuals and Democracy in Chile, 1973--1988*. Baltimore: The Johns Hopkins University Press, 1994.

QUATTROCCHI-WOISSON, Diana. "L'Histoire des intellectuels en Argentine: Les Difficultés d'une société périphérique". In: LEYMARIE, Michel; SIRINELLI, Jean-François. *L'Histoire des intellectuels aujourd'hui*. Paris: Presses Universitaires de France, 2003.

RACINE, Nicole. "Intellectuelles". In: LEYMARIE, Michel; SIRINELLI, Jean-François. *L'Histoire des intellectuels aujourd'hui*. Paris: Presses Universitaires de France, 2003.

RAMOS, Alberto Guerreiro. "Esforços de teorização da realidade brasileira, politicamente orientados, de 1870 aos nossos dias". *Anais do 1º Congresso Brasileiro de Sociologia*. São Paulo: Sociedade Brasileira de Sociologia, 1953.

_____. "A dinâmica da sociedade política brasileira". *Revista Brasileira de Estudos Políticos*, n. 1. Belo Horizonte: 1956.

_____. *A crise do poder no Brasil*. Rio de Janeiro: Zahar, 1961.

_____. *A redução sociológica*. Rio de Janeiro: Tempo Brasileiro, 1965.

RAZI, G. M. "Legal Education and the Role of the Lawyer in the Soviet Union and the Countries of Eastern Europe". *California Law Review*, ano 48, n. 5, 1960.

REALE, Miguel. "Posição de Rui Barbosa no mundo da filosofia". In: *Rui Barbosa, escritos e discursos seletos*. Rio de Janeiro: Nova Aguilar, 1995.

REIS, Fábio Wanderley. "Solidariedade, interesses e desenvolvimento político". *Cadernos DCP/UFMG*. Belo Horizonte: 1974.

_____. "As eleições em Minas Gerais". In: LAMOUNIER, B.; CARDOSO, F. H. *Os partidos e as eleições no Brasil*. Rio de Janeiro: Paz e Terra, 1975.

_____. *Política e racionalidade: Problemas de teoria e método de uma sociologia crítica da política*. Belo Horizonte: UFMG, 2000.

_____. *Tempo presente: do MDB a FHC*. Belo Horizonte: UFMG, 2002.

RICARDO, Cassiano. *O homem cordial*. Rio de Janeiro: Inep, 1944.

RICCI, Rudá. *Lulismo: Da era dos movimentos sociais à ascensão da nova classe média brasileira*. Brasília: Contraponto, 2010.

RINGER, Fritz K. *The Decline of the German Mandarins: The German Academic Community, 1890-1933*. Hanover, NH: University Press of New England, 1969.

RODRIGUES, Leôncio Martins. "O PCB: os dirigentes e a organização". In: FAUSTO, Boris (Org.). *O Brasil Republicano, 1930-1964*. São Paulo: Difel, 1981. t. 3, v. 3.

_____. *Partidos e sindicatos: Escritos de sociologia política*. São Paulo: Ática, 1990.

_____. *Partidos, ideologia e composição social: Um estudo das bancadas partidárias na Câmara Federal*. São Paulo: Edusp, 2002.

_____. *Mudanças na classe política brasileira*. São Paulo: Publifolha, 2006.

_____. *Destino do sindicalismo*. São Paulo: Edusp, 2009.

ROGIN, Michael Paul. *The Intellectuals and McCarthy: The Radical Specter*. Cambridge, Mass.: The MIT Press, 1967.

ROSENBERG, Hans. *Bureaucracy, Aristocracy and Autocracy: The Prussian Experience, 1660 — 1815*. Cambridge, MA.: Harvard University Press, 1958.

SADEK, Maria Tereza. *A Justiça Eleitoral e a consolidação da democracia no Brasil*. São Paulo: Fundação Konrad Adenauer, 1995.

_____ (Org.). *Justiça e cidadania no Brasil*. São Paulo: Sumaré, 2000.

_____ (Org.). *Magistrados: Uma imagem em movimento*. Rio de Janeiro: FGV, 2006.

SAID, Edward. *Representations of the Intellectual*. Nova York: Vintage Books, 1996.

SAKHAROV, Andrei D. *Sakharov Speaks*. Org. de Harrison E. Salisbury. Londres: Collins & Harvill Press, 1974.

SÁNCHEZ, Yoani. *Havana Real*. Nova York: Melville House, 2009.

_____. *Cuba Livre: Vivir y escribir en La Habana*. Buenos Aires: Marea, 2010.

SANTOS, Wanderley Guilherme. *Ordem burguesa e liberalismo político*. São Paulo: Duas Cidades, 1978.

SARLO, Beatriz. *Cenas da vida pós-moderna: Intelectuais, arte e videocultura na Argentina*. Rio de Janeiro: UFRJ, 2000.

SARTRE, Jean-Paul. *Critique de la raison dialectique*. Paris: PUF, 1968.

SCHALK, David. "Are Intellectuals a Dying Species? War and the Ivory Tower in the Postmodern Age". In: JENNINGS, Jeremy; KEMP-WELCH, Tony (Orgs.). *Intellectuals in Politics: From the Dreyfus Affair to Salman Rushdie*. Londres: Routledge, 1997.

SCHMITT, Carl. *La Notion de politique*. Paris: Calman-Lévy, 1972.

_____. *Parlementarisme et démocratie*. Paris: Seuil, 1988.

SCHORSKE, Carl E. *German Social Democracy, 1905-1917: The Development of the Great Schism*. Nova York: John Wiley & Sons, 1965.

SCHUMPETER, J. S. *Capitalismo, socialismo e democracia*. Rio de Janeiro: Fundo de Cultura, 1961.

_____. *A History of Economic Analysis*. Nova York: Oxford University Press, 1954.

SCHWARCZ, Roberto. "As ideias fora do lugar". In: *Ao vencedor as batatas*. São Paulo: Ed. 34, 1973.

SCHWARTZMAN, Simon. "Do nacionalismo ao desenvolvimentismo". *Revista Brasileira de Ciências Sociais*, v. 3, n. 1. Belo Horizonte: 1963.

_____. "Veinte años de democracia representativa en Brasil, 1945-1964". *Revista Latinoamericana de Ciencia Politica*, v. 2, n. 1, 1971.

_____. *Bases do autoritarismo brasileiro*. Rio de Janeiro: Campus, 1982.

_____. "A Sociologia de Guerreiro Ramos". *Revista de Administração Pública*, ano 17, n. 2, abr.-jun., pp. 30-4. Rio de Janeiro, 1983.

SENNA, Homero. *Uma voz contra a injustiça: Rui Barbosa e o caso Dreyfus.* Rio de Janeiro: Fundação Casa de Rui Barbosa, 1987.

SENNA, José Júlio. *Os parceiros do rei: Herança cultural e desenvolvimento econômico no Brasil.* Rio de Janeiro: Topbooks, 1995.

SERRA, José. "Three Mistaken Theses Regarding the Connection between Industrialization and Authoritarian Regimes". In: COLIER, David (Org.). *The New Authoritarianism in Latin America.* Princeton, NJ: Princeton University Press, 1979.

SHARLET, Robert. *Soviet Constitutional Crisis: From De-Stalinization to Disintegration.* Armonk, NY: M.E. Sharpe, 1992.

SHEEHAN, James J. *German Liberalism in the 19th Century.* Chicago: Chicago University Press, 1978.

SIMÕES NETO, Teotônio. *Repensando Alberto Torres.* São Paulo: PUC, 1978. Dissertação (Mestrado).

SIRINELLI, Jean-François. *Sartre et Aron: Deux intellectuels dans le siècle.* Paris: Arthème Fayard, 1995.

SKIDMORE, Thomas E. *Politics in Brazil: An Experiment in Democracy.* Nova York: Oxford University Press, 1967.

_____. *Black into White: Race and Nationality in Brazilian Thought.* Nova York: Oxford University Press, 1974.

_____. *The Politics of Military Rule in Brazil.* Nova York: Oxford University Press, 1988.

SMITH, Gordon et al. *Developments in German Politics.* Durham: Duke University Press, 1992.

SMITH, Hedrik. *The Russians.* Nova York: Ballantine Books, 1976.

SOMMIT, Albert; TANNEMBAUS, Frank. *The Development of American Political Science.* Nova York: Irvington, 1982.

SOREL, Georges. *Reflections on Violence.* Nova York: Collier, 1961.

SOUZA, Amaury de. *The Nature of Corporatist Representation: Leaders and Members of Organized Labor in Brazil.* Tese de ph.D. Cambridge, Mass.: MIT, 1981.

_____. "Collor's Impeachment and Institutional Reform in Brazil". In: ROSENN, K.; DOWNES, R. *Corruption and Political Reform in Brazil.* Miami: The University of Miami Press, 1999.

SOUZA, Amaury de; LAMOUNIER, Bolívar "Governo e sindicatos no Brasil: A perspectiva dos anos 80". In: *Revista Dados,* v. 24, n. 2. Rio de Janeiro, 1981.

SOUZA, Maria do Carmo Campello de. "O processo político-partidário na Primeira República". In: MOTA, Carlos Guilherme (Org.). *Brasil em perspectiva.* São Paulo: Difel, 1969.

SOUZA, Maria do Carmo Campello de. *Estado e partidos políticos no Brasil, 1930--1964*. São Paulo: Alfa-Ômega, 1976.

SPARKS, Allister. *The Mind of South Africa*. Nova York: Ballantine, 1990.

_____. *Tomorrow is Another Country: The Inside Story of South Africa's Negotiated Revolution*. Londres: Arrow Books, 1997.

SPIRITO, Ugo. *Il Corporativismo*. Florença: G.C. Sansoni, 1970.

STEPAN, Alfred. *Os militares na política*. Rio de Janeiro: Artenova, 1970.

_____ (Org.). *Authoritarian Brazil: Origins, Policies, Future*. New Haven: Yale University Press, 1973.

_____. "Political Leadership and Regime Breakdown: Brazil". In: LINZ, Juan; STEPAN, Alfred (Orgs.). *The Breakdown of Democratic Regimes*. Baltimore: The Johns Hopkins University Press, 1978.

_____. *Os militares: Da abertura à Nova República*. Rio de Janeiro: Paz e Terra, 1986.

_____ (Org.). *Democratizando o Brasil*. Rio de Janeiro: Paz e Terra, 1988.

STERN, Fritz. *The Politics of Cultural Despair: A Study in the Rise of the Germanic Ideology*. Nova York: Doubleday Anchor, 1965.

_____. *The Failure of Illiberalism: Essays on the Political Culture of Modern Germany*. Nova York: Columbia University Press, 1992.

TALMON, J. L. *The Origins of Totalitarian Democracy*. Nova York: Norton, 1970.

TOCQUEVILLE, Alexis de. *Democracy in America*. Nova York: Vintage Books, 1954.

_____. *The Old Regime and the French Revolution*. Nova York: Anchor, 1983.

TOLEDO, Roberto Pompeu de. *O presidente segundo o sociólogo*. São Paulo: Companhia das Letras, 1998.

TORRES, Alberto. *O problema nacional brasileiro* (1914). 3. ed. São Paulo: Companhia Editora Nacional, 1938.

TREITSCHKE, Heinrich von. *Politics*. Nova York: Harcourt, Brace & World, 1963.

TRINDADE, Hélgio. *O integralismo: O fascismo brasileiro na década de 30*. São Paulo: Difel, 1974.

_____. "Padrões e tendências do comportamento eleitoral no Rio Grande Sul". In: LAMOUNIER, Bolívar; Cardoso, Fernando Henrique (Orgs.). *Os partidos e as eleições no Brasil*. Rio de Janeiro: Paz e Terra, 1975.

TUCKER, Robert C. *Stalin as Revolutionary, 1879-1929*. Nova York: Norton, 1973.

_____ (Org.). *Stalinism: Essays in Historical Interpretation*. Nova York: Norton, 1977.

ULAM, Adam B. *Ideologies and Illusions: Revolutionary Thought from Herzen to Solzhenitzyn*. Cambridge, Mass.: Harvard University Press, 1976.

_____. *In the Name of the People: Prophets and Conspirators in Prerevolutionary Russia*. Nova York: The Viking Press, 1977.

UNGER, Roberto Mangabeira. *Knowledge and Politics*. Nova York: The Free Press, 1975.

_____. *Social Theory: Its Situation and its Task*. Nova York: Cambridge University Press, 1987.

_____. "Pôr fim ao governo Lula". *Folha de S.Paulo*, 15 nov. 2005.

UTECHIN, S. V. *Historia del Pensamiento Politico Ruso*. Madri: Revista de Occidente, 1968.

VAISSIÉ, Cécile. "Entre 'ingénieurs des âmes', *intelligent* et 'dissidents'. Y-a-til des intellectuels en Russie Soviétique?". In: LEYMARIE, Michel; SIRINELLI, Jean-François. *L'Histoire des intellectuels aujourd'hui*. Paris: Presses Universitaires de France, 2003.

VEBLEN, Thorstein. *Imperial Germany and the Industrial Revolution*. Ann Arbor, MI: University of Michigan Press, 1966.

VIANNA, J. F. Oliveira. *Populações meridionais do Brasil*. Rio de Janeiro: José Olympio, 1952. 2 v.

_____. *Problemas de organização e problemas de direção*. Rio de Janeiro: José Olympio, 1957.

_____. *Instituições políticas brasileiras*. São Paulo: Edusp-Itatiaia, 1987.

_____. *Manuscrito não publicado sobre o supercapitalismo industrial no Brasil*, 1972.

VOLPICELLI, Arnaldo. "I fondamenti ideali del corporativismo". *Nuovi Studi*, fasc. III-IV, pp. 161-72. Florença, 1930.

WEBER, Max. *Economia y sociedad*. Cidade do México: Fondo de Cultura Económica, 1944.

_____. *On Law in Economy and Society*. Org. de Max Rheinstein. Nova York: Clarion/Simon and Schuster, 1967.

_____. "Politics as a Vocation". In: GERTH, Hans; MILLS, Wright. *From Max Weber*. Nova York: The Free Press, 1968.

WEFFORT, Francisco C. "Estado e massas no Brasil". *Revista Civilização Brasileira*, ano 1, n. 7. Rio de Janeiro: Civilização Brasileira, 1966.

_____. *O populismo na política brasileira*. Rio de Janeiro: Paz e Terra, 1978.

_____. *Formação do pensamento político brasileiro: Ideias e personagens*. São Paulo: Ática, 2006.

WILKINSON, David. "Malraux, Revolutionist and Minister". In: LAQUEUR, Walter; MOSSE, George L. *The Left-Wing Intellectuals Between the Wars, 1919-1939. Journal of Contemporary History*, n. 2. Nova York, Harper & Row, 1966.

WILLIAMS, Raymond. *Culture and Society, 1780-1950*. Nova York: Harper & Row, 1958.

WILSON, Woodrow. *Congressional Government* (1885). Nova York: Meridian Books, 1955.

WINOCK, Michel. *O século dos intelectuais*. Rio de Janeiro: Bertrand Brasil, 1999.

WIRTH, John D. *The Politics of Brazilian Development, 1930-1954*. Stanford, CA: Stanford University Press, 1970.

WOLIN, Richard (Org.). *Martin Heidegger and European Nihilism*. Nova York: Columbia University Press, 1995.

_____. *Labyrinths: Explorations in the Critical History of Ideas*. Amherst, Mass.: University of Massachusetts Press, 1996.

YACK, Bernard. *The Longing for Total Revolution: Philosophical Sources of Social Discontent from Rousseau to Nietsche*. Los Angeles: University of California Press, 1992.

Índice remissivo

Abolição da escravatura (1888), 208
Abreu, Capistrano de, 184n
Abreu, Leitão de, 166
absolutismo, 18, 21, 61, 87
Abu Graib, prisão de, 131
Ação Integralista Brasileira (AIB), 20n
Acton, Edward, 69n
Adler, Laure, 41, 43n, 98
administração pública, 24, 41, 93, 99
Adorno, Theodor, 85n, 98
advogados, 15, 31, 55, 106-7, 121
agrarismo, 209, 211-2
agricultura, 58, 108, 144, 147, 188, 208, 214
Aleixo, Pedro, 158
Alemanha, 12, 17, 38, 41-2, 55, 58, 79-80, 84, 89, 92-4, 99-100, 102-4, 106, 109, 111, 115, 133n, 176, 221
Alemanha Ocidental, 77
Alemanha Oriental, 103n, 104
Alexandre II, tsar, 63-5
Alexandre III, tsar, 64

Allen, Robert Loring, 125
alma mater, 56
Al-Qaeda, 131
Althusser, Louis, 38
Alves, Márcio Moreira, 33
Amaral, Azevedo, 197n, 200n
América Latina, 12, 20, 29, 32, 105, 128, 130, 132, 140, 142, 177, 187, 220, 225
America University (Washington), 138
American Dilemma: The Negro Problem and Modern Democracy, An (Myrdal), 118-9
American Exceptionalism (Lipset), 111
American Institute of Public Opinion (Gallup Poll), 123
Americans: The Democratic Experience, The (Boorstin), 107
anarquismo, 13, 19, 34
Anatomy of Antiliberalism, The (Holmes), 14n, 174
Andaluzia, 32

Andropov, Iúri, 77
anistia, 33, 166
Another Country: German Intellectuals, Unification and National Identity (Müller), 102n
antigetulismo, 141, 177; ver também getulismo
antiliberal, antiliberais, 13-4, 17-20, 34, 44, 57, 88, 92, 98, 104, 124, 126, 134-5, 137, 173-4, 176-8
antiliberalismo, 11-3, 16, 18, 20, 79-81, 86, 88, 90, 92, 104, 106, 134-5, 139--40, 152, 174, 176, 204; ver também liberalismo
antissemitismo, 22, 67n, 84-5, 92
apartheid, 32
Arendt, Hannah, 98, 128n
Argentina, 29, 32, 48
Arinos, Afonso ver Franco, Afonso Arinos de Melo
Aristóteles, 126
Arns, Evaristo, d., 165
Aron, Raymond, 28, 34, 101
Arquipélago Gulag, O (Soljenítsin), 29, 69-71, 76
artes, 47, 97, 105, 108
Assis Brasil, 137
Ato Institucional nº 5, 158
audiovisual, civilização/universo do, 27, 44, 46
Aurore, L' (jornal), 22
Áustria, 104, 220
Authoritarian and the Democratic State, The (Neumann), 98
autocracia tsarista, 51, 61
autoritarismo, 11, 49, 60, 133, 164, 167, 190, 193, 195-6
Avineri, Shlomo, 85n
Axelos, Kostas, 39n
Azevedo, Bueno de, 176n

Bacha, Edmar, 161n, 164
bacharelismo, 222
Bachrach, Peter, 125n
Bagehot, Walter, 116
Bailyn, Bernard, 97
Bakunin, Mikhail, 62n
Bancroft, George, 115
Baran, Paul, 127
Barbosa, Rui, 137, 179, 201
Barros, Adhemar de, 147
Bases do autoritarismo brasileiro (Schwartzman), 189n
Beard, Charles, 111
Behemoth (Neumann), 98
Belinsky, Vissarion, 62n
Bell, Daniel, 114, 122, 128
Bellow, Saul, 128n
bem comum, 124-6
Benda, Julien, 28
Benjamin, Walter, 43n
Bensel, Richard F., 111, 118n
Berdiaev, Nikolai, 68
Berelson, 109n
Bergson, Henri, 22, 46-7
Berlin, Isaiah, 128n
Berman, Paul, 130
Bernstein, Carl, 32
Betto, Frei, 30
Biel, Steven, 112-3
bipartidarismo, 157n, 166, 170
Bismarck, Otto von, 81, 85, 87-8, 91, 103
bloco socialista, 61, 75-6
Boianovsky, Mauro, 143
Bois, J., 39n
bolcheviques, 66, 68, 94
bolchevismo, 63
Boorstin, Daniel J., 107-8, 110
Born, Max, 97

Bourdieu, Pierre, 14
Bourne, Randolph, 112
Bracher, Karl Dietrich, 80n, 82n, 83-5, 90n, 95
Bramsted, Ernest K., 55n
Brandi, Paulo, 141
Brezhnev, Leonid, 38, 72, 74, 77-8
Brizola, Leonel, 142, 147, 155, 166, 174n
Brodersen, Momme, 43n
Brooks, Van Wyck, 112
Brown contra Conselho de Educação, caso, 118
Bulhões, Otávio Gouveia de, 138-9
Bullock, Alan, 94, 96
Burgess, John W., 115
burguesa, burgueses, 16, 28-9, 36, 66, 76, 94, 191, 194, 196, 201, 205, 212
burguesia, 89, 90n, 149-50, 155
burocracia, 82, 93, 98, 148

Cadernos de Nosso Tempo (periódico), 148
Camões, Luís Vaz de, 33
campesinato, 54, 62
Campos, Roberto, 139, 164
Canudos, rebelião de, 182
capitalismo, 11, 17, 19n, 21, 28, 36, 49, 69, 78, 148, 160n, 161, 200-1, 211
Capitalismo, socialismo e democracia (Schumpeter), 125
capitanias, 203
Cardoso, Fernando Henrique, 143, 159-62, 169n
Carpeaux, Otto Maria, 33
Casa Civil, 163, 166, 168n
Castello Branco, Carlos (Castelinho), 33, 168n
Castelo Branco, Humberto de Alencar, marechal, 158, 160, 162

Castro, irmãos (Fidel e Raúl), 30
catolicismo, 18, 19n, 188n; *ver também* Igreja católica
católico(s), 19-20, 49, 175
censura, 33, 67, 100n, 121, 140, 167
Centro Brasileiro de Análise e Planejamento (Cebrap), 161n, 164
Centro Católico (partido alemão), 93
Cepêda, Vera Alves, 143
Chandler, Porter R., 123n
chavismo venezuelano, 12
Chernenko, Konstantin, 77
Chernichevsky, Nikolai Gavrilovitch, 62n
Chernobil, acidente nuclear de, 78
Chile, 29, 160n
China, 12
Chomsky, Noam, 127, 128n, 129, 130n
cidadania, 209, 218, 226
ciências humanas, 105-6, 108, 110, 151, 176
ciências sociais, 20, 47, 98, 108-9, 137, 142, 151, 152n, 177; *ver também* sociologia
cientistas, 25, 52, 73, 92, 97, 111, 137, 143, 164, 168, 194, 208, 211
ciganos, 32
cinema, 25, 32, 121
civilização, 27, 36n, 46, 70, 85, 105, 192
clãs rurais, 189-91, 197
classe média, 43n, 65, 141, 161, 223
classes sociais, 55, 145, 168n
clericalismo, 35
clérigos, 52, 61, 157, 167
clientelismo, 175, 211, 222-5
Colégio Eleitoral, 163, 167, 169, 171-2
collectivity oriented, 23
Collège de France, 46

247

Comissão Econômica para a América Latina (Cepal), 144*n*
Comitê Central (PC-URSS), 38, 68
Comitê de Defesa dos Direitos Humanos (URSS), 74
Communism, Conformity and Civil Liberties (Stouffer), 122
Comte, Augusto, 18, 35, 142, 185, 196
comunidades academicamente centradas, 17, 48, 51, 56
comunidades intelectuais, 17, 44, 51-2, 57, 105, 106*n*, 112, 128, 131, 176
comunismo, 49, 62, 69, 77, 119, 121, 123; *ver também* socialismo
comunista(s), 20, 37-8, 65, 77, 95, 101, 112-3, 120-3, 128, 139, 151, 220-1
Congressional Government (Wilson), 116
Congresso Brasileiro de Sociologia (1953), 152*n*
Congresso de Viena (1815), 81
Congresso dos Escritores (Rússia, 1934), 68
Congresso Nacional, 147, 165
Consciência e realidade nacional (Vieira Pinto), 153
Conselheiro, Antônio, 32, 181
Conselho de Estado (Rússia), 64
constitucionalismo, 61, 83, 87
Constituição alemã (1919), 59*n*
Constituição brasileira (1824), 19, 134, 169*n*
Constituição brasileira (1891), 134-5, 169*n*, 204
Constituição brasileira (1946), 58, 139, 141, 169
Constituição brasileira (1988), 58
Constituição de Weimar, 94
Constituição norte-americana, 155

Constituição soviética (1936), 59*n*, 67, 74
Constituição soviética (1977), 74
construção do Estado *ver* Estado, construção do
contracultura, 103, 174
Cony, Carlos Heitor, 33
cordialidade, 215, 217-8; *ver também* "homem cordial"
Correio da Manhã, 33
corrida armamentista, 74
cosmopolitismo, 82, 87
Cosmopolitismo e o Estado nacional, O (Meinecke), 86
Costa e Silva, Artur da, marechal, 158, 160, 166
coughlinismo, 122
Couto e Silva, Golbery do, general, 163-4, 166-7, 168*n*
Craig, Gordon A., 80*n*, 96-7*n*
crise de 1929, 79
Crise do poder no Brasil, A (Ramos), 152
crise econômica, 77-8, 148
Crisis of the Germanic Ideology, The (Mosse), 84*n*
Croce, Benedetto, 42
Cuba, 30, 48*n*
culturalismo, 184-6, 219
Cunha, Euclides da, 32, 137, 181, 208

Dahrendorf, Ralph, 55-6, 80, 90, 92, 98-9
Daniel, Yuli, 69, 72, 75
Dantas, Santiago, 137
Dasein (conceito heideggeriano), 42
Davis, Angela, 128
"De l'Oligarchie à l'État militaire" (Furtado), 159*n*

debate público, 45, 47, 57, 137
Decline of the German Mandarins, The (Ringer), 99
Dell, Floyd, 112
democracia, 11, 13, 17, 21, 32, 37, 52, 58-60, 65, 78-9, 82n, 83, 86, 93-4, 98, 100n, 101, 103, 122n, 124-6, 133, 135, 139-40, 142n, 143-4, 149- -60, 163-4, 170, 174-5, 177, 180, 191, 193-4, 197, 201, 204-6, 209-10, 214-5, 217-20, 225
Democracia na América, A (Tocqueville), 211
desenvolvimento econômico, 79, 111, 142, 145, 153; *ver também* países desenvolvidos
Desenvolvimento econômico e desenvolvimento político (Jaguaribe), 149
"*deutscher Sonderweg*", 90n
Dia na vida de Ivan Denisovitch, Um (Soljenítsin), 72
Díez Espinosa, José Ramón, 80n
Dilthey, Wilhelm, 55
"diplomados", 22
direita, 17, 19, 22, 119, 122, 124, 128, 141-2, 156, 174, 210, 220
Direito, 12-3, 67n, 85, 140
direitos humanos, 16, 28-30, 165, 173
direitos naturais, 16, 28
Diretas Já, campanha das (1984), 166- -7, 172
Discursos à nação alemã (Fichte), 83
distribuição da renda, 165
ditadura(s), 11, 14, 29, 35, 48, 58, 88, 134n, 140-1, 162, 169n, 171, 191-2, 195-6, 207, 215, 217, 219-20
Djilas, Milovan, 39
Dolfuss, Engelbert, 220
Dorfman, Joseph, 111

Dos Passos, John, 112
Dostoiévski, Fiódor, 54
doutos, 22, 24
Dr. Jivago, O (Pasternak), 69
Dreyfus, caso, 16, 21, 25, 27-8, 31, 67
Drummond, Roscoe, 123
Duarte, Nestor, 208
Dubcek, Alexandre, 39
Dutschke, Rudi, 101

Eastman, Max, 112
ecologia, 103
economia, 30, 65, 72, 77-8, 90, 109, 138, 140, 142-4, 147-8, 152, 156, 160, 162, 171, 199, 223
Edson Luís (estudante), 158
Einstein, Albert, 97
Eisenhower, Dwight D., 120
Elbrick, Charles Burke, 33, 158
"Elite de poder, democracia e desenvolvimento" (Mendes), 159n
elites, 19, 29, 93, 105, 126, 148, 175, 192, 220-1
Engels, Friedrich, 112n
engenheiros, 52
engenhos de açúcar, 212
ensino superior, 48, 73, 109, 113, 116, 132
"Entre 'ingénieurs des âmes', intelligent et 'dissidents': Y-a-til des intellectuels en Russie Soviétique?" (Vaissié), 15
era liberal, 51
Escola de Ciência Política (Universidade Columbia), 115
Escola de Economia da FGV-RJ, 138
Escola de Sociologia e Política de São Paulo, 138, 186
escolaridade, 21-3

escravos, 117
eslavismo, 61
Espanha, 32, 220
esquerda, 17, 19, 28-9, 34, 49, 71, 76, 88, 98, 101-4, 124, 127-30, 139n, 141-2, 154-6, 174-5, 188
esquerdismo, 49
Estado, 12-3, 17, 21, 30, 36-7, 52, 56-7, 59, 70, 81-2, 84-5, 90n, 91-2, 95-6, 98-101, 103, 105-6, 110, 117, 121, 130, 134, 136, 140-1, 146, 148, 150, 152, 159, 161-2, 168n, 174, 178, 184, 190-2, 194-6, 198n, 200, 208--11, 215-20, 223, 225; construção do, 17, 57-8, 80, 82, 133, 135, 142, 176, 204
Estado de S. Paulo, O, 33
Estado Novo (Brasil), 178, 188, 197n, 201, 205, 215
Estado Novo (Portugal), 220
Estados Unidos, 12, 17, 31, 45, 55, 58, 69, 71, 73, 79, 81, 93, 97-8, 105-7, 109, 111-2, 114, 116-7, 120, 128-31, 133n, 140, 143, 160, 176, 184, 207, 226
"Étabilité sociale par le 'colonial--fascisme'" (Jaguaribe), 159n
ética, 54, 109, 175, 188
eugenia, 182
Europa, 19n, 29, 32, 60, 64, 75-7, 79, 82n, 84, 90, 100, 105, 129, 169n, 179, 211, 220
Evans, Richard J., 95-7
Evolução do povo brasileiro (Vianna), 182n
Executivo, 103, 145-7
existencialismo, 40, 152n

Faculdade de Direito do Largo de São Francisco, 49, 138

Faculdade de Economia da Universidade Federal do Rio de Janeiro, 139
Faculdade de Filosofia, Ciências e Letras da USP, 138
faculdades de direito, 108, 141
Failure of Illiberalism, The (Stern), 93
Faoro, Raymundo, 166
Farías, Victor, 40, 42
fascismo, 13, 19-20, 35, 134-5, 178, 216, 221
fenomenologia, 40, 152
Fernandes, Florestan, 138
Ferreira, Jorge, 156
feudalismo, 60, 62, 211
Fichte, Johann Gottlieb, 82n, 83, 86, 92
Figueiredo, Jackson de, 20n
Figueiredo, João, general, 160, 166-7, 168n
Filali-Ansari, Abdon, 35
filosofia, 40-2, 46, 83, 85-6, 97, 109, 153
Fim da ideologia, O (Bell), 114-5
Fishlow, Albert, 161n, 164
Fleming, Donald, 97
Folha de S.Paulo, 175n
Forças Armadas, 66, 96, 157, 160-1, 182
Formação do Brasil contemporâneo (Prado Jr.), 189n
Formação econômica do Brasil (Furtado), 143, 189n
formação humanística, 52
França, 21, 38, 40, 52n, 55, 61, 67, 71, 79, 100
France, Anatole, 22
Francis, Paulo, 155
Franco, Afonso Arinos de Melo, 137
Frank, Hans, 95

250

Frank, Waldo, 112
freelancers, 112, 114
Freyre, Gilberto, 178, 208
Friedman, Lawrence M., 107
Frota, Sílvio, 166, 168n
Fundação Carnegie, 118
Fundo pela República (EUA), 122
Furtado, Celso, 138, 143-7, 159, 161-2, 189n

Gabeira, Fernando, 33
Galbraith, John Kenneth, 128n
Garaudy, Roger, 39
García Lorca, Federico, 32
Garcia, Marco Aurélio, 30
Gaspari, Elio, 168
Geisel, Ernesto, general, 160, 163-5, 167-73
Gellner, Ernest, 38n, 70n, 72-3n
Genovese, Eugene, 128n
Gentile, Giovane, 40
gentry, 203
German Idea of Freedom, The (Krieger), 90n
Gerth, Hans, 55n, 93
getulismo, 139n, 141, 177
Ginzburg, Benjamin, 112
Gitlin, Todd, 130
Glazer, Nathan, 122, 128n
Góes, Wálder de, 168
Goethe, Johann Wolfgang von, 39, 81
golpe militar (1964), 33n, 54, 134, 142, 145, 147, 151, 154-5, 156n, 157-9, 161-2, 167
Gomulka, Wladislaw, 76
Gorbatchóv, Mikhail, 61, 74, 77-8
Gorki, Maximo, 66-8
Goulart, João, 142, 145, 147, 151, 155--6, 158

governo mundial, 84
Gramsci, Antonio, 129, 175n
gramscismo, 49
Grass, Gunther, 102-3
greve de fome, 30
greves, 49, 158, 164, 167
Guantánamo, base naval de, 31
Gudin, Eugênio, 138, 140
Guerra da Crimeia (1854-64), 66
Guerra Fria, 17, 69, 119, 134, 140, 145
guerrilha urbana (Brasil), 158
gulag, 67, 71
Gullar, Ferreira, 167

Habermas, Jürgen, 102
hard scientists, 24, 97
Harrington, Michael, 128
Hegel, Georg Wilhelm Friedrich, 39n, 85-6, 92, 152, 204
Heidegger e o nazismo: Moral e política (Farías), 40
Heidegger, Martin, 40-3, 97
Helsinki, convenção de (1973), 16, 28, 76
Hermens, F., 100n
Hernández, José, 31
Hertz, Gustav, 97
Herzen, Aleksandr Ivanovitch, 62n
Herzog, Vladimir, 165
Hintze, Otto, 60
hiperinflação, 79
Hiroshima, 78
Hirschmann, Albert O., 147
Histoire des intellectuels aujourd'hui, L' (Leymarie & Sirinelli), 15n
História da inteligência brasileira (Martins), 178n, 180, 200n
História e consciência de classe (Lukács), 39n

História julgará, A (Medvedev), 69
historiadores, 18, 52, 81-2, 92, 114, 122, 137, 208
"historicídio", 175*n*
historiografia, 18, 222
Hitler, Adolf, 12, 41-2, 70, 90*n*, 92, 94-7, 183
Hitler: Um estudo sobre a tirania (Bullock), 94
Hofstadter, Richard, 111, 122, 128*n*
Holanda, Sérgio Buarque de, 17, 178, 206, 208-11, 213-22, 225-6
holismo, 13, 34, 135, 173
Hollywood, 121
Holmes, Stephen, 14, 174
"homem cordial", 215-6
homossexualismo, 121
Hungria, 39, 76, 101, 104
Hunter, Wendy, 176*n*
Huntington, Samuel P., 163-4, 194
Husserl, Edmund, 40, 152-3
Hyman, Herbert H., 122

Idade Média, 60
Ideologia alemã, A (Marx), 79
Ideologia e utopia (Mannheim), 99
ideologia(s), 13, 16, 23, 28, 44, 62, 71, 81-2, 84, 101, 104, 124, 127, 136, 145, 149, 151, 174-5, 216, 221
Ideologies and Illusions (Ulam), 70
Iglésias, Francisco, 138
Igreja católica, 19*n*, 165, 173
Igreja luterana, 89
Igreja Ortodoxa, 61, 64
ilegalidade, 64
Ilha das Cobras, 21
Iluminismo, 80-1, 85
imprensa, 17, 21, 32-3, 47, 65, 121, 173
Independência do Brasil, 190

individualismo, 13, 84, 143, 188, 205, 216
indústria, 58, 188
industrialização, 17, 57, 65, 80, 90-2, 111, 133, 139-40, 142, 144*n*, 146, 198, 200, 205
infraestrutura, 19, 191, 223
Inglaterra, 52*n*, 79
Inquéritos Policial-Militares (IPMS), 157
instituições democráticas, 12, 102, 211
Instituições políticas brasileiras (Vianna), 179*n*, 182*n*, 184, 186, 188, 191-2, 197*n*, 201-2
Institute for Social Research (Universidade Columbia), 98
Instituto de Estudos Avançados (IEA--USP), 30, 33*n*
Instituto Superior de Estudos Brasileiros (Iseb), 143, 149, 151
integração racial, 118
integralismo, 178
Integralismo: O fascismo brasileiro dos anos 30 (Trindade), 179*n*
integralistas, 151, 188*n*, 200-1, 221
intelectual, intelectuais, 11, 14-31, 35, 37-9, 44-7, 50-8, 66-9, 73, 76, 80-1, 84, 90-1, 93, 97-100, 102, 104-6, 109, 111-7, 120-1, 127-8, 130-1, 133, 135, 140, 143-4, 151-2, 157, 163, 167, 173, 175-9, 183-4, 198, 201, 207-11, 221
intelectualidade, 29, 46, 49, 66, 81, 98, 102, 111, 120, 128, 137, 154
Intellectuals in Politics: From the Dreyfus Affair to Salman Rushdie (Jennings & Kemp-Welch), 27
Intellectuels en France, Les (Ory & Sirinelli), 15*n*

intelligent, 15, 53-4, 66
intelligentsias, 17, 44, 48-9, 51, 53-6, 62, 63n, 66, 67, 112-3, 128, 139n
Islã, 35
Itália, 61, 100, 102, 141, 221

jacobinos, 80
Jacoby, Russell, 27, 113-5, 128
Jaguaribe, Hélio, 143, 148-51, 159-62, 208-9
Jahn, Friedrich Ludwig, 83-5
Jango *ver* Goulart, João
Japão, 66
Jdanov, Andreï, 68
Jennings, Jeremy, 27
João Goulart: Uma biografia (Ferreira), 156
John Birch Society, 122
Joll, James, 34
Jornal do Brasil, 33
jornalismo, 32
jornalistas, 31-3, 40, 76, 129, 155, 165, 168, 175, 178
Journal of Democracy, 35
Journeys Toward Progress (Hirschmann), 147
judeus, 41, 43, 97
Judiciário, 19, 204-5
Judt, Tony, 28-9, 67n, 69-70n, 72-3, 75-7, 78n, 100-1, 168
Julgamentos de Moscou, 12, 67, 113
juristas, 52, 82, 92, 108, 137, 141, 179, 190-1
juros, 77, 165
jusnaturalismo, 86
justiça, 25, 28, 95, 119, 130, 175, 204

Kadushin, Charles, 128
Kaltefleiter, Werner, 100n
Kammen, Michael, 155
Kant, Immanuel, 71, 81
Karakosov, 63
Karpat, Kemal A., 54
Kaufmann, Walter, 85n
Keck, Margaret E., 176n
Kemp-Welch, Tony, 27
Kennan, George, 128n
Key, V. O., 112n
KGB, 75
Kinzo, Maria D'Alva, 169n
Knowledge and Politics (Unger), 173-4
Koch, H. W., 80n
Kohl, Helmut, 102-3
Köhn, Hans, 81, 84
Kolakovsky, Leszek, 36n, 76
Korsch, Karl, 98
Krieger, Leonard, 80n, 90n
Kropotkin, Piotr, 62n
Kruschev, Nikita, 69, 72, 74
Ku Klux Klan, 122
Kubitschek, Juscelino, 158
Kurchatov, Igor, 74

Lacerda, Carlos, 158
Lagarde, Paul de, 83, 85
Lamounier, Bolívar, 134n, 169n
Langbehn, Julius, 83, 85
Langoni, 161n
Lapouge, Georges Vacher de, 182n
Lassalle, Ferdinand, 88
Last Intellectuals, The (Jacoby), 27, 113
latifúndios, 188, 197, 212, 222, 225
Lazarsfeld, Paul, 98, 123n
Leal, Victor Nunes, 137, 208
Legislativo, 121, 145-6, 197n
Lei Habilitadora (Alemanha, 1933), 95
Lei Morrill (EUA, 1862), 108, 110
Leighton, Alexander H., 123n

253

Lênin, Vladimir, 36, 62-3, 66-7, 195
leninismo, 66n, 195
Leo, John, 129n
Leste Europeu, 28, 49, 67n, 77-8, 140, 177
letrados, 22, 24, 51, 61, 82, 98, 137
Leymarie, Michel, 15n
liberal, liberais, 11, 13-4, 17-20, 37, 48, 51, 54, 57, 59, 61-3, 65, 71, 76, 81, 84, 87-90, 94, 101, 106, 110-1, 116--8, 121, 124-5, 130-1, 133-5, 137, 139, 141, 143, 169n, 171-4, 176, 179, 185, 191-7, 204, 207-9, 216-7, 220
liberalismo, 11-4, 20, 62, 71, 81, 86, 90, 105-6, 129, 133, 137, 139-40, 173, 176-7, 190, 216-7
liberalização, 39, 73, 162
liberdades civis, 12, 131, 204
liga das nações, 84
Liga Operária (Alemanha), 88
Lilla, Mark, 14n
Lincoln, Abraham, 107, 124
"linha justa", 25, 38, 68
Linz, Juan, 164, 166, 220
Lippmann, Walter, 128n
Lipset, Seymour Martin, 111, 122, 128n, 129-30, 194
Lisboa, João Francisco, 33
literatos, 52
Lituânia, 63
livros sagrados, 25, 37
lógica do capital, 155
London School of Economics, 98
Loris-Melikov, 63-5
Löwith, Karl, 43n
Luís XVI, rei da França, 80
Lukács, George, 39
Lula ver Silva, Luiz Inácio Lula da

Luther King, Martin, 119
Lysenko, Trofim D., 74
macarthismo, 121-2
Machine That Would Go of Itself, A (Kammen), 155
Madeira, Marcos Almir, 199n
Mailer, Norman, 128n
Malan, Pedro, 161n, 164
Malia, Martin, 60, 62n, 65-6
"Malraux, Revolutionist and Minister" (Wilkinson), 14n
Maluf, Paulo, 167
Manifesto dos Mineiros, 140
Mann, Thomas, 94
Mannheim, Karl, 54n, 55, 98-100
Marcha para o Oeste (Ricardo), 215
Marcuse, Herbert, 128n
Marletti, Carlos, 54n
Martín Fierro (Hernández), 31
Martins, Wilson, 178-84, 185n, 197n, 200n
Marx, Karl, 34, 36n, 38, 39n, 76, 79, 86, 125, 174
marxismo, 13, 19-20, 28, 35-6, 38, 49, 62, 71, 76, 86, 113, 127-9, 135, 137, 152n, 174-7, 195
marxista(s), 16, 36, 38, 70, 76, 98, 112, 114, 152, 174, 195, 221
massas, 25, 62, 83, 86, 88, 125, 146, 149, 160, 167
McCarthy, Joseph, 119-21
McCarthy, Mary, 128n
McLuhan, Marshall, 128n
McPherson, C. B., 125n
MDB (Movimento Democrático Brasileiro), 165-6, 169, 171, 173, 174n
Medeiros, Jarbas, 179n

Medellín, conferência episcopal de (1976), 49, 173
Médici, Emílio Garrastazu, general, 158, 160, 164
médicos, 52
Medvedev, Roy, 54*n*, 69
Meinecke, Friedrich, 86-7, 94
meio ambiente, 58, 103
Melo, Ednardo D'Ávila, general, 165
mencheviques, 63
Mendes, Cândido, 159-60, 162
Meneguello, Rachel, 176*n*
"mercado" de bens intelectuais, 45
Merton, Robert K., 22, 111, 128*n*
mestiços, 183
metafísica, 16, 28
México, 39, 55
Michels, Robert, 124*n*
Mills, Wright, 93
Minas Gerais, 166, 189, 193
Mind of Germany, The (Köhn), 81
Ministério da Educação, 151
Ministério Público brasileiro, 31
Modelo político brasileiro e outros ensaios, O (Cardoso), 159*n*
"Modelo político brasileiro, O" (Cardoso), 159*n*, 160
Modern Language Association, 129*n*
modernidade, 174, 201, 205, 224
Moinihan, Daniel Patrick, 128*n*
Montenegro, 39
Montoro, Franco, 166
Morgenthau, Hans, 128*n*
Mosca, Gaetano, 124
Mosse, George L., 82, 84, 91
mulheres, 53
Müller, Adam, 83-4
Müller, Jan-Werner, 102-3
Mumford, Lewis, 112

mundo moderno, 31, 207
Muraviev, conde, 63
Muro de Berlim, 104
Mussolini, Benito, 135
Myrdal, Gunnar, 118-9

Nabuco, Joaquim, 137
nacional-desenvolvimentismo, 54, 134, 139, 143, 177
nacionalismo, 62, 71, 81-3, 87, 140, 153
Nacionalismo na atualidade brasileira, O (Jaguaribe), 148
nacionalista(s), 22, 53, 71, 81-2, 84, 86, 141, 149, 154, 160, 162, 180, 185, 188
Nagasaki, 78
Nagy, Imre, 39
name recognition, 46
National Opinion Research Center, 123
nazismo, 40-2, 59*n*, 80, 92, 97, 132
nazista(s), 40-2, 94-5, 97
Nechaev, Sergey, 62*n*
Negt, Oscar, 104
Németh, Micklós, 77
neobismarckismo, 149-50
nepotismo, 222
Neumann, Franz, 98
Neves, Tancredo, 166
New American Right, The (org. de Bell), 122
Nicolau I, tsar, 54, 62-3
Nietzsche, Friedrich, 39*n*
nihilismo, 42, 101
Nobiliarquia paulistana (Tacques), 181*n*
Nohlen, Dieter, 100
Noite dos Longos Punhais (Alemanha, 1934), 96

Nova classe, A (Djilas), 39
Nova York, 98, 112, 116
Novy Mir (revista), 72
Nozik, Robert, 111

O que é isso, companheiro? (Gabeira), 33
OAB (Ordem dos Advogados do Brasil), 166
ocidentalismo, 61
Ocidente, 35, 39, 54, 64, 71-2, 74, 77, 104
oligarquias rurais, 145
ombudsman, 31
Onze de Setembro, atentados terroristas de, 12, 130
operários, 65, 89; *ver também* proletariado; trabalhadores
Ópio dos intelectuais, O (Aron), 28
Ordem burguesa e liberalismo político (Santos), 191*n*
ordem jurídica, 32, 59, 92
Orwell, George, 31
Ory, Pascal, 15*n*

Pacote de Abril (1977), 163, 166, 169
Paim, Antônio, 180, 184-5
países desenvolvidos, 48, 143, 153; *ver também* desenvolvimento
países subdesenvolvidos, 44, 169*n*; *ver também* subdesenvolvimento
Paiva, Rubens, 165
pampeanos, 32
Panteleyev, L. F., 53
Pareto, Vilfredo, 124
parlamentarismo, 100*n*
Parlamento brasileiro (1824), 19
parlamento(s), 63, 86, 93-5, 100
Parsons, Talcott, 122

Partido Comunista francês, 38-9
Partido Comunista iugoslavo, 39
Partido Comunista norte-americano, 121
Partido Comunista soviético, 38, 63, 68-9, 76-7, 163, 168
Partido da Frente Liberal (PFL), 175*n*
Partido dos Trabalhadores *ver* PT
Partido Progressista (Alemanha), 88
Partido Social-Democrático (Alemanha), 94, 98
Partido Social-Democrático (PSD – Brasil), 141
Partido Social-Democrático (Rússia), 62-3
partidos políticos, 49, 86, 90*n*, 140, 157*n*
Passeata dos Cem Mil (Rio de Janeiro), 158, 167
Pasternak, Boris, 69, 72
Pateman, Carol, 125*n*
Paulsen, Friedrich, 99
paz eterna, 84
PDT (Partido Democrático Trabalhista), 166
pensadores isolados, 17, 48, 51-2
periodização histórica, 17, 57-9, 133
Pernambuco, 181
Perutz, M. F., 129
petróleo, 165
Peukert, Detlev J. K., 80*n*, 90*n*, 91
Pflanze, Otto, 88
physis, 191
Pinochet, Augusto, 160*n*
Pinto, Álvaro Vieira, 152-4
Plano Marshall, 29
Plekhanov, Gueorgui, 62*n*
Pobyedonostsev, Constantine, 64
Pöggeler, Otto, 41

Política como vocação, A (Gerth & Mills), 93
Political Man (Lipset), 194
Political Order in Changing Societies (Huntington), 163
Politics of the Prussian Army, The (Craig), 96-7n
Polônia, 76
Polsner, Richard, 27, 44-5
Populações meridionais do Brasil (Vianna), 181-2, 183n
populismo norte-americano, 122n
populismo brasileiro, 146-7, 162
populismo latino-americano, 12, 177
populismo russo, 62
Portela, Petrônio, 166
Portugal, 98, 220
positivismo, 18-9, 35, 152n, 184-5, 196, 206
Prado Jr., Caio, 138, 186, 189n
Primavera Árabe, 12, 48n
"Primavera de Praga" (1968), 39, 101
Primeira Guerra Mundial, 19, 66, 79, 91-3, 111-2, 184
Primeiro Mundo, 27, 44, 56, 153
Problemas de organização e problemas de direção (Vianna), 198n
Proclamação da República (1889), 133, 208, 209
profetas, 15-7, 25, 28, 34, 113, 144, 179, 201, 207
progressismo, 122n, 181, 197
proletariado, 36, 195; ver também trabalhadores
Prophets and Conspirators in Pre--Revolutionary Russia (Ulam), 53
protecionismo, 140
protofascismo, 19-20, 135, 137, 176
Prússia, 61, 81, 115

PT (Partido dos Trabalhadores), 166, 174
PTB (Partido Trabalhista Brasileiro), 166
Public Intellectuals: A Study of Decline (Polsner), 27, 44
public regarding, 23-4
Putin, Vladimir, 12
putsch de 1825 (Rússia), 54

Quadragésimo Ano (encíclica), 20n
Quadros, Jânio, 142, 147, 151
Quattrocchi-Woisson, Diana, 31-2
Queiroz, Maria Isaura Pereira de, 138

racionalismo, 19n
racionalização, 207
radiação, 78
Radical Right, The (org. de Bell), 122
Raízes do Brasil (Holanda), 206, 207n, 209, 215-6, 219, 221-2, 225
Ramos, Alberto Guerreiro, 152-3, 208
Ranke, Leopold von, 86-7
Rathenau, Walther, 94
Razi, G. M., 67n
realismo socialista, 68
Realpolitik, 87, 125
Reckless Mind, The (Lilla), 14n
"redução", conceito de, 152n
Reed, John, 112-3
reform economists, 76
reforma agrária, 197-8, 205
regime democrático, 25, 58n, 117-9, 134, 142n, 157, 164, 191, 225
regime representativo, 12, 106, 117, 133n, 134, 169
Reichstag, 41, 95-6
Reis, Fábio Wanderley, 169n
religião, 36, 67, 109, 222

Rembrandt como educador (Langbehn), 85
repressão, 28-9, 32, 44, 48, 54, 62, 72, 74, 162, 220
República brasileira *ver* Proclamação da República (1889)
República de Weimar, 79, 90n, 91-4
República Democrática *ver* Alemanha Oriental
Rerum Novarum (encíclica), 20n
Revista Brasileira de Ciências Sociais, 148n
Revista Civilização Brasileira, 143, 145, 148, 154-5
Revolução Cubana (1959), 31, 140
Revolução de 1930, 199, 208
Revolução Francesa, 19n, 62, 80
Revolução húngara (1956), 39
Revolução industrial, 89
Revolução Russa (1917), 20, 65, 111, 135
revoluções liberais, 54, 61, 81
Ricardo, Cassiano, 215-6
Ricci, Rudá, 176n
Riesman, David, 122, 128n
Ringer, Fritz K., 80n, 99
Rio de Janeiro, 33, 137-9, 141-2, 151, 154, 158, 166, 179, 186, 193
Rio Grande do Sul, 142, 190
Rogin, Michael Paul, 120, 122n
Röhm, Ernst, 42n, 43, 96
Roma antiga, 31
romantismo, 19, 81, 86, 91
Romênia, 77
Romero, Sílvio, 184
Roper, Elmo, 123n
Rousseau, Jean-Jacques, 34, 36n, 86, 217, 226
Rousseff, Dilma, 33

Rovere, Richard, 120
Rubicão, 24
Rússia, 12, 17, 51, 53-4, 58, 60-1, 64-5, 67, 69-71, 94, 106, 111, 133n, 176

SA (Sturm-Abteilung), 42, 96
sacerdotes, 15-7, 25-6, 37-8, 154, 179, 204, 207
Sakharov, Andrei, 24n, 48n, 69, 71, 73-4
Salgado, Plínio, 20n, 221
Salisbury, Harrison E., 73-4
Sánchez, Yoani, 32, 48n
Santos, Wanderley Guilherme dos, 174, 180, 190, 196
São Paulo, 33, 138, 139n, 166, 181, 193
São Petersburgo, 55, 62-3
Sartre, Jean-Paul, 40, 66
savants, 22, 24
Schlesinger Jr., Arthur, 128n
Schmitt, Carl, 40, 92n
Schneeberger, Guido, 40
Schorske, Carl E., 94n
Schrödinger, Erwin, 97
Schumpeter, Joseph, 112n, 125-7
Schurmann, Franz, 128n
Schwarcz, Roberto, 19n
Schwartzman, Simon, 148n, 152n, 189n
Schwoerer, Viktor, 41
secularização, 207
Segunda Guerra Mundial, 20, 29, 54, 69, 75, 79-80, 92, 100n, 112, 114, 117, 121, 130, 133-4, 138, 208
Senado brasileiro, 146, 165-6
Senado norte-americano, 121
Senado romano, 31
Ser e tempo (Heidegger), 40
Serra, José, 155

Sertões, Os (Cunha), 32, 181
sesmarias, 212
Sharlet, Robert, 74
Sheehan, James J., 89
Sibéria, 63*n*, 70
Silva, Luiz Inácio Lula da, 30
Silveira, Enio, 154
Simonsen, Mário Henrique, 138
Simonsen, Roberto, 140, 144*n*
sindicalismo, 49, 175, 205, 220
Siniavsky, Andrei, 69, 72, 75
Sirinelli, Jean-François, 15*n*
sistema educacional, 41, 84, 109
sistema político, 14, 57-8, 60, 71, 78, 91, 93, 117, 131, 142, 159, 166, 174, 191, 194, 201, 204
sistema representativo, 54
"Sistemas políticos e modelos de poder no Brasil" (Mendes), 159*n*
Smith, Gordon, 103*n*
Smith, Hedrik, 70*n*, 73*n*
Snowden, Edward, 131
soberania nacional, 25, 148
soberania popular, 117, 124
socialismo, 40, 49, 62, 67*n*, 68, 77, 81, 86, 101-2, 112*n*, 128, 175, 177, 220
sociedade sem classes, 16, 28, 34
Society and Democracy in Germany (Dahrendorf), 99
sociologia, 14, 98, 124*n*, 130, 137, 180, 182, 189, 197, 204, 219
Soljenítsin, Alexander, 29, 69-72
Sommit, Albert, 109-10, 115-7
Sontag, Susan, 128*n*
Souza, Josias de, 175
Sparks, Allistair, 32
Stálin, Ióssif, 12, 39, 59*n*, 67-70, 74
stalinismo, 65, 66*n*, 67
Stepan, Alfred, 156*n*, 164, 169*n*

Stern, Fritz, 80*n*, 93-4
Stern, Günther, 43*n*
Sternberger, Dolf, 100*n*
Stouffer, Samuel A., 122-3
Stravinsky, Igor, 68
Students for a Democratic Society (SDS), 127, 130
subdesenvolvimento, 48, 144, 148
sublegendas, 163*n*
sufrágio universal, 201
Superintendência do Desenvolvimento do Nordeste (Sudene), 143-4, 147
Suprema Corte (EUA), 118-9
Supremo Tribunal Federal, 179
Sweezy, Paul, 127

Tacques, Pedro, 181*n*
Talmon, J. L., 34
Tannenbaus, Frank, 109-10, 115-7
Tavares, Maria da Conceição, 138
Tchecoslováquia, 39
tecnologia, 36*n*, 46, 48*n*, 189
tematização do regime político, 57-8, 60-1
teocracias, 14, 44
Teologia da Libertação, 173
Teoria da classe ociosa, A (Veblen), 110
Terceiro Departamento (Rússia), 63
Terceiro Mundo, 27, 153, 163, 164*n*
Terra e Liberdade (grupo radical russo), 64
terror, 59, 67, 70-1
terrorismo, 102, 131
Timm, Uwe, 102
Tito, Josip Broz, 39
Tocqueville, Alexis de, 116, 211
Todos os homens do presidente (filme), 32

259

Torres, Alberto, 152, 179-80, 184, 201, 208
tortura, 29, 31, 63n, 165
totalitarismo, 11, 14, 17, 37, 41, 48n, 59, 71, 78, 95, 127, 217, 220
trabalhadores, 32, 37, 54, 68, 89, 161
Trahison des Clercs, La (Benda), 28
Tratado de Versalhes, 79
Treischke, Heinrich von, 92n
tribuno da plebe (Roma antiga), 31
tribunos, 15-6, 25, 28, 31-2, 67, 69, 179
Trindade, Hélgio, 179n
Troeltsch, Ernst, 94
Trótski, Leon, 39, 113
Truman, Harry S., 120
tsarismo, 53, 63n
Turner, Jonathan, 110

Ucrânia, 78
UDN (União Democrática Nacional), 141
Ulam, Adam B., 53, 54n, 62n, 63-4, 67, 70, 72-3
Última Hora (jornal), 156
Unger, Roberto Mangabeira, 173-4
União dos Escritores (Rússia), 68
União dos Juristas Nazistas, 95
União Soviética (URSS), 24n, 28, 38, 48n, 49, 54n, 60, 66, 67n, 69, 73-5, 78, 128, 140, 163, 168, 177, 221
Universidade Columbia, 98, 111, 115
Universidade de Chicago, 123
Universidade de Freiburg, 40
Universidade de Minas Gerais, 138
Universidade de São Paulo, 49, 138
Universidade de São Petersburgo, 53
universidades, 20, 41, 47-8, 50, 52-3, 56, 79, 97-8, 100, 105, 108, 110-2, 114, 116, 121, 122n, 127, 129, 131--2, 142
Utechin, S. V., 60-1, 62n
utopia(s), 57, 102, 104, 173

Vaissié, Cécile, 15n, 54, 66-8
valores públicos, 22-3
Vargas Llosa, Mario, 47
Vargas, Getúlio, 48, 58, 134n, 140-1, 169n, 197n
Veblen, Thorstein, 110-1
Venezuela, 177
Vianna, Oliveira, 17, 137, 152, 174, 178-92, 194-201, 203-4, 208
vida cultural, 22, 24, 89, 111-2, 131
vida pública, 24, 46, 73, 179
Viereck, Peter, 122
viés antirrural, 187
Vietnã, guerra do, 114, 127-8
violência, 32, 43, 62, 63n, 65, 81, 94, 118, 122, 130, 199, 215
visibilidade pública, 45
Vital, d., 20n
Völkish, 81-3, 91
Vollmer, Antje, 103
Volta Redonda, usina siderúrgica de, 140
Von Hindenburg, Paul, 95-6

Wagner, Cosima, 85
Wagner, Richard, 85
Washington Post, The, 32
Watergate, caso, 32
Weber, Alfred, 55
Weber, Max, 25n, 55, 93-4, 99, 124n, 187, 213, 219
welfare state, 101
Wells, John, 161n, 164n
Westin, Alan, 122

Wikileaks, 131
Wildermann, R., 100*n*
Wilkinson, David, 14*n*
Wilson, Edmund, 112
Wilson, Logan, 123
Wilson, Woodrow, 116
Winock, Michel, 46
Wirth, John D., 140

Witte, Sergei, 65
Wolin, Richard, 41
Woodward, Bob, 32

Yack, Bernard, 34
Yeltsin, Boris, 78

Zapata Tamayo, Orlando, 30
Zola, Émile, 22, 47

ESTA OBRA FOI COMPOSTA PELA SPRESS EM ELECTRA E IMPRESSA EM OFSETE
PELA PROL EDITORA GRÁFICA SOBRE PAPEL PÓLEN SOFT DA SUZANO PAPEL E CELULOSE
PARA A EDITORA SCHWARCZ EM SETEMBRO DE 2014